本书是国家社科基金重点项目“数字技术驱动的社会创业行为与过程管理研究”（20AGL008）、上海市软科学重点项目“包容性数字城市的推进机制与政策研究”和中国高校创新创业教育改革研究基金项目“创新创业教育课程体系研究”（项目批准号：2019CCJG01Z003）的阶段性成果。

中国社会创业研究中心丛书

创业型社会

中国创新五讲

刘志阳◎著

上海财经大学出版社

图书在版编目(CIP)数据

创业型社会:中国创新五讲/刘志阳著. —上海:上海财经大学出版社,2021.8
ISBN 978-7-5642-3823-0/F·3823

Ⅰ.①创…　Ⅱ.①刘…　Ⅲ.①创业-研究-中国　Ⅳ.①F279.232.2

中国版本图书馆 CIP 数据核字(2021)第 135456 号

创业型社会
中国创新五讲

编 著 者:刘志阳　著
责任编辑:灼华
封面设计:桃夭
出版发行:上海财经大学出版社有限公司
地　　址:上海市中山北一路 369 号(邮编 200083)
网　　址:http://www.sufep.com
电子邮箱:webmaster@sufep.com
经　　销:全国新华书店
印刷装订:上海颛辉印刷厂有限公司
开　　本:710mm×1000mm　1/16
印　　张:19.75
字　　数:339 千
版　　次:2021 年 8 月第 1 版
印　　次:2021 年 8 月第 1 次印刷
定　　价:75.00 元

代序：从创业型经济到创业型社会

任何社会的发展进程和运行状态，都是由其内在的动力机制决定的。随着新发展阶段下中国经济“低垂的果实”逐渐消失，创新创业不仅日益成为中国经济增长的新动能，而且也逐步从经济层面向社会层面渗透。从创业型经济向创业型社会发展，是中国“双创”战略从经济层面向社会层面渗透发展的必然趋势。在创业型社会中，创新创业是全社会赖以发展的主要活动。从创新主体看，不仅涉及个人、公司，还包含社会组织、社区、学校、城市和国家等不同主体；从创业领域看，不仅涉及传统的商业领域，更是包含气候、环保、医疗、教育、养老、扶贫、志愿服务等多样的社会领域。多样化的创新主体与创业领域的融合创新活动，推动创业型社会的快速发展。

一、创业型社会的背景

创业型社会，是指由商业创新和社会创新驱动，制度创新作为保障，充满创新创造活力的一种新型社会形态，创业型社会是人们追求自由方式的主动选择。

第一，创业型社会是商业创新及其带来的创业型经济发展的结果。创业型社会的经济基础是大量的技术创新现象和创业型企业的存在。约瑟夫·熊彼特(Joseph Schumpter)很早就意识到，只有企业家实现创新，“创造性地破坏”经济循环的惯行轨道，才有经济发展。大卫·罗默(David Romer)认为技术创新是内生于企业的，最终将被扩散，由此提出了内生经济增长理论。威廉·鲍默尔(Willam Baumol)则详细对比研究了大企业和小企业对创新的不同贡献，他认为大企业往往循规蹈矩，更多进行着常规性创新活动。而最具革命性想法的大部分来自自主的创新家，他们往往通过创业的手段来实现技术的商业化。创新的扩散则主要是通过鼓励技术贸易和技术授权等方式来实现。大量的技术创新及其扩散在20世纪70年代尤其显著，苹果、微软等很多革命型创业企业通过技术创新打败当时的成熟大企业，“蚂蚁绊倒大象”的例子屡见不鲜，大量新创企业的出现不仅带动新兴产业的快速发展，也成为社会就业的主渠道。据统计，1980年以来小企业每年创造了70%以上的新产品和就业机会，所以彼得·德鲁克(Peter Drucker)将上述现象称为“创业型经济”。

创业型经济，是相对于管理型经济而言的，是指以大量新创企业和成长企业为支撑的经济形态，其典型特征包括：创新和创业成为经济增长的主要驱动力；创业投资是推动创新创业的重要金融工具；孵化器是创业型经济的载体；新兴产业是创业型经济的产业基础；包容失败的创新创业文化是重要保障。在中国高质量经济发展新背景下，以供给侧改革为攻坚任务配合创业型经济发展，正从根本上重塑着中国经济的供需两端，逐步孕育着经济中长期发展的根本动力，也让创业型社会的经济基础越加坚实。

第二，创业型社会也是社会创新及其带来的包容性发展的结果。创业型社会的社会基础是大量社会创新的运用和包容性发展水平的提高。在经济增长的同时，也带来了环境恶化、贫困、食品安全等社会问题。各界都在积极探索有效的社会创新手段来解决诸如此类的包容性发展问题。诺贝尔和平奖获得者尤努斯以“穷人的银行”实践案例开创发展了“小贷”扶贫服务，促进了社会创新理念在全球的迅速传播。管理学家C. K. 普拉哈拉德(C. K. Prahalad)提出根治贫困的金字塔底层(BOP)理论，倡导通过商业模式创新的方式把穷人与外部世界平等地连接在一起，同时创造出经济、社会和环境等多重价值。一些企业家呼吁大企业应该承担更多的社会责任，将CSR理念融入企业的发展战略和技术创新中。越来越多的人认识到，社会创新不是社会组织的专利，企业更有必要导入社会创新战略，在生产、营销、财务等运营行动中，植入社会大众重视的社会问题创新解决方案，通过运营行动一方面解决问题，另一方面争取社会大众的认同及支持，强化企业营运优势及市场绩效。在此背景下，创新理论经历了从技术创新向社会创新的“范式转移”,迈克尔·波特(Michael Porter)等人甚至认为社会创新的重要性不亚于技术创新,有时可能还更重要。随着社会创新概念的普及,创办社会企业和社会组织成为一种潮流。美国社会学家格里高利·狄兹(Gregory Dees)率先提出了“社会企业光谱”的概念,他指出社会企业是处于商业企业和非营利组织之间的一种多元混合体,是一种受混合动机驱动并创造经济价值和社会价值的组织。中和农信、深圳残友、天津鹤童等社会企业在中国的发展实践也表明,社会创新和社会创业是推动经济社会可持续和包容性发展的有效方式。从技术创新到社会创新,从商业创业到社会创业,创业型社会的根基也在全方位夯实。

第三,创业型社会还是人们追求自由生产和生活方式的主动选择。在创新型国家创新驱动和“双创”战略的推动下,创业不再是离经叛道的个人抉择,而是全社会青年人可以接受的共同价值观。创业失败不再是耻辱,而是走向成功的试金石。越来越多的年轻人参与到创业过程中,全民创新创业的理念得到更多的认可。同时,互联网也有效降低了创业的技术门槛,多样化的众创空间降低了创业的成本,各种制度设计帮助创业者克服合法性难题,全社会的多样化创新使得创业越来越成为实现个人价值的生活方式。

二、创业型社会的特征

创业型社会意味着新的“技术—经济—社会—制度”范式的变迁,由此形成了创新、资本、空间、产业和制度文化五大典型特征。

第一,创新是创业型社会的驱动力量。这里的创新不仅包含商业创新,也包含社会创新和更具广泛性、系统性的制度创新。层出不穷的商业创新(包括技术和商业模式创新)只解决了创造私人财富。更加重要的问题是:如何将私人财富的一部分转化为公共福祉,如何在实现财富创造的同时也兼顾环境可持续发展。社会创新就是创造性地组合资源以满足社会需求为目的的社会行动。社会创新是伴随着社会企业而兴起的一种社会活动,但它不仅是NGO、社会企业的行为,还可以是政府及商业机构的创新活动。商业创新和社会创新的双轮驱动推动大量初创企业和社会企业涌现,制度创新则推动创新的大量扩散。

第二,公益创投和创业投资是创业型社会的金融工具。创业投资是创业企业发展的重要助推器。公益创投是金融创新主动适应社会创新和社会创业的主要融资方式。公益创投已被欧美实践证明是社会企业孵化的有效形式，它是借鉴商业创投方法对初创期社会企业进行投资孵化的资本形态。它以支持社会企业发展和获得社会影响力为前提，同时也追求必要财务回报以维持可持续发展，既有别于完全追求社会价值的慈善基金，也有别于完全追求商业价值的商业创投。公益创投的出现弥补了解决社会问题所需要的巨大资金缺口，将成为创业型社会的重要金融投资工具。

第三，众创空间和社会企业孵化器是创业型社会的孵化载体。众创空间改变了传统孵化器的单一地理集聚的功能，其有效的创新资源链接以及开放式创新知识扩散模式使创新创业加速发展成为可能。作为创业型社会的新群落，众创空间具有自组织、无边界、开放性、共享性等显著特征。国内外成功的众创空间运营模式显示，开放式创新背景下的众创空间不是由单一要素构成的。除了空间场地、基础服务等标准配置，它还需要配置精细全面的创新创业服务来吸引创业者。在这个过程中，众创空间发挥了资源配置的作用，并且也在验证着创业最重要的要素资源。对创新要素资源的不同选择常常会孕育出不同模式的众创空间，但只有那些深刻理解创新要素资源、深刻理解创业者需求的创新型众创空间，才有可能在创新创业浪潮中行稳致远，这样的众创空间才有可能塑造出创新的群落环境，成为创业型社会发展的载体。展望未来，众创空间管理应当充分借鉴群落管理、集群管理和开放式创新管理的新理念和新方法，摸索出一套适合自身发展的新时代管理模式。目前正在兴起的社会企业孵化器，借鉴了创意空间的模式，从硬体规划着手，为社会企业入驻打造集办公、社交、活动等于一体的新型工作场所，并将创业辅导、资源平台、学习网络构建等一揽子软性服务充实其中，是最具活力的社会创新空间。同时它们还借助社区营造方法，推动居民参与社会创新。可以说，社会企业孵化器激活了社会创新和社会创业细胞，它们与众创空间融合发展，是创业型社会的主要载体和加速器。

第四，共享经济和平台经济是创业型社会的支柱产业。互联网平台通过业务在线化和数据挖掘，能够促进供需双方精确匹配，缩短供需对接环节，提高效率，同时也能改善供需信息不对称等带来的问题。另外，云服务、众筹、众包等极大地降低了中小企业、个人创新创业成本，催生了新业态、新模式。平台经济发展的同时，产业之间的联系愈发紧密，产业共享成为趋势。共享经济催生了一种新型的社会分工方式，为创业型社会提供了更低的门槛、更大的平台、更广的空间，让更多的人参与到创业创新活动和社会化大生产中来，夯实创业型社会的产业基础。

第五,鼓励开放式创新的制度文化是创业型社会的文化土壤。推动创新扩散离不开一系列激励创新的制度安排,这里既包括对创新者获利保护的各种严格的知识产权制度,更包含为克服专利丛林问题所自发形成的各种技术授权许可联盟。另外,为推动更广泛的创新,迫切需要打开封闭的专利围墙,使开放式创新成为社会的共识。开放式创新是将企业传统封闭式的创新模式开放,引入外部的创新能力。在开放式创新下,企业在期望发展技术和产品的同时,能够也应该像使用内部研究能力一样借用外部的研究能力,能够也应该与所有利益相关者建立紧密联系来共同拓展市场的创新方式,以实现创新要素在不同企业、个体之间的共享,构建创新要素整合的网络体系。开放式创新的制度文化让创业型社会的发展动力更加持久。

总之,构建创业型社会是一场创新革命,是管理型经济向创业型经济转型的结果,也是创业型深化的结果,应当作为中国新一轮改革与发展的重大战略(见下图)。要充分发挥政府政策的引导作用:一是从发展战略层面,将社会创业纳入国家"双创"战略部署,推进"双创"从经济层面向社会层面纵深发展,努力构建形成社会创业与商业创业双轮驱动的有效生态系统;二是从战略实施层面,加快推进创业型城市、创业型城区、创业型社区等不同层次与不同主体的评价指标体系建设和绩效考评,动员全社会参与"双创"工作,推进创业型社会的生根落地。同时要充分发挥市场配置作用,基于"技术—经济—金融—社会"相结合的范式,从推进工具、产业基础、建设载体、金融手段以及文化土壤五个维度来构建创业型社会的政策路径。

	管理型经济	创业型经济	创业型社会
驱动力量	成本控制	技术创新	商业创新+社会创新+制度创新
金融工具	产业资本	风险投资	风险投资+公益创投
孵化载体	产业园区	孵化器	众创空间+社企孵化器
支柱产业	传统工业	高科技产业+新兴产业	分享经济+平台经济
文化支撑	封闭式创新文化(效率至上)	保护型创新文化(创造至上)	开放式创新文化(自由至上)

三、丛书结构安排

“双创”是影响全球的时代巨浪，社会上的各种认识层出不穷，泥沙俱下。立足新发展阶段，贯彻新发展理念，构建新发展格局，站在新的历史起点有必要从理论上对“创新创业创造”进行一次更为宏大的基础性阐释与提升。希望笔者的有关观点可以帮助澄清一些社会偏见，扬弃一些发展过程的杂声，同时也能求教于各位方家。更期待随着中国特色社会主义新征程的开启，中国特色的创业学学科体系、学术体系和话语体系能够逐步得以构建。

本次推出的两部书系姊妹篇，是笔者近年来在《光明日报》《解放日报》及学术期刊和资政报告上发表的“创新创业创造”相关文章的系统整理。在汇编过程中，除了必要的文字编排改动，数据没有根据最新情况更新。笔者认为，做一个时代的忠实记录者也是一种认真负责的态度。书中涉及的很多文献在论文期刊中都有标注，考虑到读者的阅读习惯故没有在汇编过程中再次详细标注。

《创业型经济——中国创业七讲》，围绕“从管理型经济向创业型经济转型”的命题，着重阐述创新创业创造的时代要义以及创业型经济的有机构成。第一讲“机会创建：从创业到创变”，重在说明创业过程以及创变意义；第二讲“创业成长：发展是硬道理”，阐明初创企业成长过程的机会迭代、治理优化、创业融资等步骤；第三讲“新兴产业：技术路线图”，意在阐释新兴产业集群化、金融化和自主化背后的基本逻辑；第四讲“长三角双创：如何充当桥头堡”，侧重从长三角区域层面阐述如何推进创新创业一体化；第五讲“围炉问政：双创如何落到实处”，重在讲述如何从国家层面持续推进双创活动；第六讲“双创教育：新经济源头”，旨在回应社会有关双创教育就是鼓吹创业的片面认识，强调双创教育对于个体发展和创业型经济培育的重要意义；第七讲“时代燃灯：释放创新创业创造新动能”，意在阐释创新创业创造在百年未有之大变局和伟大复兴战略全局的历史作用。

《创业型社会——中国创新五讲》，围绕“创业型经济向创业型社会转变”的命题，着重阐述推进创业型社会发展的社会企业家力量、社会创业行动以及公益创投手段。第一讲“企业家精神：从冒险到责任”，基于改革开放史的视角分析当代中国企业家精神的发展进程，阐释社会企业家精神的儒家文化根基；第二讲“乡村振兴：从乡建到乡创”，认为新时代乡村建设不仅是新的商业机会，更是一场涉及众多主体的社会变革；第三讲“社会创业：新商业的崛起”，强调社会创业应该纳入国家“双创”战略的构成，解决社会问题也是新的商业机会；第四讲“公益创投：新金融的上场”，强调应该超越传统金融一味追求财富回报的固有认识，推动公益创投作为可持续和负责任的新金融的重要力量；第五讲“数智创业：数智时代的破坏性力量”，强调应该面向数智时代系统理解数字创业的全新内涵。

在丛书付梓之际，要感谢众多前辈、师长和同行对我的关心和帮助。我的博士生导师——南开大学荣誉教授高峰先生引领我进入学术的殿堂，始终鼓励我为学求真求实。尽管先生已经仙逝，但先生高洁的学术追求永远像灯塔一样指引着我；南开大学张玉利教授是创业研究的大家，也是我在南开大学读书的师长，感谢张老师的鼓励和鞭策，让我有信心从经济学转向管理学研究；我的博士后导师苏东水先生是一位极富洞见的管理学家，先生对于传统文化的毕生追求潜移默化也影响了我对管理思想史的好奇；我在加拿大访问期间的合作教授陈智琦教授，十分关心我的个人学术发展；我工作期间的单位领导一直对我的工作予以高度支持，借此机会向上述师长表示最由衷的感谢。

我要感谢中国社会创业研究中心的研究团队在书稿撰写过程中所付出的辛勤努力，他们是陈和午、李斌、赵陈芳、王陆峰、邱振宇、陈咏昶等；感谢上财创业学院袁筱和黄伟芳对原始书稿的收集整理，感谢上海财经大学出版社黄磊总编，他们卓有成效的工作使本书顺利出版。感谢工信部原副部长杨学山先生、北京大学陈春花教授、国务院发展研究中心魏加宁研究员、清华大学朱旭峰教授、圣路易斯华盛顿大学张付强教授对丛书的推荐。

最后，特别感谢我生命中的三位女性。我的母亲身体不好，但是无私的母爱一直是我前行的最大动力；我的女儿学习自觉，无形中给了我很多奋进的温暖动力；感谢我的太太，没有她近二十年来的包容鼓励和坚定支持，不会有我的现在。

刘志阳于沪上

2021 年 7 月 1 日

目录

contents

01

第一讲

企业家精神

从冒险到责任

改革开放40年的中国经济增长奇迹，本质上是企业家精神充分发挥并得以作用实现的历程，是政府与市场良性互动，市场在资源配置中起到越来越大支配作用的历程。社会企业家精神虽兼有传统企业家精神的机会导向和变通务实特征，但义利兼顾始终是其最为核心的追求所在。

改革开放40年进程，既是企业家精神孕育、发展并逐渐壮大的历程，也是企业家精神推动中国经济发展和社会进步的历程。中共中央、国务院2017年9月发布《关于营造企业家健康成长环境弘扬优秀企业家精神更好发挥企业家作用的意见》，充分肯定企业家在积累社会财富、创造就业岗位、促进经济社会发展以及增强综合国力等方面做出的重要贡献。站在改革开放40年中国经济由高速增长迈向高质量发展的关键历史节点，深入探讨企业家精神与经济发展的内在逻辑，对于进一步推动中国经济和社会的高质量发展具有十分重要的历史和现实意义。

创业小贴士
START-UP TIPS

企业家精神的变迁

改革开放40年来，中国企业家精神经历了三个阶段的变化。

第一个阶段是1978—1992年，企业家精神充分展现了其冒险天性，企业家以解决供给短缺为己任，推动了改革开放初期商品经济的复苏，相应创业活动也以模仿型为主要特征，经济增长方式相应表现为技术水平低、经济效益低的粗放型发展模式。

第二个阶段是1992—2012年，以邓小平南方谈话为起点，企业家精神充分展现了其探索勇气，在推动各个领域改革和市场化的同时大力推进对外开放，积极借鉴欧美发达国家的先进技术实现产品创新。这一时期的创业活动更多表现为机会型的主要特征，经济增长方式相应表现为要素驱动和投资驱动并存的效率型发展模式。

第三个阶段是2012年中共十八大迄今，随着中国经济进入新常态，在深化供给侧改革背景下，企业家精神逐渐展现出创新导向。在新一轮技术革命和数字化浪潮背景下，企业家利用庞大的市场需求优势推动自主创新和产业转型升级。这一时期的创业活动逐渐表现出创新型的主要特征，经济发展方式相应表现为创新驱动的高质量发展模式。

一、冒险型企业家精神与模仿型创业活动(1978—1992年)

十一届三中全会确立了以经济建设为中心的国家发展战略，隐藏在社会不同群体中的企业家精神随着改革开放号角的吹响逐渐被激发。安徽省凤阳县小岗村试行包产到户，广大农村农民的积极性得到了释放。与此同时，一大批乡镇企业率先大放异彩，大邱庄的禹作敏、华西村的吴仁宝、南街村的王宏斌、横店村的徐文荣就是当时的乡镇企业家代表。在这个进程中，沿海开放地区充分利用外向区位禀赋和侨乡社会网络等各种红利，呈现非同寻常的经济活力，涌现了“苏南模式”“温州模式”和“晋江模式”等。1984年邓小平首次南方谈话后催生了第一次下海经商浪潮，诞生了像柳传志、张瑞敏、王石、宗庆后、许连捷等具有代表性的企业家，联想、海尔、万科、娃哈哈、恒安等代表性企业日后都成为各自行业的标杆。这一阶段的企业家充分展现了企业家的冒险精神，其特征更多体现为敢为天下先，对市场机会的充分警觉和成本节约的高度重视。经济学家柯兹纳(Israel Kirzner)就认为企业家精神的本质就是对别人未被认识到的机会的敏感机警。企业家警觉到市场不均衡产生的市场机会，通过套利活动将资源不断向更有效的地方配置，资源配置效率不断提升使得市场趋于均衡。这些具有柯兹纳式警觉精神的冒险型企业家，充分借助改革开放初期市场不均衡所带来的巨大的投机需求和套利机会，快速实现企业发展。这一阶段企业家精神也具有“节约”特点。法国经济学家萨伊就认为理解企业家精神途径之一是寻找以最少成本生产产品的方式从而“释放”稀缺资源以满足其他需求，在萨伊看来如何实现低成本是企业家精神发挥的关键。

与企业家精神相对应,这一阶段中国的创业活动更多以模仿型创业活动为主,很多创业活动停留在简单复制层面,要求投入低、见效快,缺乏大规模的创新投入。这类活动通常能快速进入市场填补市场需求缺口,但也存在发展空间小、创新程度小及利润低的特点。企业家冒险活动的示范效应不仅推动了更多的人投入商品经济的大海,而且也促使中国计划经济体制逐步转向市场机制,经济活力增强最明显的表现就是当时的人均 GDP 从 1978 年的 385 元增长到 1991 年的 1 912 元,翻了近 5 倍。但是,此时经济增长模式还是一种要素投入驱动的粗放型发展模式,劳动生产率绝对值低、资源利用效率不足,技术水平也十分低下。

二、探索型企业家精神与机会型创业活动(1992—2012 年)

1992 年邓小平南方谈话,结束了对“改革”是姓“社”还是姓“资”的所有争论。同年,十四大提出建立社会主义市场经济体制的目标。1993 年《公司法》正式公布。南方谈话开启了中国新一轮全方位改革开放浪潮的序幕,伴随着现代公司制度的广泛应用和体制内社会精英流向体制外这两方面的制度变革,企业家精神的不断涌现成为 20 世纪 90 年代后中国经济高增长的主要动力,这一时期既诞生了陈东升、毛振华等“九二派”代表人物,也涌现了以秉承“蛇口精神”为代表的“深圳模式”,其杰出企业家代表包括中国平安的马明哲、招商银行的马蔚华等。随着中国成功加入 WTO,开放进程破冰加速,中国制造业凭借“人口红利”在全球价值链与国际分工体系的低成本优势十分明显,相继涌现了万向集团的鲁冠球、福耀玻璃的曹德旺等杰出企业家。到 90 年代中后期,随着互联网时代的到来,以互联网技术为代表的信息产业与新经济势不可挡,并逐渐发展为经济的又一驱动力。同时,工业化与信息化加快相互融合,提升了中国制造业的创新水平与生产效率。以移动互联网技术及依托于此而发展起来的新应用、新消费与新生活方式,深刻改变了中国商业生态体系和商业文明,加速推动形成全新的市场体系和新的竞争秩序,马云、马化腾、刘强东、雷军等杰出互联网企业家代表相继涌现。这一阶段的企业家充分展示了企业家的探索精神,其特征体现为开拓进取的改革精神、海纳百川的开放精神、对新市场机会不断探索的精神。

这一阶段中国的创业活动更多以机会型创业活动为主,这类创业活动大多重视开发新产品，充分利用国内与国际市场两个市场的机会，积极探索新商业模式以提升商业效率，但是也存在创新意识不足、原始技术创新能力不强、高端品牌培育不足等特点。企业家的探索精神及其机会型创业活动不仅促进了市场经济的蓬勃发展，加快了市场化进程，更推动了社会主义市场经济体制逐步完善。以中国制造业为代表的中国经济成功融入全球产业价值链分工，从而推动中国进入 20 年的高速增长阶段。概括起来，这一阶段的经济增长是要素驱动和投资驱动并行的效率型发展模式，表现为劳动生产率持续增长，资源的配置效率有所提升。但经济增长仍严重依赖高能耗要素投入和高投资拉动，作为“世界工厂”的中国也付出了巨大的生态环境代价。

三、创新型企业家精神与创新型创业活动(2012 年至今)

十八大以来，国家大力推进“大众创业，万众创新”，努力打造“双创”升级版，创新创业环境持续改善，创新创业主体日益多元，创新创业平台不断丰富，创新创业理念日益深入人心。党的十九大报告明确提出了加快建设创新型国家的战略目标。创新、协调、绿色、开放、共享的新发展理念正在引领中国经济迈向高质量发展阶段。大数据、量子信息、人工智能、物联网等新技术形态和实体经济深度融合，涌现巨大的市场机会，诞生了商汤科技的徐立、优必选科技的周剑、柔宇科技的刘自鸿等杰出创新型企业家代表。熊彼特早在 1911 年出版的《经济发展理论》中就认为创新是经济发展的动力，企业家则是创新的灵魂。企业家的创新精神是熊彼特“创造性破坏”思想的核心。企业家将各种要素组合起来并通过引入新产品、引进新的生产方式、发现新的市场，优化资源配置效率和推动技术进步，进而促进经济增长。这一阶段的企业家精神就充分展示了企业家的创新意识与全球视野。

这一阶段中国的创业活动也逐步转向创新型创业活动，强调要关注“工程师红利”，重视原创技术研发投入与基础创新，强调要推动产学研紧密联系、全球研发协同网络、构建企业创新生态体系等诸多方面。企业家的“熊彼特式”创新精神及其创新型创业活动的不断涌现，逐步提升了我国在全球创新链条中的地位，促进我国产业在全球价值链的升级。这一阶段的经济发展也逐渐转向创新驱动为特征的高质量与可持续发展模式，以往要素投入与投资对经济增长的边际作用减弱，经济发展逐渐转向依靠全要素生产率提升和产业创新发展驱动。

四、进一步激发新时代企业家精神的启示

(一)企业家创新精神是引领经济高质量发展的主要动力

改革开放40年的中国经济增长奇迹,本质上是企业家精神充分发挥并得以作用实现的历程,是政府与市场良性互动、市场在资源配置中起到越来越大支配作用的历程。市场化程度的不断深化,关键是企业家在市场经济中的主体作用得到了释放,更关键在于一个有益于企业家成长和发挥作用的制度环境的形成,这就是中国改革开放最大的制度红利。当前,中国经济由高速增长正迈向创新驱动引领的高质量发展,在深入推进供给侧结构性改革的新背景下,更需要大力弘扬和保护企业家创新精神,要引导企业家将主要精力投入产品创新、技术创新、管理创新、业态创新等一系列创新创业活动,加快形成以创新引领高质量发展的现代化经济体系。当下,特别要强调培育“敬业、精益、专注、创新”的工匠精神,这也是中华民族精神的重要组成部分。企业家们要将工匠精神融入企业文化与价值观中,纳入商业模式与价值创造的每一个环节中,以品质为导向,推动质量变革、效率变革、动力变革,以打造百年老店的专注心态打造享誉市场的卓越企业品牌,持续为顾客提供创新的优质产品,助力经济高质量发展和社会福利增加。

(二)社会企业家精神是推动社会包容性发展的重要动力

十九大报告中明确提出,我国社会主要矛盾已经转化为人民日益增长的美好生活需要和不平衡不充分的发展之间的矛盾。当前人们在医疗、教育、养老、扶贫、环保、生态等社会民生领域还有许多新期待和新要求,这也为企业家提供了社会创业的新的发展机会。社会创业是指运用商业规则,遵循市场化手段持续性解决社会问题的创业形式,兼具社会性和商业性,可以有效融合商业创业、公益慈善和政策救济的优势,在维持自身持续发展的同时实现社会价值,能够在很多社会民生领域等方面为解决新时代我国社会主要矛盾贡献更多力量。我们应该引领企业家不仅关注商业领域的创新创业,也要关注这些社会民生领域的新的需求和期待,共同推动社会的和谐和进步。因此,培育和倡导以实现社会价值为目标的社会企业家精神,既是一种新的机会所在,也是推动社会进步和包容性发展的战略举措。

(三)新型政商关系构建是企业家精神健康发展的根本保障

消极的政商关系只会使得企业家精神转向非生产性企业家精神,滋生寻租和腐

败，造成扰乱市场公平竞争秩序和损害政治生态的双重恶果，不利于营造企业家创新精神涌现与成长的正向激励环境，更无法促进经济高质量与可持续发展。党的十八大以来，中国法治建设进入全面依法治国的新时代。党的十九大报告强调，要“加快完善社会主义市场经济体制”“使市场在资源配置中起决定性作用，更好发挥政府作用”。推动经济高质量发展，需要继续坚持市场化、法制化的改革方向。有为的政府、完善的产权制度、强有力的制度约束和法制保障能够促进企业家创新精神发展，激励企业家积极从事创新型创业活动，进一步激发市场活力，推动高质量经济发展。十九大报告中指出，新型政商关系关键在于“亲”“清”二字。在秩序与法治的新时代，只有真正具有创新精神的企业家才能把握新时代的机遇；只有坚持走专业化、市场化、规范化的道路，才能推动企业基业长青。

（原文发表于《人民论坛》，2018 年 12 月中期）

制度型开放从何处启航

制度型开放是2018年中央经济工作会议关于开放的新表述，是指贸易规则等制度与其他国家的相应制度保持透明。而制度创业指的是“行为主体利用资源创造新的制度或改变既有制度，以从中获利的行为”。只有通过制度创业和制度型开放的相互作用，才能真正实现全方位的对外开放，促使产业转型升级有序进行。

一、制度型开放和制度创业的关系

制度型开放是中国制度的自我变革，为制度创业提供了新的场景。复杂的宏观制度和组织场域的环境变动是催生制度创业的重要原因。一方面，国际贸易规则在引入国内后，需要根据国内的基本国情进行适当调整。在适应期内，源于不同社会背景的制度逻辑必然会产生冲突和矛盾，使得在制度开放后，国内的宏观制度愈发复杂。另一方面，对接国际贸易规则意味着将会吸引更多的外商和外资进驻，给国内的经济市场带来更多挑战。面对这些冲击和矛盾，具有制度创业者特质的组织或个人会充分发挥企业家精神，试图建立或推广新的规则，以维护自身的发展和权益，继而对整体的宏观环境产生影响，进一步推动制度型对外开放的实现。

制度型开放是对外开放的新阶段，给制度创业带来了新的活力。制度创业行为本身，主要由制度创业主体、制度创业的过程和制度创业的对象三个方面组成。首先,制度型开放通过修改或建立新的制度,吸引更多的外商和外资以企业入驻、加盟本国企业等方式参与本国企业的管理和竞争。其次,外商的加盟意味着带来了新的创业模式和经验,同时,跨国投资者也带来了新的文化和管理理念,使原有的法律法规、行业标准、风俗习惯等正式或非正式制度增添了新的内容。制度型开放通过增加新的制度创业主体、提供新的制度创业路径、丰富制度创业对象的内容,给制度创业带来了新的活力,能够促进制度创业的全方位发展。这种全方位的制度创业,促使我国制度与国际标准进一步融合,国内的贸易环境更加公平宽松,有利于推动更高水平的制度型开放。

制度型开放是国际形势的外在需求,给制度创业提出了新的要求。在制度型开放实施以前,国内的制度创业所面对的是国内相对稳定的宏观环境。同时由我国国情决定的制度约束力也较强,制度创业通常都是自上而下的。因此,边缘成员通常缺乏制度创业的能力和路径。制度型开放是基于中国特色社会主义国情下的对外开放,没有现成的模式可以借鉴,面临诸多未知和挑战,这给国内的制度创业带来了更多的发展机会,也给国内的制度创业提出了新的要求。首先,制度型开放下的制度创业是与国际贸易制度相对接的制度创业,创业的情景发生了变化;其次,由于没有先例可以模仿,制度改革充满不确定性,因此对制度创业者的能力有了更高的要求;再次,制度型开放下的制度创业不再是自上而下的制度改革,而是自下而上的、全面的、多层次的改革。

二、制度型开放带来制度创业的新机遇

制度型开放带来国际投资的新机遇。吸引外商投资是制度型开放的目的之一,也是开拓制度创业融资渠道的重要方式。制度型开放为提高外商投资水平创造了两方面的新机遇。一方面,制度型开放拓宽了外商可投融资的范围。2019 年,我国通过的《中华人民共和国外商投资法》就采取了负面清单的管理制度,为跨境投资者创造了更多的投资机会。这一系列举措,优化了外商投融资环境,精简了外商投资流程,给外商创造了更加高效、公平的营商条件。可以说,制度型开放为我国吸引外商投资、拓宽本国企业的投融资渠道创造了良好的条件和机会。另一方面,制度型开放为跨境投资者制定了新的投融资机制,为外商投资者提供了更加便捷公平的待遇。

制度型开放带来国际管理制度学习的新机遇。制度型开放加强了本国与世界各

国发展战略的融合,也加强了国内外企业的竞争与合作,给本国企业和创业者提供了学习国外企业管理制度的新机遇。一方面,制度型开放激发了我国企业学习先进管理制度的需求。我国部分企业发展历史较短、管理模式落后、管理体系尚不成熟。其中,民营企业以家族企业为主,管理经验较不成熟;国有企业面临着经济体制改革的难题。但制度型开放引进了大量跨国企业自由公平地参与国内市场的竞争,迫使本国企业向国外企业学习先进的管理制度,以提高企业的运营效率。另一方面,国外的企业管理制度随着跨国企业和跨境投资者的加盟引入国内市场,给国内企业提供了更多的学习机会。

制度型开放带来技术学习的新机遇。创新是引领发展的第一动力。我国要继续保持目前在国际市场的竞争力和影响力,就必须推动技术进步和社会创新。由于制度型开放带来宽松自由的投融资环境,在资本的逐利性下,资源由成熟产业向新兴产业进行流动,在一定程度上会促进新兴产业的发展。长期的资源流动有利于实现国内产业的自我革新,淘汰部分高耗能企业,发展具有潜力的新兴产业,实现产业结构的优化升级。同时,这种产业升级又会迫使国内更加注重对创新人才的培育、对科研和教育的投入,从而推动制度创业的发展。

三、制度型开放的关键窗口

进一步推动自贸区的对外开放。

自贸区是以制度创新为核心的对外开放试验田。目前,我国已经在12个省市分别设立了自由贸易试验区,并进行了深入的制度型开放创新实践。同时,我国采用的外商投资负面清单中,对外商投资的限制从最初的190条缩减至45条,极大地增加了外商的投资机会,提高了自贸区内企业的投融资水平,有利于推动本国企业的制度创业。而要继续把握制度型开放新机遇,就必须进一步推动自贸区的对外开放程度。在制度型开放的东风下,推动自贸区发展,可以进一步缩减我国的负面管理清单,在非核心领域实现更深层次的对外开放。而加强新自贸区、自由贸易港的建设,扩大自贸区网络的辐射范围,可以将自贸区的成功经验逐步应用于更多的省市,从而推动国家的全方位发展。

进一步发挥进口博览会的平台功能。

创业小贴士
START-UP TIPS

首届中国国际进口博览会

举办中国国际进口博览会是中国促进国际间贸易往来、打造国际贸易中心的重要举措，也是我国推动全方位对外开放的重要尝试。首届进口博览会举办期间吸引了172个国家及地区的政商代表和国内领先企业，促成交易额578亿美元，为制度创业提供了新的平台。而要继续把握住制度型开放新机遇，就必须进一步发挥进口博览会的平台功能。一是扩大进口博览会的参与成员和覆盖行业，使进博会的辐射范围更全面，给境内外投资者和本国消费者提供更加丰富的选择，为国内外企业创造更多的贸易机会。二是提高参会企业的质量和进博会的服务水平，加强参会企业的质量监管，建立起配套的标准体系，充分发挥进博会的服务职能。

进一步加强“一带一路”合作机制。“一带一路”倡议是我国推动全方位对外开放的重要环节。目前，“一带一路”建设已经覆盖了多个国家及地区和国内多个省份，而要继续把握住制度性开放新机遇，就必须进一步加强“一带一路”合作机制，扩大“一带一路”的辐射范围。一方面，我国应当继续强化多边合作机制，加强“一带一路”沿线国家的经贸合作。另一方面，我国应当争取更多国家参与“一带一路”建设，使“一带一路”由区域型开放逐步向全球型开放转变。为此，我国企业必须不断地进行制度创业，提升产品竞争力。而对外贸易的高利润又会吸引更多国内企业参与“一带一路”的制度创业，形成制度创业的良性循环圈，从而推动制度型开放的进一步落实。

（原文发表于《人民论坛》，2019年第20期）

大力弘扬社会企业家精神

企业家群体在推动经济社会高质量发展过程中扮演着重要角色。习近平总书记在主持召开企业家座谈会时指出："企业家要带领企业战胜当前的困难，走向更辉煌的未来，就要弘扬企业家精神，在爱国、创新、诚信、社会责任和国际视野等方面不断提升自己。"在参观南通张謇生平介绍展陈时，习近平总书记指出，张謇在兴办实业的同时积极兴办教育和社会公益事业，造福乡梓，帮助群众，影响深远，是中国民营企业家的先贤和楷模。在中华民族伟大复兴战略全局和世界百年未有之大变局下，在十九届五中全会制定的中国构建新发展格局的关键时期，亟须培育一批张謇式的社会企业家，践行义利兼顾原则积极参与经济社会建设。

社会企业是民营企业家承担社会责任和参与经济社会建设的有效渠道。社会企业倡导以可持续创新的方式解决社会问题，兼具商业、公益慈善和政府救助等多方面融合优势，在消除贫困、充分就业和生态环境保护等社会领域已经取得了显著成效，成为推动经济社会高质量发展和美好社会构建的新生力量。但当前社会企业发展也受限于现有法律法规缺失、社会认同缺乏、自身发展不力和政策配套不足等方面的制约，极大地影响了民营企业家积极参与经济社会建设的热情。为此，建议：

第一，健全社会企业法律法规建设。推动各级政府制定《社会企业促进条例》，明确社会企业在经济建设和社会治理中的合法地位和作用，力争在社会企业申请条件、管理章程、注册登记、监管评估、融资税收、促进举措等方面取得创新突破，先行先试；立足各地实际，推动出台或完善社会天使、公益创投、影响力投资基金、慈善信托等创新金融培育发展的政策法规；完善社会企业引入志愿者和社区工作者参与的相关支持法规；健全社会企业在社会公益支出方面的税前扣除认定流程。

第二，优化社会企业发展环境。积极宣传优秀社会企业家的社会创业历史和奋斗事迹，增进企业家参与社会事业的自我认同和社会认同；健全完善激励褒扬机制，按规定对为经济社会高质量发展做出贡献的社会企业家进行褒扬奖励；鼓励高校开设社会创业相关课程，支持各类创新创业大赛设立社会企业赛道，强化培育青年群体的社会企业家意识；探索“社会企业”认证活动，形成企业家积极参与社会事业的良好氛围，促进社会企业文化建设。

第三，推动社会企业健康发展。坚持党建引领，始终坚持党对社会企业的全面领导，实现社会企业党建工作的全覆盖；支持和引导企业家重点围绕服务新发展阶段的社会主要矛盾，如特殊群体就业、社区发展、灾难和公共卫生事件应对、乡村振兴和生态环境保护等领域开展有针对性的社会服务，建立社会企业交流和展示平台；加快培养一批熟悉社会企业理论、拥有丰富管理经验的社会企业管理人才和专业技术人才队伍，探索社会企业人才入库工作；推动社会企业经由自律、互律和他律而不断提升公益意识，努力形成社会价值导向的行业监督机制和发展氛围。

第四，加大社会企业政策支持力度。创新推动“社企＋金融”，加大对社会企业投资活动的指导和支持力度，推动公益创投的科学化和效益最大化；鼓励金融机构、创投机构、担保机构根据社会企业特点推出专属产品并减免有关费用；创新发展“社会企业产业投资引导基金”，鼓励政府、企业、社会资本、引导基金等通过公益创投的方式参与社会企业事业，探索支持社会企业发展的 PPP 模式；推动社会企业孵化空间、社会企业联盟、社会企业服务平台等中介组织的建设；推动各级政府在扶贫、养老、助残等方面优先向社会企业购买服务；完善社会企业吸纳弱势群体就业的财政补贴；灵活运用各种组合政策激励企业家充当参与社会建设的生力军。

（本文系作者根据在成思危基金会和亿方基金会组织的社会企业发展提案上的发言修改，袁瑞军、成卓、于晓静、李北伟等人参与了讨论，对本文亦有启发）

泉州模式的变迁

作为民营经济发展的样板，泉州模式集中体现了企业家精神四十年来的发展。笔者初步总结了泉州模式的阶段性发展特征。可以为将来深入研究民营经济模式提供政策参考。

创业小贴士
START-UP TIPS

泉州模式的发展脉络

早在1986年，复旦大学苏东水教授经过实地调查访问并与众学者们展开广泛探讨，从理论上第一次在全国提出并论证了“泉州模式”是建立在社会主义市场经济、因地制宜、充分利用本地资源，发展“小”“专”“活”和多种经济形式的基础上的区域经济发展模式。泉州模式具有股份制的经济形式，外向型的市场经济，侨洋式的生产条件，灵活的经济管理，以及地、亲、文、商、神“五缘”经济网络关系。

1994年，在中国农村发展道路（晋江）研讨会上，“泉州模式”上升为中国农村工业化的样本，与苏南、温州、珠江并称为农村发展的四大模式。

2002年习近平同志在《人民日报》上发表“研究借鉴晋江经验，加快县域经济发展”，强调晋江模式是一条“以市场调节为主、以外向型经济为主、以股份合作制为主，多种经济成分共同发展”的发展道路。

2008 年，由中央政策研究室、中央财经领导小组办公室总结的改革开放三十年来各地经济发展的 18 种模式中，泉州以“打好侨牌，以三来一补起步，带动乡镇企业发展”的独特经济发展模式名列其中，与东莞模式、义乌模式、温州模式、苏南模式并称民营经济发展的五种模式。

泉州模式提出后，泉州经济在全国区域经济竞赛中有了质的飞跃。全市 GDP 在 1978 年为 7.79 亿元，到 1992 年突破 100 亿元，2000 年跨过 1 000 亿元，2010 年达到 3 565 亿元。2020 年泉州 GDP 高达 10 158.6 亿元，位列全国第 18 位。

一、泉州模式的当代价值

相比温州、东莞等地区的发展模式，泉州模式在金融危机期间的优势更明显。2009 年，泉州地区 GDP 为 3 002.29 万元，比 2008 年增长 12.5%。温州与东莞在金融危机下遭受了不小的打击，经济增长势头明显放慢。东莞受金融危机影响最大。2009 年东莞第二产业降幅高达 3.7%，这与东莞的发展模式高度相关。东莞是严重依赖出口导向的经济，得益于国外需求拉动的东莞制造业产量在金融危机爆发前获得了前所未有的增长，金融危机引起的国外需求骤降则直接使东莞制造业受到重创。作为粗加工基地，东莞产品定价权依附于下游企业，在外部需求减少、价格降低的大背景下，东莞企业纷纷破产。温州比东莞的情况要稍好一些。温州的经济驱动并不以出口导向为主，而是以低成本、低价格来迅速获得市场占有率而闻名。由于原材料价格上涨和国内劳动力成本上涨直接导致温州制造成本的上升，这使得温州模式赖以生存的“法宝”遭受巨大打击，再加上金融危机时期出口下降，温州增长速度自然而然也有所下滑。

上述比较说明，经济体如果过度依赖外部经济（如东莞模式），或是严重依赖低成本的商贸流通经济（如温州模式），在外部冲击下都不堪一击。泉州模式扎根本土民营经济的土壤，前期通过利用侨资发展本地民营企业，后期则转向培育集群和构筑产业链。事实证明，这种内生增长模式是抵御金融危机最有效的手段。

金融危机以来三地 GDP 的比较　　单位:万元

	泉州	温州	东莞
2008 年	2 705.29	2 424.29	3 702.53
2009 年	3 002.29	2 527.88	3 763.26
增长幅度(%)	12.5	8.5	5.3

资料来源:泉州、温州、东莞市政府网。

2009 年三地三大产业构成变化　　单位:%

	泉州	温州	东莞
第一产业	2.2	3.1	5.1
第二产业	13.6	6.3	−3.7
第三产业	11.9	11.5	15.1

资料来源:泉州、温州、东莞市政府网。

金融危机以来三地三大产业构成变化

	泉州	温州	东莞
2008 年	4.4∶59.4∶36.2	3.1∶53.1∶43.8	0.3∶52.8∶46.9
2009 年	3.9∶59.9∶36.2	3.2∶50.9∶45.9	0.4∶47.1∶52.5

资料来源:泉州、温州、东莞市政府网。

数据表明,泉州、温州和东莞的经济发展正朝着产业结构高度化的一般规律前进,即第一产业比重下降,第二、第三产业比重上升。数据同时也表明,泉州第三产业比东莞和温州薄弱。泉州的第二产业比重最高,第三产业增加值不明显,这充分说明泉州经济仍没有脱离“泉州制造”,如何在保持第二产业稳定发展的同时做大第三产业是泉州经济发展迫切需要解决的现实问题。

事实上,任何一种经济模式的变革都是根植于当地实践,是企业自身能力发展的结果。当前泉州模式的发展及转型问题,首要的就是认清泉州模式的发展道路。这对于更好地清除泉州发展道路上的障碍,更好地展望泉州经济发展的未来,乃至对于全国区域经济发展,都具有重大的意义。

二、泉州模式的发展历程

泉州模式从提出到发展经历了三次变化:第一阶段,泉州模式的初步提出(1978—1996 年);第二阶段,泉州模式的巩固提升(1996—2006 年);第三阶段,泉州模式的转型发展(2006 年至今)。

(一)泉州模式的初步提出

在该阶段,泉州经济主要是走“引进侨资,发展民资”的道路。改革开放初期,泉州充分利用侨乡资金充足、信息灵敏、市场广阔、引进方便等优势,以股份合作制为“粘合剂”将侨乡的资金、技术、劳力、设备、土地等生产要素逐步优化组合,形成强大的生产力。并使原来集体经营的社队企业与新兴股份合作企业和独资企业相互补充、相互渗透,形成多元化的经营主体,为发展市场经济提供基础条件。在当时的条件下,最快捷、最现实的选择就是依托侨资、侨力,面向广阔的市场,选择以乡镇企业为突破口,带动泉州农村产业结构的调整,推动非农业的兴起。例如,1980 年,晋江县共签订 1 万多份项目合同、引进各种各样的先进设备 1.5 万多台(件);1986 年,石狮镇签订来料加工合同 123 份、引进各种设备 520 台(件),安排劳力 5 600 多人,实收缴费 121 万美元;1988—1991 年,泉州乡镇企业每年嫁接外资均在 150 家以上;1992—1993 年 6 月,共发展中外合资企业 990 家,总投资额达 64.24 亿元,利用外资额达 8.34 亿美元,分别是前十年总和的 1.3 倍、3.8 倍和 3.1 倍。

泉州模式的第一次发展道路,不仅体现在其经济发展路径上,还体现在泉州企业灵活的管理模式上。泉州乡镇企业当年的起步是以“小”“专”“活”“广”为主要特点的。“小”就是小企业、小商品、小项目,但却是个“大市场”,可以带来大创汇、大产值和大网络。“专”是专业化生产和专业化市场。泉州鞋业集群等就是当年专业化市场的产物,所以专业化带来的是大的支柱产业和泉州制造的大名气。“活”是先找市场、以贸开路、以销定产和搞活销售。依靠这种灵活的管理方式,泉州的许多品牌企业在世界各地布满销售网络,使得泉州的运动鞋、铁观音、雨伞等产品畅销全球。“广”就是生产门类广,经济形式多种多样。这跟泉州当时的小商品经济有关。现在的泉州经济更多地表现为由传统的制造业和加工业逐步向船舶和化工等高技术产业发展,因而拓宽的是门类但转变的是经济增长方式。

通过以上分析,可以看到泉州模式作为泉州经济的发展成果,不仅符合当时的经济特点,而且在今天仍然具有旺盛的生命力。这是泉州人民坚持从自身情况出发、大胆创新走出的一条富裕道路。评价任何一种发展模式,其客观标准无非就是能否迅速发展社会生产力。历史证明,泉州模式是一条靠市场创造现实社会生产力的成功之路,一条建立城乡一体化经济的成功之路,一条通过外引内联实现跨地区、跨行业、跨所有制、跨国界联合的成功之路,一条国富、村富共同富裕的成功之路。[①]

(二)泉州模式的巩固提升

依靠侨资起家、大力发展自身中小企业的泉州经济,虽然取得了一定的发展成果,但因为各乡镇企业规模较小,所生产的产品差异化程度较低,还是无法形成较强的产业竞争力。为了形成较强的竞争力,在市场竞争中占据有利的位置,各小型经济体渐渐汇集在一起,形成了各式各样的产业集群;为了突出自身产品与市场其他产品的不同,增加自身产品的差异化程度,从而更好地占领市场,各企业又竞相提高产品的科技化程度,着力打造自身品牌建设。这便是泉州模式发展的第二阶段——巩固提升阶段。这个阶段,泉州模式的重要特点是大力发展集群经济和品牌经济。

泉州的产业集群处处可见。这些发达的产业集群,建立在已有的专业化市场的基础上,是泉州模式朝着更高起点发展的一个重要标志。通过社会分工不断细化,实现专业化、基地化。区域生产化,即把生产基地和专业市场结合起来,通过产品、品牌产业链生产向周边辐射,加强生产要素的聚合和联合,带动区域经济发展。先后争创了"中国鞋都(晋江)""中国休闲服装名城(石狮)""中国建材之乡(南安)""中国树脂工艺之乡(丰泽)""中国石雕之乡(惠安)""中国芦柑之乡(永春)""中国乌龙茶之乡(安溪)""中国工艺陶瓷之乡(德化)"等国家级地区品牌。

迷你案例

泉州产业集群

泉州产业集群主要有纺织鞋服、建材、工艺品和石化集群等。

一是纺织鞋服集群。作为泉州重要的支柱产业,纺织鞋服年产值约占全市工业总产值的1/3,主要分布在晋江、石狮及开发区、永春等地,并拥有安踏、特步、361度、七匹狼、九牧王、百宏等龙头企业。当地纺织鞋服产业共拥有"中国驰名商标"72件、"中国名牌"23项,上市企业56家,并荣获"中国十大品牌城市"称号。近年来,越来越多的企业顺应绿色生产、智能制造、"互联网+"等发展趋势,建设智能车间,进行信息化管理,大大提升了泉州纺织鞋服企业的整体制造水平。

① 苏东水.再论"泉州模式"[J].福建论坛,2006(7).

> 二是建材产业集群。以晋江南安建陶、南安石材、南安水暖厨卫为主导，依托南安经济开发区、南安水暖厨卫产业基地、南安水头石材产业基地等主要产业集中区，壮大建筑陶瓷、石材、水暖厨卫等行业龙头企业，重点发展新型建材、高端定制、智能家居等产品。
>
> 三是工艺品集群。全市现有陶瓷工艺、石玉雕工艺、木根雕工艺、藤铁工艺、香制品等30多项技艺品种。其中，德化陶瓷、惠安石雕、江加走木偶头、李尧宝刻纸、泉州花灯等10项工艺美术技艺入选国家非物质文化遗产保护名录。①
>
> 四是石化产业集群。主要分布在泉港区，以福建炼油一体化项目为龙头，带动氯碱、乙烯、聚酯及专业塑胶、制革等大批石炼中下游配套项目建设，形成专业化产业群。②

这一时期泉州经济发展的另一特点是逐步由“泉州制造”转向“泉州创造”，在产品功能提升的背后是对产品的品牌营销力度的加大。在国内运动鞋市场上占有率第一的晋江安踏集团企业，其经营重心的转变耐人寻味。他们抛弃注重产量的传统策略，将许多生产功能转移到一大批设备先进、工艺过关的配套中小企业，核心经营团队的心思更多地放在打造品牌上，组成了一艘以“安踏”品牌为龙头、以配套企业群为协作层的运动鞋“产销舰队”。这种变化反映了泉州传统产业整体转型的一种趋势——相当一批企业利用自身的品牌优势和市场网络营销优势，或组建松散型产销联合体，或委托加工生产，或通过资产重组扩大规模，实现名牌产品的低成本快速扩张，加快优良资产向名牌产品、名牌企业集中。大批中小企业通过为名牌企业生产配套产品或加盟名牌企业的生产而重焕生机。泉州在实施品牌工程后也收获了品牌经济带来的好处。其时，泉州市拥有46个中国名牌产品、51件中国驰名商标，有16个品牌进入中国最具价值品牌榜。泉州市市级以上品牌企业数量虽只占规模以上企业数的10%，却占有全市50%以上的规模工业产值。泉州相继荣获“中国品牌之都”等称号。

① 2018年全市工艺制品企业6 000多家，从业人员40多万人，其中10亿元以上企业18家，增加值259.11亿元，增长13.2%，出口交货值464.49亿元。泉州市已成为全省乃至全国工艺美术重点产区和出口基地。

② 2019年全市石化产业产值2 959亿元；增加值747.41亿元，增长10%。通过炼化一体化产业和多元化原料加工产业的发展，2020年泉州市石化基地炼油规模达到2 900万吨/年、乙烯规模达到210万吨/年、芳烃规模达到160万吨/年，石油化工产业产值超3 000亿元，年均增长10%以上。

由传统的重视制造转向品牌立基,反映了泉州制造在当代的转型,也是泉州模式的一个新特点。这种转型,对于泉州经济发展来说具有十分重要的意义。首先,这是企业提高自身竞争力的需要。从企业自身的角度来看,发展自己的品牌,从根本上改变了先前企业代加工的生产模式,既使企业具有更高的经济效益,降低企业的运营成本,使相关经营者大受其益,也使企业受国外需求的影响减少,同时来自品牌的差异化优势,可提高自身产品的国际竞争力;其次,这是实现产业结构升级的需要。品牌的建立需要相当的科技投入及自主创新,这在一定程度上提升了产品的附加值市场势力,以及产业的技术结构、组织结构和管理水平,从而使产业结构的素质不断提高;再次,这是延长产业集群生命周期的需要。产业集群的发展能够提升区域的知名度和美誉度,成为某些品牌形成的基础,区域品牌的形成也要以具有强大市场竞争力的地方产业集群为物质基础,品牌一旦形成又会成为产业品质和信誉标志,有力推动区域市场扩张和地方产业集群发展;最后,这是促进区域经济发展的需要。品牌这一无形资产的出现有利于区域内人均资本、产出的提高,也有利于人民生活水平的提高,从而促进经济又快又好的发展。

(三)泉州模式的转型发展

泉州经济经过前两个阶段的发展,在新时期已经取得了很大飞跃,获得了巨大成功。但在发展过程中,产业同质化带来同业竞争的压力,泉州制造的利润空间逐步被压缩,如何进一步提高产品附加值和提升已有产业结构成为摆在泉州企业家面前的现实课题。从 2006 年开始,泉州模式进入一个新的发展时期,即转型发展阶段。这一阶段的特点是产业优化和“双轮驱动”。产业优化是指深化已有产业结构,着力发展重化工业。“双轮驱动”是指制造业和先进服务业并行发展,在发展制造业的同时以私募股权投资基金为突破口,培育金融服务业。

根据霍夫曼定律,泉州目前处于第二阶段,离完成工业化进程还有很长一段路要走。当前,泉州的经济建设重点正在发生转变,即从原来发展鞋业等轻工业转向依托自身有利的地理位置、大力发展港口建设、积极推进重化工业建设,尤其以中上游原料为重点的泉州湄洲湾石化基地建设更是重中之重。一个集石化基地、修造船基地、纺织和轻工业集群于一体的产业“巨舰”将在泉州扬帆起航。从 2006—2009 年泉州重化工业产值的变化情况可以看出,泉州重化工业产值自 2006 年以来呈现不断上涨的趋势。

创业小贴士
START-UP TIPS

霍夫曼定理

德国经济学家霍夫曼在1931年出版的《工业化阶段和类型》一书中，提出工业化进程中工业结构演变的规律，即资本资料工业在制造业中所占比重不断上升并超过消费资料工业所占比重，这就是著名的霍夫曼定理。霍夫曼将工业化过程划分以消费资料工业生产为主、资本资料工业规模快速发展、资本资料与消费资料工业并驾齐驱和以资本资料工业生产为主的四个阶段。

2006年以来泉州重化工业产值情况

	2006年	2007年	2008年	2009年
石化工业产值(万元)	345.14	383.93	434.82	594.71
增长率(%)	—	11.5	15.7	35.4

资料来源：泉州市政府网。

泉州重工业化的进程实则是产业结构升级的体现，这对泉州经济的发展具有十分深远的影响。首先，这在很大程度上加快了泉州的工业化进程，优化了产业结构，提高了产品的科技含量及附加值，提高了产品的国际竞争力。其次，重工业化进程带动了大批相关产业的发展，具有显著的辐射效应与关联效应，如沿海重化工业对航运、高速公路以及铁路运输等交通运输业，及相关生产性服务业的发展都起到了很大的促进作用。最后，在加强重工业化建设的过程中，势必会促进科技的进步，以此产生循环效应，即科技进步反过来促进重工业化的进程，从而最终促进经济的进步与城市的发展。

泉州经济在经历了多年高速发展后，已经积累了大量的资本。据估算，泉州存在约3 000亿元民间资本。同时，经济发展过程中企业家积累了丰富的管理经验。如何将民间剩余资本和企业家管理经验充分利用起来是泉州新时期发展过程中必须面对的课题之一。其时，泉州企业家探索出一条泉州制造转向泉州私募的道路。有了私募股权投资基金的大力相助，中小企业规模不断扩大，最后成功上市。361度、利郎、匹克、鸿星尔克等成功上市企业背后，活跃着泉州私募股权投资基金的身影。安踏等7家企业在泉州当地成立鞋业产业投资基金，以股权方式投资鞋业企业。这些案例充分说明泉州私募股权投资基金对产业发展的重要作用。事实上，泉州私募股权不仅在本地投资，还转向外地，如上海、深圳等；其投资领域也不再局限于鞋业、水暖器材、房地产行业，战略性新兴产业也是其投资行业之一。在私募股权投资基金发展的基础上，小额信贷公司、金融期货公司等金融企业纷纷涌现，泉州的金融行业迅速崛起。

可以看出，大力发展股权投资是解决目前泉州经济发展问题的另一途径。这不仅解决了大规模资金的使用问题，而且创业投资的增值服务也对中小企业孵化起到积极的促进作用。由泉州制造转向泉州私募股权，体现了泉州模式的转型发展。

三、结论与启示

由于外部环境及自身条件的不同，泉州经济发展在不同时期走了不同的发展道路，泉州模式在不同时期呈现了不同的特点。泉州模式经历了“引进侨资、发展民资”的初步提出阶段，大力发展集群经济和品牌经济的巩固发展阶段，产业优化和“双轮驱动”的转型发展阶段。每个时期泉州模式的创新发展都是泉州基于自身实践探索的结果。事实上，从泉州经济发展所走过的足迹可以清晰地看出，泉州模式其实就是引导乡镇企业基于自身优势探索走向市场经济发展的一条现实道路，泉州模式的生命力就在于其是依靠内生增长实现自我发展的。泉州模式是泉州地区基于产业发展规律探索的一条现实可行的产业升级道路。这种由农业发展到轻工业，再到以重化工业为主的工业化进程，然后逐步转向服务型经济的发展过程，既是泉州产业升级的历程，也是中国产业转型的现实道路。

中国经济正处于转型的关键时期，能否正确、高效处理好经济转型的问题，对于我国来说其重要性不言而喻。各地都有着自身不同的发展模式，有些因为资源禀赋不同使得地区模式不能很好地发挥扩散效应，有些因为发展方式过于独特导致与我国总体经济发展不相匹配。相较于其他区域发展模式，泉州模式的核心价值就在于，其可以为中国经济的发展提供一种极具参考价值的模式，值得许多正在起步或者受困于发展道路选择的地区借鉴和学习。

（原文由刘志阳、施祖留、程华发表于《福建论坛》，2012年第1期）

贸易摩擦对企业家信心的影响

中美贸易摩擦具有长期性、严峻性和复杂性的特征，不仅对上海新兴产业发展产生直接影响，更对上海青年企业家信心和未来经济预期产生不可忽视的影响。必须高度重视，积极采取措施加以应对。

一、中美贸易摩擦对上海青年企业家信心的影响

2008 年 11 月—2019 年 2 月，由上海财经大学和上海市青年企业家协会联合成立的调研组对上海市青年企业家群体进行了关于“中美贸易摩擦对上海企业家信心的影响”的两轮问卷调查，共收到 201 份有效问卷。

样本企业行业分布较广，信息服务（26.96%）、文化体育（17.65%）、批发零售（13.73%）、金融（10.29%）、制造业（7.84%）等占比较高。这既体现了企业的多元化，也体现了上海产业的优势与特色。

从样本企业的类型看，调研数据显示，超过 8 成的企业为民营企业（或私营企业）；其次为股份制企业，占 8.96%；之后是国有企业，占 4.98%；其余为混合所有制企业或中外合资企业等。

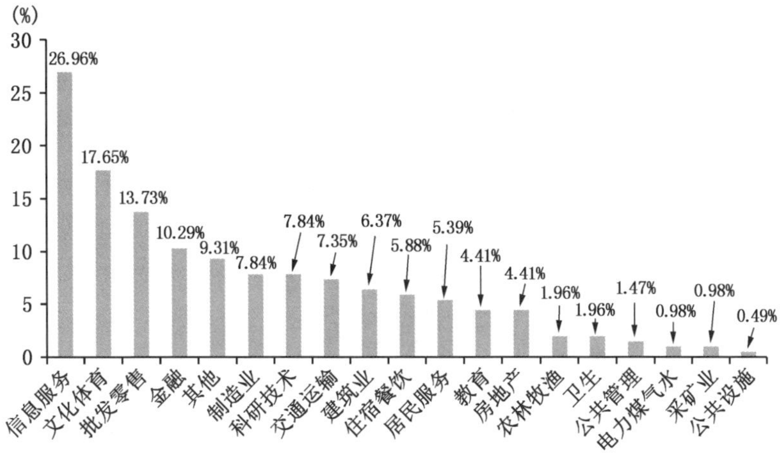

行业分析

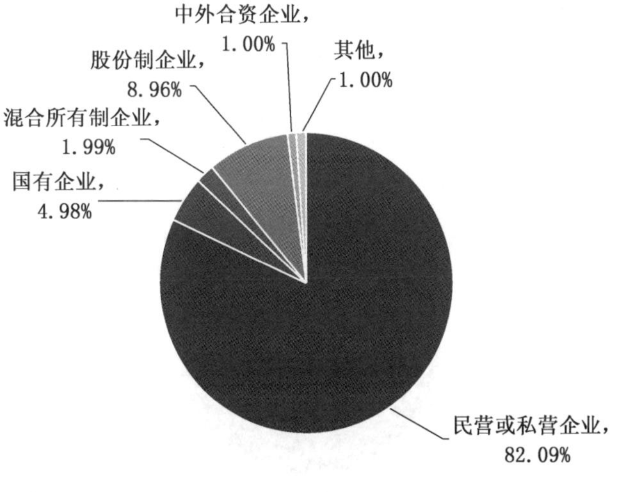

企业性质

从样本公司的创业时间来看,大多数企业处于起步阶段。从青年企业家创业的年份看,2010—2018 年创立企业的有 142 人,占比高达 70.65%;24.38%的青年企业家于 2000—2009 年创立企业;少数青年企业家于 20 世纪 90 年创立企业,多为继承父母辈企业的“创二代”。如果按照创建时间不足 8 年的企业均为新企业的标准,70%以上的研究样本均为新企业。调研还显示,女性企业家占比为 35.32%,说明上海女性在创新创业方面有较大的热情和活力。

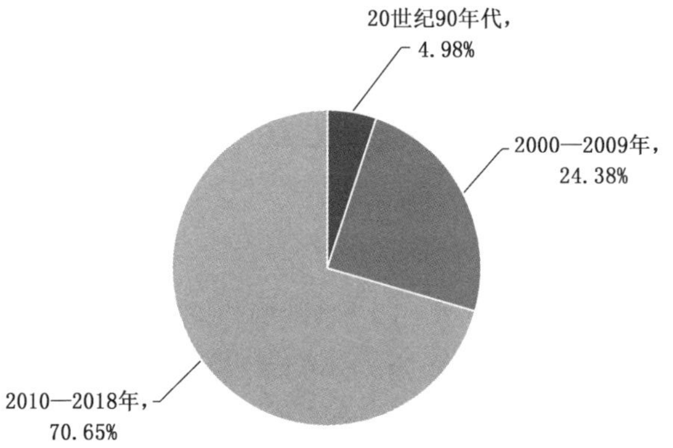

创业时间

从样本企业家的出生年代看，以“80后”企业家为主，占比超过55%；出生于20世纪60年代、70年代、90年代的比例分别为0.50%、21.89%、23.39%。这说明“80后”和“90后”青年企业家已经成为上海创新创业的主力军。

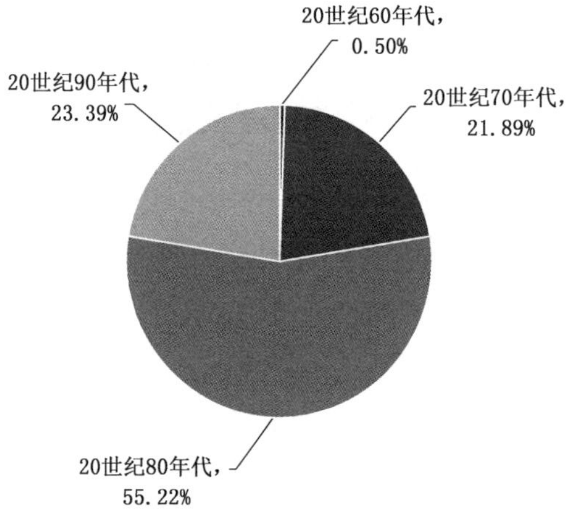

企业家出生年代

从样本企业家的学历情况看，最多的为本科学历，占比47.26%；其次为大专学历，占比27.36%；硕士学历占比22.39%；博士学历占比2.49%；高中学历占比0.50%。这表明大多数企业家的学历都在大专及以上，总体文化教育水平较高，这与改革开放早期文化程度不高的草根创业者形成了鲜明对比。

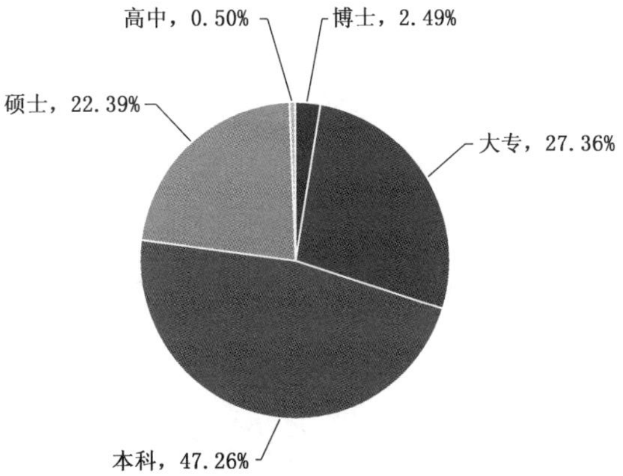

企业家的学历

基于调研数据分析,中美贸易摩擦对上海企业和企业家信心的影响体现在研发、投资、市场、融资、雇工、投资者信心等多个方面。

(一)总体影响

中美贸易摩擦对上海宏观层面的冲击影响不可避免,对企业微观层面的冲击影响也是存在的。调研数据显示,针对当前中美贸易摩擦的冲击影响,34.82%的企业表示有较大负面影响或很大负面影响;54.73%的企业表示没有影响;少数(10.45%)企业表示有较大积极影响或很大积极影响。总体来说,中美贸易摩擦对上海企业有一定影响,但影响不大。

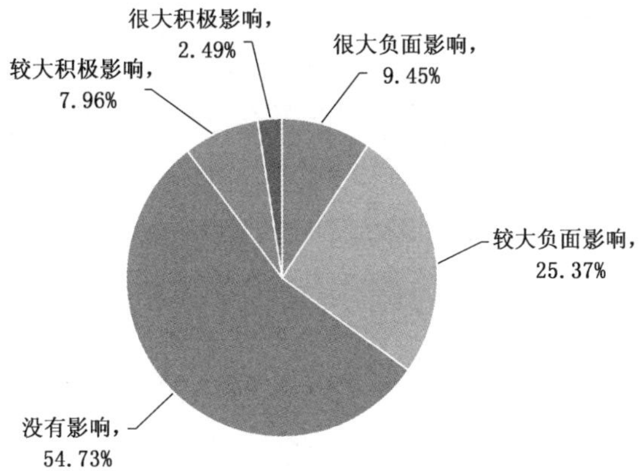

中美贸易摩擦对企业的影响

数据显示，在所调研的样本企业中有23.38%的企业涉及进出口业务。企业有无进出口业务，中美贸易摩擦对其的影响是不同的。对于有进出口业务的企业，68.08%的企业家表示有较大负面影响或很大负面影响；与此相对应，对于没有进出口业务的企业，只有24.67%的企业家表示有较大负面影响或很大负面影响，远低于有进出口业务的企业。这一方面说明当前的中美贸易摩擦对有无进出口业务的上海企业都存在影响，另一方面也表明中美贸易摩擦对上海企业的进出口业务影响较大。

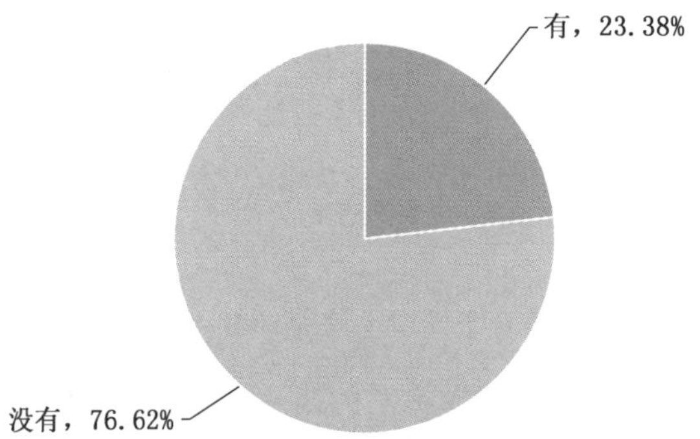

企业有无进出口业务

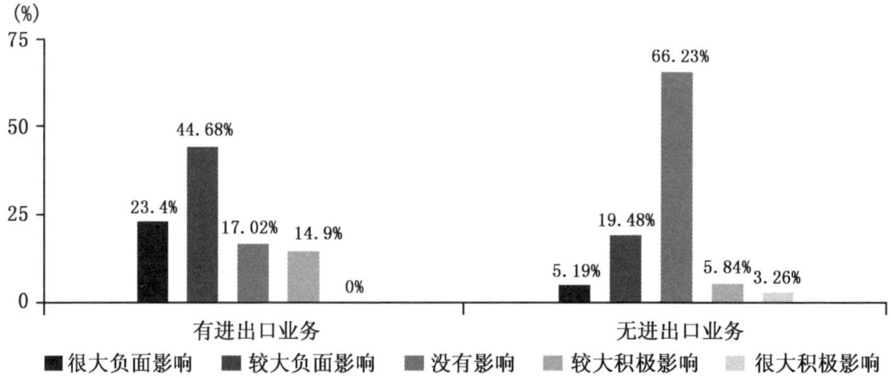

中美贸易摩擦对有无进出口业务的企业产生的影响

对有进出口业务的企业而言，外汇管制严格、审批程序复杂是开拓海外市场时遇到的主要困难。这对新形势下的外汇管理监管和分权提出了新的要求。

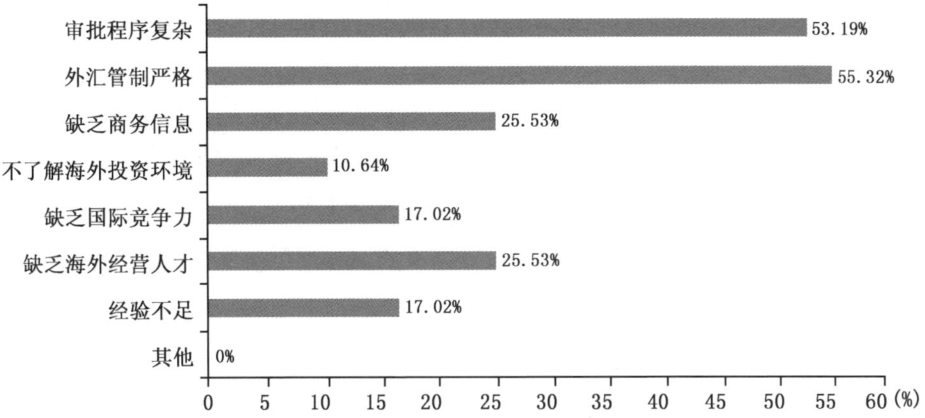

进出口业务企业海外市场开拓时遇到的主要困难

从行业的角度看,制造业、交通运输业、金融业、批发业和零售业等都显著受到中美贸易摩擦的影响。其中,制造业有53.34%的企业表示有较大负面影响或很大负面影响,交通运输业有53.33%%的企业表示有较大负面影响或很大负面影响,金融业有42.85%的企业表示有较大负面影响或很大负面影响,批发零售业有40.74%的企业表示有较大负面影响或很大负面影响。事实上,这些行业都是上海的重要产业。据上海统计局统计,2017年上海工业增加值为8 303.54亿元,占GDP的27.56%;运输、仓储和邮政业增加值为1 344.24亿元,占GDP的4.46%;批发零售业增加值为4 393.36亿元,占GDP的14.58%;金融业增加值为533.054亿元,占GDP的17.69%。

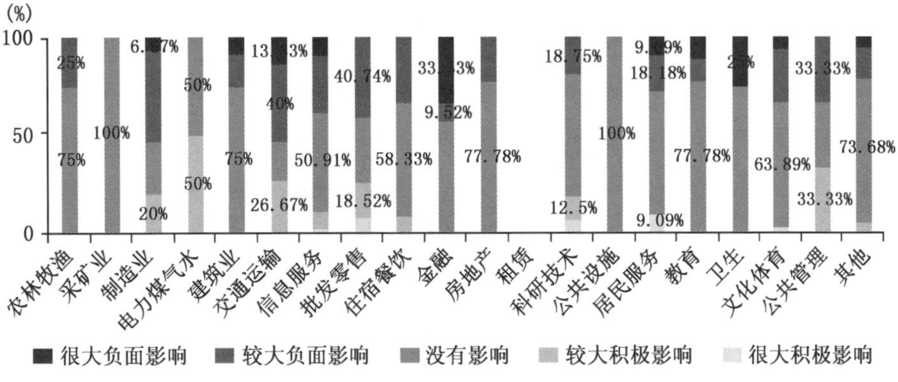

中美贸易摩擦对不同行业的影响

从企业的性质来看，中外合资、民营、混合所有制、股份制企业受中美贸易摩擦的影响比较显著。其中，50%的中外合资企业表示有很大负面影响；10.06%的民营企业表示有很大负面影响，23.27%的民营企业表示有较大负面影响；75%的混合所有制企业表示有较大负面影响；55.56%的股份制企业表示有较大负面影响。当然，国有企业也受到了一定程度的影响，但弱于中外合资企业和民营企业。数据显示，10%的国有企业表示有很大负面影响，10%的国有企业表示有较大负面影响。

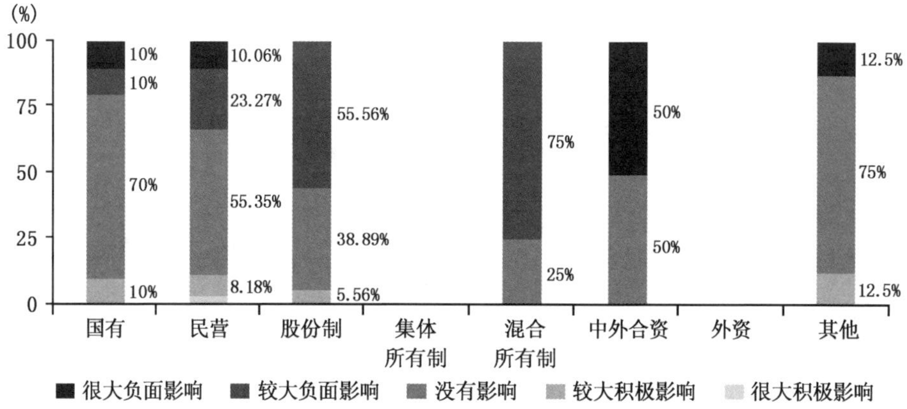

中美贸易摩擦对不同类型企业的影响

尽管受到中美贸易摩擦的影响，企业家开拓国外市场的决心仍然很足。调研显示，47家有进出口业务的企业中，近8成企业家表示会迎难而上，按计划开拓国外市场。

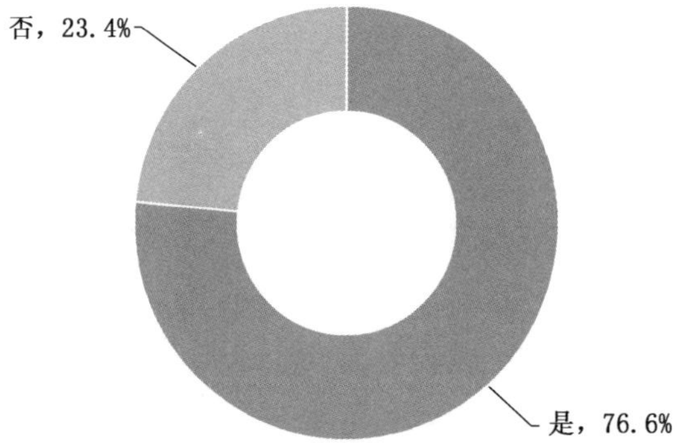

企业是否按计划开拓国外市场

(二)对企业研发的影响

研发是企业的重中之重,也是工厂的生命线。从中美贸易摩擦对上海企业产品研发的影响看,产品研发创新仍是痛点。调研数据显示,33.33%的企业家认为人才、资金等投入不足,难以支撑产品研发创新;认为技术封锁形势严峻和受外部市场前景黯淡影响的比例分别为 17.41%和 16.42%。

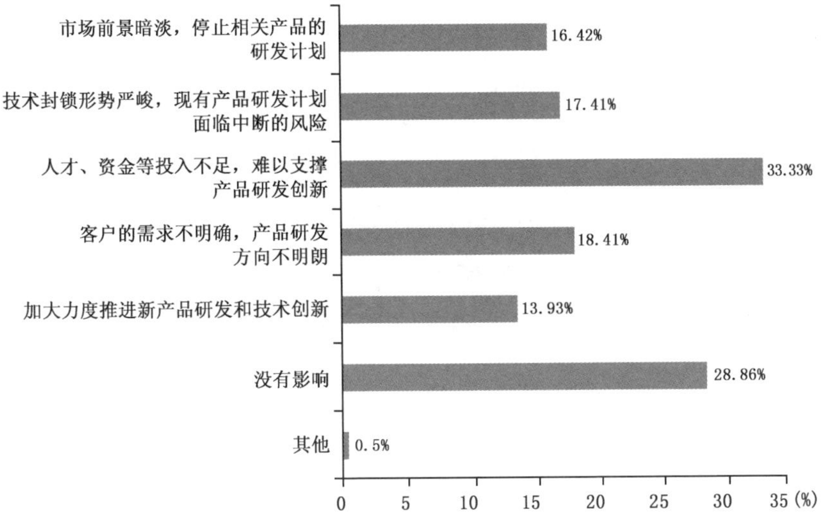

中美贸易摩擦对企业产品研发的影响

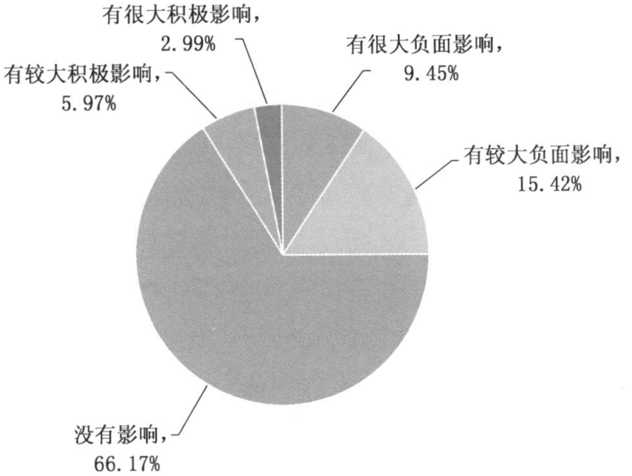

中美贸易摩擦对企业技术研发投入的影响

虽然有66.17%的企业家表示中美贸易摩擦对技术研发投入没有影响，但也有近1/4的企业表示受到很大负面影响。

(三)对企业投资的影响

投资是企业扩大生产经营规模、改进制造工艺、提高技术水平、增强实力的基本手段。中美贸易摩擦对企业投资带来负面影响。对2019年亚洲金融论坛与会企业家的调查数据显示，认为中国是最佳投资目的地的企业家占35%，比往年下降20%；而东南亚以39%的比例上升为最佳投资目的地。产业转移是一方面原因，另一方面中美贸易摩擦也有影响，调研数据显示，超过三成的上海企业受到的影响较大或非常大，可能会减少投资。

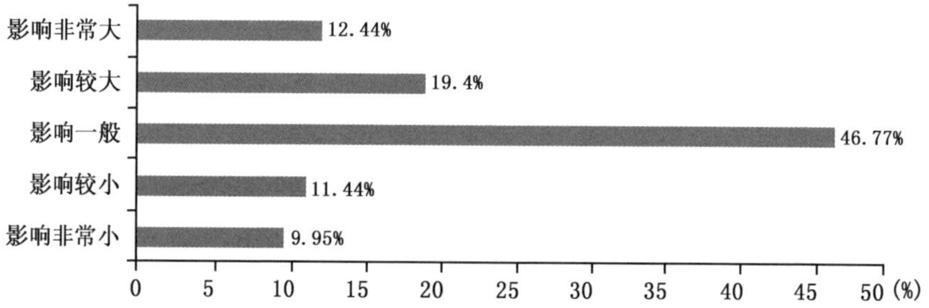

中美贸易摩擦对企业减少投资的影响

从中国对美投资的角度看，中美贸易摩擦的影响更明显。根据荣鼎咨询和壳牌麦肯锡国际律师事务所联合发布的报告，2018年中国在美国的外国直接投资(FDI)急剧下降至48亿美元，比2017年的290亿美元约低83%，并且从2016年的460亿美元缩减了90%。这是中国在美国的外国直接投资(FDI)连续第二年下滑，也是自2011年以来中国对外直接投资的最低水平。荣鼎咨询预计这一趋势将继续。数据还显示，2018年中国投资者出售了价值130亿美元的美国资产，其中的大部分购买于2015—2016年投资热潮。事实上，包括资产剥离在内，中国对美国的净外国直接投资(FDI)在2018年下降了80亿美元。

(四)对企业销售的影响

对于企业而言，市场是生存和发展的空间。如果市场订单受到影响，公司的经济效益和经营业绩不可避免地也受到影响。从中美贸易摩擦对上海企业订单的影响看，近三成(28.86%)的企业可能面临客户取消或暂缓订单的影响。

供应链管理是企业价值创造的一种手段,对企业绩效也有重要影响。从中美贸易摩擦对企业供应链渠道的影响看,超过 1/4(26.87%)企业的供应链渠道受到较大或非常大的冲击。

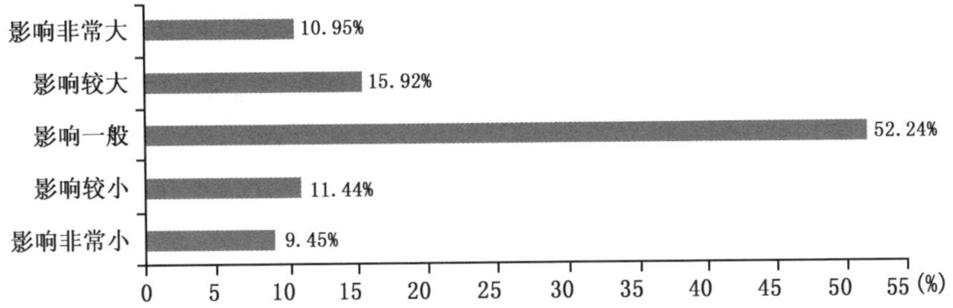

中美贸易摩擦对企业供应链的影响

(五)对企业融资的影响

对于企业,特别是初创企业,资金短缺是他们面临的瓶颈。从中美贸易摩擦对企业的外部融资影响看,34.82%的企业受到较大或很大的负面影响,可能不能够及时获得外部资金的支持。

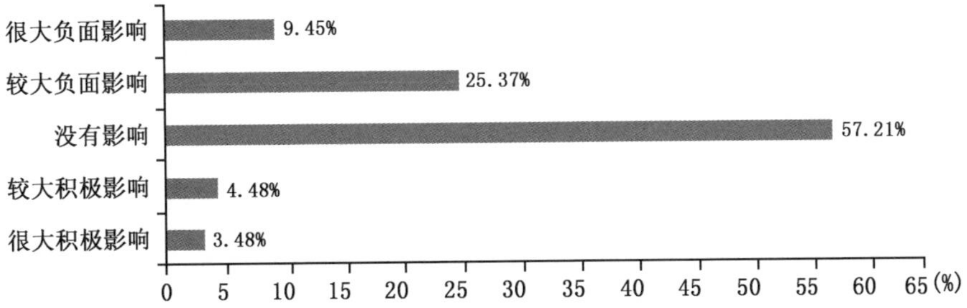

中美贸易摩擦对企业对外融资的影响

实际上,除政策服务之外,企业家最希望得到政府提供的政策是融资帮扶(49.75%)。调研中,一些企业家反映,在政策具体执行过程中,金融机构是否能够遵循市场化原则、克服风险规避情绪“雪中送炭”、推进各项贷款仍存在很大的不确定性。除了获得政府引导的银行信贷资源外,调研显示,有超过一半的企业仍处于初创与成长阶段,特别是基于知识与专利技术的科技类企业常常面临缺乏融资担保物品、担保制度不健全、信息交流不及时等问题,因此具有核心技术和一定市场竞争力的企业家还希望获得天使投资、创业投资和私募股权投资等专业性强的创业融资资金支持，希望增加直接融资渠道，建立可改善生命周期的企业融资生态系统。在调研中，企业家也反映，相比深圳等一线城市，上海的产业发展基金规模相对较小、有些业务并没有以市场为导向，希望上海的产业发展基金能够实质性地支持企业的成长和发展。

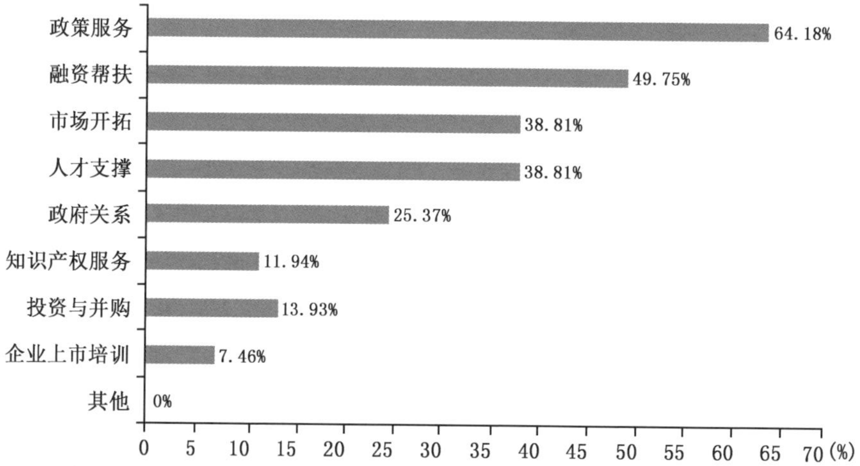

企业家最希望得到政府提供的政策

(六)对企业雇工的影响

中美贸易摩擦尽管对中国的经济影响较小，但给中国的就业带来困难。据摩根大通估计，在最严重的情况下，中国将失去500多万个就业岗位。从中美贸易摩擦对企业雇工的影响看，数据显示，28.36%的企业雇工受到的影响较大或非常大，这意味着公司会减少雇用的员工人数。

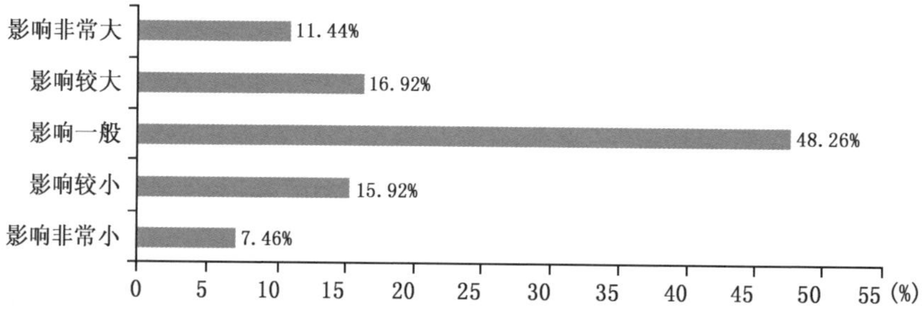

中美贸易摩擦对企业雇工的影响

(七)对投资者信心的影响

投资者信心对产业发展极为关键。中美贸易摩擦在一定程度上削弱了投资者的信心,而且资本市场低迷的表现也很明显。从中美贸易摩擦对企业投资者信心的影响看,数据显示,35.33%的企业投资者信心受到较大或很大的负面影响。

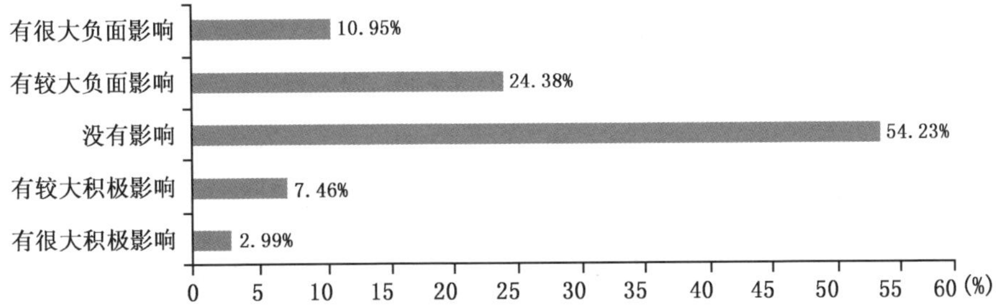

中美贸易摩擦对企业投资者信心的影响

二、应对青年企业家信心受损的政策建议

中美贸易摩擦形势下,开拓新的市场是上海企业家努力应对风险的首要看法,占比为55.22%;其次是引进或自主开发新产品、替代产品(36.32%)和引进或自主开发新技术、新工艺(34.83%);此外还有实现新的组织形式(13.43%)和开发新的原材料或零部件的供应来源(12.44%)。

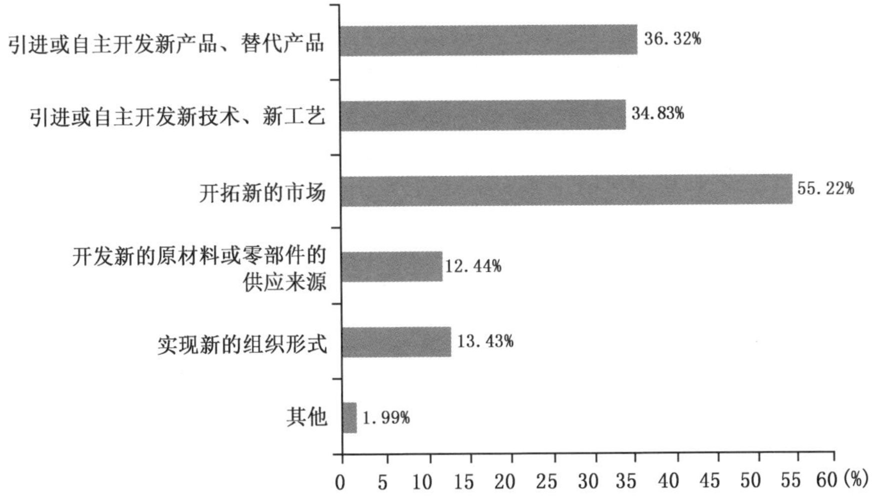

如何应对贸易摩擦

此外，为降低中美贸易摩擦对企业产生的负面影响，有40.8%的青年企业家希望政府出台相关帮扶、支持政策以应对危机；33.83%认为有必要加快技术和管理创新，开发更高附加值的产品和服务；12.94%认为需要降低对以美国为主的单一市场依赖，实施全球营销；另有11.94%的年轻企业家认为将面临更大的困难，并计划停止生产。

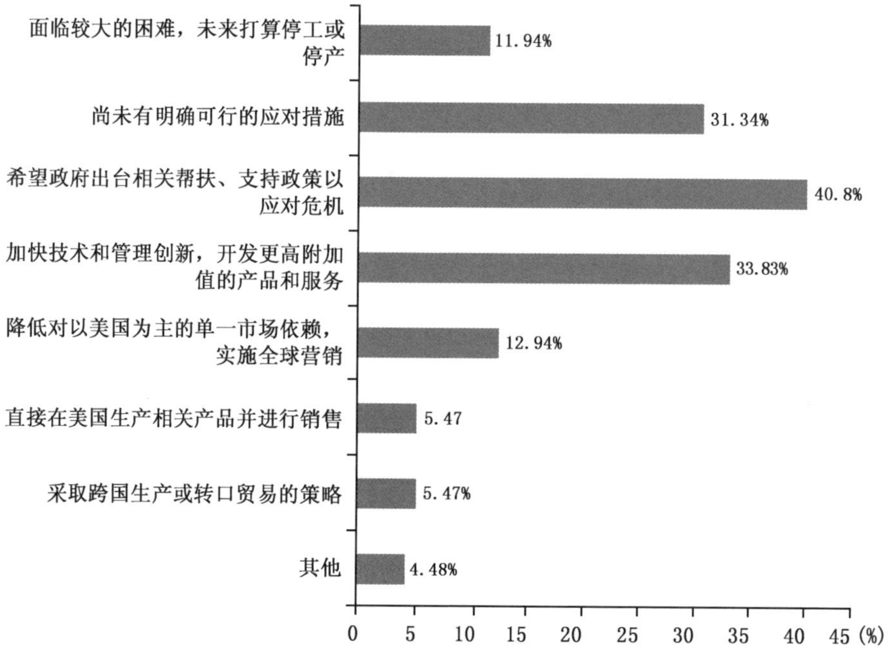

减少中美贸易摩擦对企业负面影响可采取的措施

中美贸易摩擦对上海青年企业家已经产生了持续影响，青年企业家的担忧将直接影响企业发展的信心。如何有效应对中美贸易摩擦对企业家信心的负面影响，扭转不确定性预期，迫切需要政府出台相应的帮扶措施，提振青年企业家信心，增强企业发展动力。

1. 成立市级应对贸易摩擦协调工作小组

中美贸易摩擦对青年企业家的影响涉及科技、金融、财政、税收和商务等多个方面，建议依托市青联或商务委成立市级应对工作组，确立定期协商机制。及时研判最新态势，分类集中处理企业遇到的问题。在此基础上，各组成部门应明确分工，主动跟踪了解企业最新态势,当好青年企业家发展的“引路人”和“好帮手”。

2.设立市级专项财政救助资金

出口导向型高技术企业的发展关系着上海市未来新兴产业的发展,也是重大的经济安全问题。针对这些企业由于中美贸易摩擦可能导致的破产和裁员等问题,有必要做好事先预案。建议设立市级专项救助资金,以专项救助或财政支持的方式发挥“托底”作用,尽可能避免可能产生的连带经济和社会风险。

3.定向发行研发型出口企业科技创新券

科技创新券是利用市级财政科技资金,支持企业、团队向服务机构购买专业服务的一种政策工具。前期获得对象主要是入驻本市科技企业孵化器、大学科技园或众创空间的团队,且主要支持购买检验检测、研发服务等。建议拓展科技创新券发放对象,主动将受贸易摩擦影响的研发型企业纳入申领范畴。对于青年企业家普遍反映的研发投入等长期风险,建议以创新券方式提供弹性研发经费补贴,鼓励企业加大创新产品研发力度。建议将企业吸引关键研发人员的津贴纳入创新券使用范围。

4.完善青年企业家金融创新扶持计划

鉴于中美贸易摩擦对出口企业的影响,及其带来的金融机构不愿授信的困境,建议由青年企业家协会联合金融办牵头,联合有关金融机构,出台出口担保资金、股权融资、债转股、供应链融资等一篮子金融创新帮扶计划,引导资金更多向技术导向型出口企业延伸。

02

第二讲

乡村振兴

从乡建到乡创

作为一种全新的创业理念，乡村社会创业代表了一种解决社会问题的全新范式，能够平衡外来援助与乡村内生发展、经济发展与乡村环境改善，已被国际经验证明是推动从乡村建设到乡村创业转型的新发展方式。

2015年6月17日，国务院办公厅印发《关于支持农民工等人员返乡创业的意见》，推动农民工返乡创业。

在包容性发展和国家大众创业万众创新战略背景下，推动和鼓励农民工创业有着重要意义。首先，农民工返乡创业是社会创业的重要范畴，推动其发展是包容性发展的应有之意，意义重大；其次，农民工返乡创业是实现自身能力发展，解决其自身的就业问题，增加经济收入，改善生活水平的重要举措，同时，返乡农民工带回了城市的生活方式，有着对规则和制度的遵守等生活方式和思维理念，有利于为当地的农村精神风貌产生积极影响，促进新农村文化建设，推动科学技术观念和新知识在中国农村地区的普及，提升全社会的科学文化水平，加快社会主义新农村建设；再次，鼓励农民工返乡创业将在很大程度上创造新的就业机会，一方面，新建立的企业可以提高就业率吸纳农村剩余劳动力，另一方面，可以促使更多有着专业技术的农民工返乡，从而推动农村的人口增长、经济发展，加快基础设施、教育、医疗等公共服务的完善，加速农村向城镇、城镇向中小城市的转变；最后，农民工利用自身经验和知识积累进行创业，也是城市反哺农村的重要体现，将城镇化建设由城市向农村推进扩展到城市推进和农村内源性发展并举。尤其是大量中西部农村地区农民工返乡，可以均衡区域经济发展，缩小城乡经济发展差距。

然而，在推动农民工返乡创业过程中，政策制定者很大程度上忽视了现实中农民工自身的知识、资金储备和创业机会识别能力参差不齐，以及输入地和输出地资源、产业结构的不匹配，导致农民工返乡创业模式存在经验驱动和资源驱动两种截然不同的模式。如何准确把握不同返乡创业模式的表现，不同的创业模式如何影响企业的经营业绩，这些问题都需要进行深入分析和思考。因此，本文依托对于湖北省通城县 170 位农村返乡创业农民工的实地调研，研究了经验驱动型和资源驱动型两种不同的农民工返乡创业模式对其创业业绩的影响，同时就农民工返乡创业提出相关对策和建议。

一、研究回顾

目前关于农民工返乡创业的研究主要集中于分析农民工返乡创业的动机、模式、影响和问题几个方面，学者们主要是针对我国特定地区的返乡创业农民工样本进行了研究分析。

(一)农民工返乡创业动因

从现有研究可以看出，当前农民工返乡创业的动因主要来自农民工自身因素和外部环境因素两个方面。刘光明、宋洪远(2002)发现促使农民工选择返乡创业的动因存在于自身和宏观环境两个方面，即子女教育、照料老人和创业条件的利好。朱红根等(2010)针对江西省返乡创业农民工的调查数据进行了实证研究，发现促使农民工返乡创业的因素可以划分为农民工个体及家庭因素和社会资本因素两类，其中个体及家庭因素主要是指创业者文化程度、年龄、性别、技能获取、风险态度及外出务工收入等因素；社会资本因素是指每月话费支出、常联系的朋友个数、亲戚担任村干部或公务员状况。朱明芬(2010)通过实证研究发现受教育程度家庭规模、耕地规模及区域发展水平是影响农民工创业选择的主要因素。石智雷等(2010)则总结影响农民工返乡创业意愿的因素包括：家庭经济状况、返乡农民工的文化程度、个人信仰和生产积极性，并且创业意愿最强的往往是有着共产主义信仰、外出务工时从事加工制造业和个体经营、参加过技能培训、交际能力强的返乡农民工。

(二)农民工返乡创业模式

结合现有研究，我们发现目前农民工返乡创业的模式可以概括为经验驱动型和资源驱动型两种。经验驱动型最大的特征在于其与原打工时的行业有密切的关系，一般选择创业的行业是原打工时期从事的行业;资源驱动型主要是依靠农村资源发展起来的创业类型。吴昌华等(2008)认为农民工在创业过程中体现出三种主要模式,即自主开发性创业模式、专业合作组织引领创业模式和老村长带动型创业模式。朱红根、康兰媛(2013)提出了生存型创业、成长型创业和价值型创业三种创业类型,并且发现成长型和价值型创业的农民工其返乡创业绩效更好。魏凤、闫芃燕(2012)将返乡农民工创业模式划分为批发零售模式、建筑建材模式、居民服务模式、餐饮模式以及种养殖模式五种。檀学文等(2016)具体指出了农民工返乡创业存在发展家庭农场、发展农村电商、发展农产品加工业和发展休闲农业四种类型。吕惠明(2016)从创业内容和行业角度将浙江省返乡农民工的创业模式分为农业产业化、乡村旅游、居民消费性服务业、家庭手工业演变以及现代工业企业五种模式。

(三)农民工返乡创业影响

现有研究发现,农民工返乡创业会对农民收入、农村经济、农村社会发展等方面产生积极的影响。王西玉等(2003)认为农民工返乡不仅实现了自我就业,还带回了技术,带动了非农产业的发展并创造了大量的就业岗位,对农村发展的实际价值已经超过创业活动自身的意义,对农村的经济和社会发展产生了不可忽视的影响。曹明贵(2008)认为通过资金、技术和经验的引入,农民工返乡创业是增加农民收入、提升农村经济发展水平的有效途径。陈文龙(2010)认为农民工返乡创业可以在推动生产力较快发展、有效促进农民增收、培育新型农民、促进社会和谐稳定、有效解决农村留守儿童问题、刺激消费和扩大内需、提高农民生活水平和质量、推动精神文明建设的发展等方面产生积极的影响。李岳云等(2008)认为农民工返乡创业能够促进新农村建设和乡镇统筹发展。

(四)农民工返乡创业存在的问题

现有研究发现,农民工返乡创业过程中主要面临着政策支持不足、农民工自身素质不高、创业资本缺乏等方面的问题。刘唐宇(2009)认为农民工返乡创业面临着启动资金困难和后续发展资金缺乏的双重困境,严重制约了农民工返乡创业和后续的发展。石智雷等(2010)发现返乡创业农民工主要面临着缺乏资金、缺乏技术、缺乏知识、缺乏政府政策支持以及缺乏信息五大困难,其中缺乏资金是最广泛存在的困难。张秀娥等(2012)认为农民工返乡创业过程中存在的主要困境包括:金融支持缺失、政府扶持力度不够、创业教育与培训不足、农村基础设施落后。姜慧忠(2013)指出创业氛围不强、创业主体不强、创业服务不优的问题是中西部地区农民工返乡创业过程中的主要问题。黄迈等(2016)进一步指出了农民工返乡创业过程中金融支持不足表现在贷款产品的适应性有待提高,政府与金融机构之间的联动机制不够完善,返乡创业人员的金融认知水平有待提高,有效且可操作的抵押担保方式不多。

二、研究方法

(一)数据来源

本文的数据来源于对全国首批农民工返乡创业试点地区——湖北省咸宁市170名返乡创业者的实地调研。本次调查对农民工返乡创业企业按照经济发展水平首先抽取县和县级市,然后按照城乡和行业分布情况随机抽取,最后直接访问被调查农民工返乡创业企业的企业主,本次抽样调查总共发放200份问卷,总共回收192份问卷,总问卷回收率为96%。我们从样本中选取企业成立时间不超过8年的新创企业,然后根据研究需要,剔除那些变量问题上信息不完整的企业,最后得到170家农民工返乡创业企业构成我们研究的样本。

(二)变量定义

1. 因变量

创业绩效。参照已有研究选择企业财务绩效的方法,本文首先选择企业营业额来衡量创业绩效。然而,对于农民创业来说,其所创事业一般规模较小,财务制度不够完善,测量其所创企业的财务绩效往往不够准确。因此,本文同时选择了创业者创业收入来对创业绩效进行测量。

2. 自变量

创业模式。按照创业与自身打工经验的相关性,本文将农民工返乡创业模式划分为经验驱动型和资源驱动型两类。其中,经验驱动型创业是指主要依靠返乡创业农民工自身经验技术开办企业的创业类型。资源驱动型创业是指主要是依靠农村现有生态资源发展起来的创业类型。因此,本文通过创业活动与创业者打工经验的相关性来测量农民工返乡创业模式,相关定义为“1”,表示为经验驱动型创业模式,不相关定义为“0”,表示资源驱动型创业模式。

3. 控制变量

本文也选取了一些控制变量,它们都可能对创业绩效带来不同程度的影响。本文的控制变量包括创业年限、员工人数和资产规模。

三、研究结果分析

本文利用 Stata12.0 软件对创业模式与农民创业绩效之间的关系进行检验。模型 1 和模型 2 是控制变量和自变量对营业额的回归方程,用以检验创业模式与营业额的关系;模型 3 和模型 4 是控制变量和自变量对经营收入的回归方程,用以检验创业模式与利用式学习的关系。

创业模式与农民创业绩效的回归结果检验

变量		营业额		创业收入	
		模型 1	模型 2	模型 3	模型 4
控制变量	创业年限	0.008	0.011	−0.001	−0.001
	员工人数	0.176***	0.161***	0.010	0.008
	资产规模	0.051***	0.05***	0.001	0.001
自变量	创业模式		2.169*		0.199*
R^2		0.140	0.167	0.021	0.045
调整后的 R^2		0.125	0.148	0.003	0.022
N		170	170	170	170

注:① 创业模式为虚拟变量,创业模式为经验驱动型时,定义为 1,反之为 0。②*** 表示 1%显著性水平;** 表示 5%显著性水平;* 表示 10%显著性水平。

根据各模型的估计结果,对创业模式与农民创业绩效之间的关系分析如下:

1. 相比于资源驱动型创业模式,经验驱动型创业对营业额具有显著的正向作用。模型估计结果显示,经验驱动型创业模式在 10%的统计水平上显著正向影响营业额(系数估计值是 2.169)。说明经验驱动型创业企业普遍有着更高的销售量。

2. 相比于资源驱动型创业模式,经验驱动型创业对创业收入具有显著的正向作用。模型估计结果显示,经验驱动型创业模式在 10%的统计水平上显著正向影响创业收入(系数估计值是 0.199)。说明经验驱动型创业者拥有更高的毛利润。

同时,从本问卷调查的情况来看,经验驱动型创业企业的平均营业额为 41.42 万元，相对于资源驱动型的37.71万元较高；在相关创业者的平均创业收入中，经验驱动型企业的创业者收入为19.93万元，相较于资源驱动型创业企业的创业者的14.17万元较高。经验驱动型创业企业的营业额和创业收入均高于资源驱动型企业的原因我们总结为：经验驱动型创业者相对于资源驱动型创业者更加善于对成本进行控制，企业的生产效率更高。经验驱动型创业者由于在打工时期获取了相关产业的、更加高效率的企业生产模式，或是获取了能够帮助降低企业成本、提高效率的技术或知识，使得他们能够更好地降低生产成本，减少资源利用，以获得更高的利润。同时，这使得经验驱动型创业企业的产品拥有更好的质量或是相对较低的价格，这又能帮助企业迅速占领市场，扩大了销售量，拥有更高的营业额。

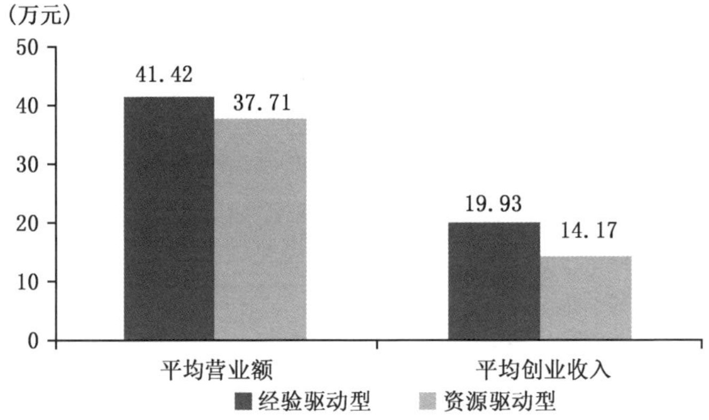

不同创业模式下的营业额与创业收入对比

对于各行业具体分析如下：

1. 农业

农业领域中经验驱动型模式的企业营业额及创业者创业收入均略高于资源驱动型模式企业，两种创业模式的企业年均营业额分别为46.5万元与42.5万元，创业者创业收入分别为12.2万元与10.4万元。可见，农业领域中经验驱动型模式的创业绩效要更优，因为经验驱动型模式下的农产业侧重于生产结构的优化与生产模式的提高，创业者在城市里接触了高效的生产技术与先进的管理经验并应用到农产业上；而资源驱动型模式下的农产业侧重于特色资源的开发与利用，很大程度上轻视了生产技术的重要性。

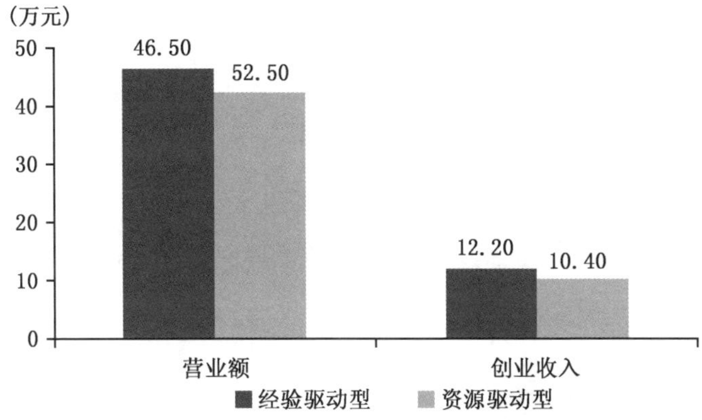

农业领域中的营业额与创业收入对比

2. 制造业

制造业行业中经验驱动型与资源驱动型的企业营业额相差不大,分别为 33.9 万元与 32.8 万元,然而两种模式下创业者的创业收入差别较大,经验驱动型模式下创业收入较多,为 22.3 万元,资源驱动型模式下创业收入较少,为 13 万元。受城市打工经验驱动的创业者在城市从事与制造业紧密相关的工作,对高效的生产流程有了一定的了解,更重要的是培养了科技创新的意识,提高了科技创新的能力,从而大幅度节省了企业成本;相对而言,资源驱动型模式下的创业者对生产流程、生产技术等现代制造业的重要因素还知之甚少,因此他们获取高营业额的背后难免是高消耗的资源及大量的成本,因此最后创业者创业收入比经验驱动型模式下的创业收入要少。

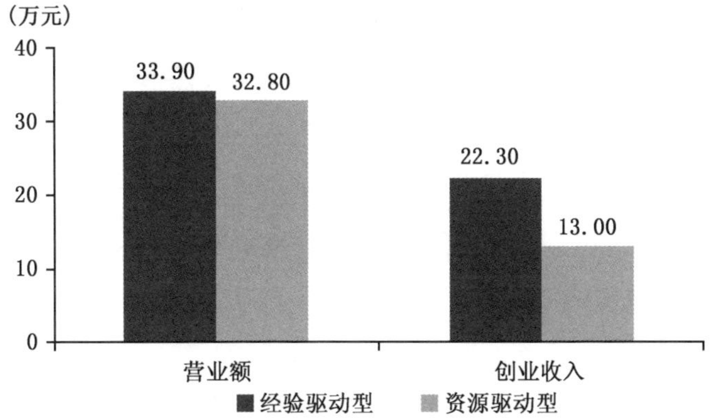

制造业中的营业额与创业收入对比

3. 服务业

服务业领域中经验驱动型模式下的企业营业额和创业收入均远高于资源驱动型模式下的企业营业额。返乡农民工创办的服务业企业大多集中在为农民生产和生活服务的领域，如酒店业、旅游业、日用品销售等。服务业注重企业的服务模式与服务质量，显然曾经在城市里有相关服务经验的农民工返乡创业者更容易利用优质的服务环境、卓越的服务水平打造独特的服务品牌，提高企业营业额和控制成本。

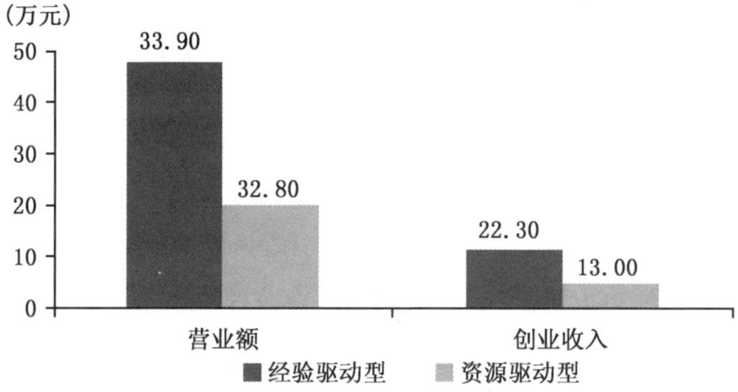

服务业中的营业额与创业收入对比

四、结论及建议

本文基于湖北省咸宁市 170 名返乡创业者的调查，分析了当前农民工返乡创业的模式，并对两种模式下的创业绩效进行了比较分析。研究发现，当前农民工返乡创业过程中体现出了经验驱动型和资源驱动型两种典型模式，且总体来看，经验驱动型创业模式下的创业绩效更好，尤其是在服务业领域，经验驱动型创业模式具有更加明显的优势。本文结论的得出有利于对今后返乡创业农民工的指导和扶持，加强对于农民工专业技术的培训和扶持力度，增加对于资源驱动型创业延长产业链方面的引导，着重推动农民工进城务工中经验的积累以及理论技术的总结。

(一)改进农业发展模式，优化资源配置

1. 革新农业发展模式，加大生产技术与特色资源相结合

在资源驱动型返乡创业农民工中，第一产业是其关注的重点。农业问题也是“三农”问题的重点，当前返乡创业的大环境下，应该鼓励农民工充分利用现有资源，走上

致富道路,改善农村生活,建设社会主义新农村。同时,更应当避免简单的复制型创业,推广单一模式。应当加强对于返乡创业农民工的生产技术的培训和指导,对基础设备、厂房等购买和建设提供政策、资金支持,从而提高产品科技含量,扩大农产品深加工,推动农业产业链的不断完善,带动相关产业的发展。结合各地的实际情况,因地制宜,充分利用当地特色资源优势,深入挖掘特色产业,寻找商业机会,打造独特品牌,增强产品竞争力。

2. 加强互联网培训,给予电子商务企业适当政策优惠与补贴优惠

在当前互联网技术普及的大环境下,单纯依靠线下交易不可避免地意味着相对较少的覆盖面,较少的客户群体和较低的竞争力,这些都大大限制了创业企业的发展。通过数据分析可以看出互联网的应用对于产业发展产生积极影响,既有利于企业经营业绩的提高,也推动了返乡农民工从事二、三产业比例的升高。应当加强对于农民工互联网知识和技术的普及,在创业园、孵化器等专门开设相关课程,满足其技术需求。同时鼓励返乡创业农民工拓展创业和经营方式,鼓励农民工创办电子商务企业,对于现有企业鼓励其增加线上交易渠道。对于电子商务企业、增设线上商城和服务的企业给予一定的政策支持和补贴优惠,增派相关的专业技术人员提供技术扶持,尽可能减少技术壁垒。

(二)加强农民工创业人才培训

1. 开展基于创新素质的创业培训

农民工返乡创业群体作为从城市向乡镇逆回流的主要人群,不仅仅相较于城市创业者缺乏硬性的资本投入,并且在创新创业领域缺乏相应的文化水平和技术水平。就单一从返乡农民工的创新素质着手而言,返乡农民工由于在城市打工期间从事的大多为附加值较低的产业并且付出的基本上为体力劳动,文化程度低、安于温饱、小农思想仍是创新素质方面的一大短板,由于从事领域、工作经验、视野广度的限制,常常缺乏敢为人先、标新立异的创业勇气。地方政府应采取积极措施,努力建立基于返乡农民工创新素质的专项培训计划,帮助返乡农民工完成从劳动参与者到经营管理者角色的转变。在对返乡创业者的培训过程中,应采用“政府推动,多方联合”的原则,邀请创业成功人士分享创业故事及创业经验,激发创业者从不同方面看待创业面临的前景与问题,借此摒弃并纠正有悖于创新视野的主观理解与认识。

2. 开展基于专业技能的创业培训

在开展致力于提高返乡创业者综合素质水平的政府培训项目时，不仅仅要着眼于对于创新创业基本素质的培养，对于企业管理及针对不同行业的专业技能也同样不容忽视。首先，在培训内容上，对于返乡创业者从事的不同行业的共性及个性要加以区别。例如，针对农业和餐饮业，相关的负责培训部门应该基于不同行业的管理方法及专业知识进行培训；为解决农民工创业资金不足同时融资意识缺乏问题，应组织相关金融培训，以扩大农民工返乡创业的融资渠道。针对不同的创业人群需求，创业的不同阶段，创业人群的不同技能知识储备，进行分层、针对性的培训方案，积极探索共性与个性相结合的培训机制。其次，在培训形式上，为了提高培训质量以及返乡农民工掌握水平，应当采用科学有效、易于创业者理解的培训方法，例如，将实际案例与专业知识相结合，将理论学习与实地操作相结合，将“大班化”培训制度与“一对一”导师帮扶制度相结合等。最后，在培训机制上，负责培训项目的主管部门应设立收集采纳农民工意见及建议的反馈机制，对返乡创业农民工现有的创业技能、所需知识、所面对的问题进行充分了解，基于农村创业大环境下，创业者所需要掌握的普遍技能和个体对于特定知识的不同需求，制定符合农村创业发展规律的培训计划，从而更好地贴合返乡创业者对知识技能的需求，全面提高农民工的综合素质，培育一批懂经营、会经营、善创业的农民企业家队伍。

3. 重点普及互联网在创业中的使用

互联网技术作为平台与媒介能够为返乡创业农民工带技术资源、信息资源以及人力资源。将互联网的便携优势、成本优势、信息优势应用至农村经济发展过程中，其本质就是将电子信息技术服务于农村创业发展，对返乡创业者而言相当于在原有创业基础上添砖加瓦，实现广大农村企业“弯道超车”跑步进入现代企业信息化管理模式，实现农村“数字脱贫”，缩小甚至跨越城乡数字鸿沟。根据调研发现，现阶段虽然已经有部分返乡农民工在创业期间意识到互联网将与创业项目相结合带来的发展前景，但由于农村基础设施建设较差，农民工创业的资金较为短缺，导致互联网在农村创业的应用上仍有待提高。所以，重点普及互联网使用无疑是扶持返乡创业的当务之急。在其中，地方政府应当给予农民工机会与窗口学习互联网技术，同时通过硬件设施建设，相关培训的设置，达到创业者有条件与能力将互联网与创业相结合，从而促进农民工创业的发展，提高创业的可持续性。

(三)落实创业平台的构建及创业氛围营造的建设

1. 扩大返乡农民工创业平台建设

国务院办公厅发布的47号文件中关于农民工等人员返乡意见提出:坚持盘活存量与创造增量并举。即要用好用活已有园区、项目、资金等存量资源,同时开发公共创业服务增量资源,加大对农民工返乡创业的支持力度。各地区地方政府应围绕自身地区创业特色、返乡创业者实际需求,建立多元化、多层次的创业园区,同时提高创业园区周边的基础设施建设,并且,创业园区应合理分配电商服务站与创业项目的比例,使创业项目依附于电商,在价值链方面得以明显增值。

2. 加强创业氛围营造及沟通机制建立

农民工返乡创业者由于长时间在外奔波打工,回到农村的创业初期,只能借助亲戚和地缘等建立社会关系。由于返乡农民工自身的社交网络范围有限,纯粹依靠亲戚朋友的力量很难建立起有效的返乡创业者之间的人际关系。因此,地方政府不仅仅要建设利于农村返乡创业的硬件基础设施,也需要营造有利的返乡创业者创业氛围和帮助建立创业者之间的沟通机制,促进创业者之间的经验分享、信息交流,从而为农民工提供创业商机信息,以及上下游产业链的渠道资源,最大限度挖掘出创业潜能。根据返乡创业者分布以及打工或创业经历,还包括地理位置及从事创业的领域,在创业者分布集中度较高的区域成立创业俱乐部或创客集会等类似形式的组织,或定期定点举办创业者面对面分享会、优秀创业者表彰会,通过类似的以点带面的方式,建立农民工返乡创业的交流沟通机制,充分满足农民工创业者之间的社会网络的拓展,营造出农村特色的创业氛围。

(原文由刘志阳、李斌发表于《福建论坛》,2017年第12期)

农民工返乡创业情况调查

乡村振兴战略提出产业兴旺、生态宜居、乡风文明、治理有效、生活富裕的总要求，强调建立健全城乡融合发展体制机制和政策体系，加快推进农业农村现代化。乡村振兴战略更加注重乡村内生性发展，注重发挥乡村的主动性，激发乡村发展活力，迫切需要建立更加可持续的内生增长机制。

创新创业是推动经济增长的重要内生性动力。推进农村创业创新是促进乡村振兴的重要举措。在乡村振兴战略背景下，推动和鼓励农民工返乡创业有着重要意义。首先，农民工返乡创业有利于农村产业兴旺和人民生活富裕。一方面，鼓励农民工返乡创业将在很大程度上推动“乡土工业”发展，可以提高就业率，吸纳农村剩余劳动力，推动农村的人口增长、经济发展，加快基础设施、教育、医疗等公共服务的完善，加速农村向城镇、城镇向中小城市的转变；另一方面早在20世纪，费孝通（1995）就指出“乡土工业”可以促进农民尽快富起来，推动其发展可以减少农民和农村的绝对贫困，带动农村全面创富与减贫。其次，农民工返乡创业有利于构建生态宜居型农村。农民工利用自身打工所积累的技术、知识和经验回乡创业，可以有效改变农村依靠土地、资源、劳动力等要素驱动的传统经济增长模式，降低农村资源消耗和环境污染。此外，农民工返乡创业有利于乡风文明和乡村治理制度建设。返乡农民工带回了城市的生活方式，有着对规则和制度的遵守等生活方式和思维理念,有利于为当地的农村精神风貌和治理制度产生积极影响,促进新农村文化和制度建设,推动科学技术观念和新知识在中国农村地区的普及,提升全社会的科学文化水平。最后,农民工返乡创业有利于城乡融合发展。农民工利用自身经验和知识积累进行创业,也是城市反哺农村的重要体现,将城镇化建设由城市向农村推进扩展到城市推进和农村内源性发展并举。

然而,现实中由于相关政策落实不到位,输入地和输出地资源、产业结构不匹配,农民工自身的知识、资金储备和创业机会识别能力参差不齐,导致农民工返乡创业进一步发展存在不少障碍,农民工返乡创业企业发展情况不尽如人意。当前的迫切问题是:摸清农民工返乡创业现状,理清返乡创业中遇到的困难,并适时"对症下药"提出相关政府政策以推动乡村振兴战略的实施。本文依托上海财经大学组织开展的"2016 年农村创业千村调查项目",分析了现阶段我国农民工返乡创业现状和困境,并在此基础上提出相关建议。该项目调研了全国 21 个省、市、自治区的 30 个县 1 000 个村,共访谈了 1 720 名返乡创业农民工。

一、返乡创业农民工生存状态

我国返乡创业农民工数量庞大,并且这一群体正在不断壮大。调查显示,自 2000 年以来,我国返乡创业农民工总体人数随年份持续增加,2000 年之前的返乡创业农民工占比 14.6%,2000—2010 年的返乡创业农民工占比 37.6%,接近半数(47.8%)的返乡创业农民工是在 2010 年之后返乡创业;而在 2016 年参与调查的农民创业者中,返乡创业农民工总占比高达 37%。作为中国特有的现象,农民工返乡创业问题始终与解决"三农"问题紧密地结合在一起(朱红根等,2010),因此,这一群体在乡村振兴整个经济社会发展中有着不可忽视的重要作用。当前,我国返乡创业农民工的生存状态主要反映在四个方面。

(一)以中青年男性为主,大多受过中等以上教育

张善余和杨晓勇(1996)的研究发现返乡创业的农民工以初高中文化程度的男性中青年为主,本文调研数据也得出了同样的结论。在接受调查的返乡创业农民工中,男性占比 68%,且学历以初中和高中为主。其中,初中学历的创业者约占比 42%,高中(含职业高中、中专等)学历的创业者占比 29%,教育水平为大学及以上的约占比 12.3%,小学文化水平创业者占比 11.2%,有 0.5%的返乡创业农民工从未受过教

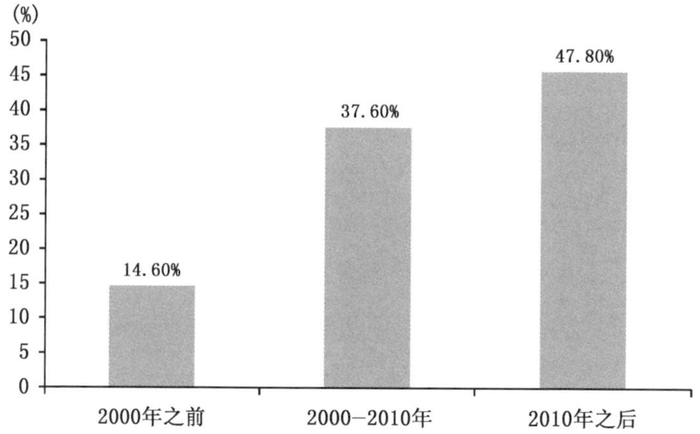

返乡创业农民工时间分布

育。可见,教育对返乡创业农民工的影响具有明显的正向作用。

此外,由于返乡创业农民工均是在外打工累积资本和经验等再选择返乡创业,因此,返乡创业农民工年龄总体偏大,以中年男性为主。从年龄结构看,近40%的创业者年龄集中分布于40～50岁,集中分布于30～40岁占比约25%,集中分布于50～60岁的返乡创业农民工占比17%。

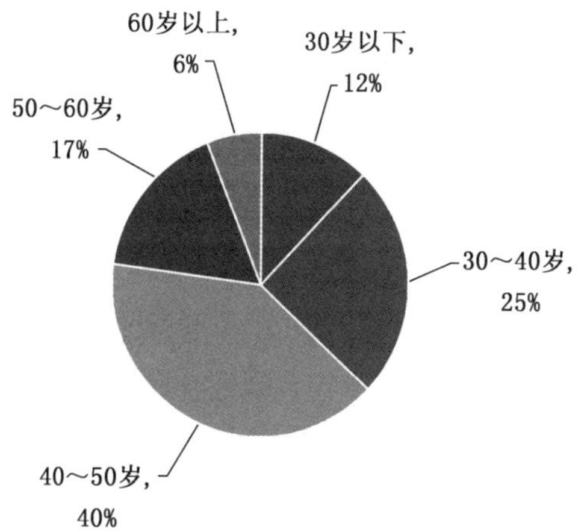

返乡创业农民工年龄分布

(二)地位相对更高,生活满意度较高

返乡创业农民工收入水平普遍高于普通村民。调查发现,认为自己收入水平高于全村收入平均水平的返乡创业农民工占比 44%,与此同时,认为自己收入水平高于全村平均水平的普通村民仅占比 17.5%。相比之下,返乡创业起到了一定增收效果,返乡创业农民工经济地位相对更高。与经济地位表现一致,绝大多数返乡创业农民工的社会地位都是中等偏上,调查显示有 93%的返乡创业农民工认为自身社会地位处于中等及以上,其中认为自身处于上等社会地位的占到了 41.5%。

相对较高的经济和社会地位带来的是较高的生活满意度和好的人缘关系。调查发现,返乡创业农民工的生活满意度和工作满意度普遍较高。在生活方面,12.3%的返乡创业农民工对当前生活现状基本满意,41.3%的返乡创业农民工较为满意,33.8%的返乡创业农民工则非常满意;在工作方面,基本满意的返乡创业农民工占比约为 14.0%,较为满意的返乡创业农民工占比约为 36.4%,非常满意的占比约为 30.3%。调查还发现,返乡创业农民工的人缘关系情况普遍偏好,有超过 90%的返乡创业农民工认为自身人缘关系好、很好或非常好,仅有 3%的返乡创业农民工认为自己在当地人缘不好、很差或非常差。

(三)家庭成员较多,亲友创业普遍

子女教育、照料老人是诱发外出农民工返乡创业的主要原因(刘光明和宋洪远,2002)。调查发现,56%的创业者拥有 4～6 名家庭成员,37%创业者拥有 1～3 名家庭成员。整体而言,创业者家庭规模中等。此外,有 43%的创业者家中有 2 个孩子,40%的创业者家中有 1 个孩子,未养育孩子的家庭仅占 6%。这也验证了家庭的情感归属是农民工返乡创业的一个十分重要的原因。

另外,在接受调查的创业者中,43%的创业者表示其直系亲属正在创业,62%的创业者表示其他非直系亲友也处于创业状态。因此,亲友创业很可能是带动农民工返乡创业的另一个重要原因。关于创业项目灵感来源的调查数据也证实了这一点。调查显示,农民工返乡创业的创业项目灵感来源主要为家人和同乡,分别占 30.30%和 21.27%,其次为同学、电视报纸和政府官员。

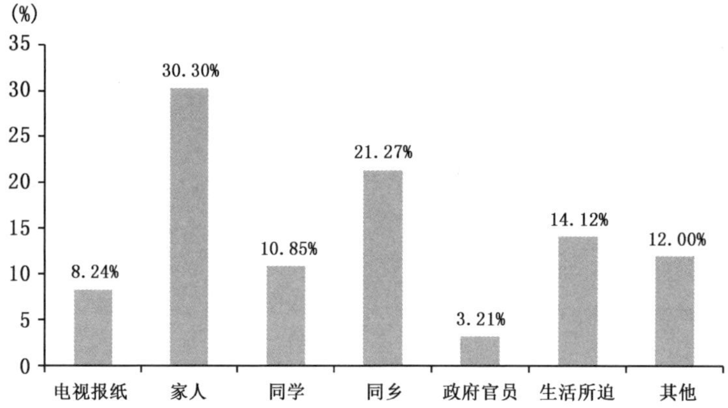

返乡创业项目灵感来源分布

(四)互联网意识淡薄,互联网涉入程度低

互联网已成为转变农业发展方式的重要手段,实现农民创新创业的重要载体,推动农村共享现代文明的重要引擎。然而调查显示,在对互联网的认知上,接受访谈的返乡创业农民工中,仅有将近半数的创业者认为互联网对于他们的企业来说是机遇;37%的创业者认为互联网对于他们没有影响,甚至有12.7%的创业者认为互联网对于本企业来讲是冲击。

而在互联网的应用上,仅有1%的创业者是通过网上创业的方式开办自己的企业,27%的创业者每天用于工作的上网时间为1~3小时,8%的创业者每天用于工作的上网时间是3~5小时,近37%的创业者从不需要网络来处理工作。可见,互联网在返乡创业农民工的工作中并未起到很大作用,"互联网+"对于返乡创业农民工的影响尚未凸显。

二、农民工返乡创业企业发展现状

农民工返乡创业企业的经营状况包含其创办企业的规模及业绩、企业经营方式和企业业务内容。企业规模和业绩是企业发展状况最重要的评价标准,企业经营方式和业务内容则是可以反映其与传统城市创业的区别及未来发展潜力。当前我国农民工返乡创业企业的发展现状主要反映在四个方面。

(一)企业存活率高,但规模偏小

数据显示,在被调查的企业中,89%的创业企业能够维持生存或经营业绩良好,仅有11%的企业创业失败。可见,我国返乡创业企业总体发展良好,进入和退出率较为稳定,存活率高。调查还显示,40%的返乡创业企业绩效在当地排名前三,26%企业在当地排名第四至六位,34%的创业企业在当地排名第六位以后,这说明农民工返乡创业企业在当地绩效排名状况总体不错。

然而,调查显示农民工返乡创业企业规模普遍不大,都是小企业。衡量一个企业规模大小的标准主要是企业的员工数量、企业产值数量等。在企业员工数量上,71.9%的返乡创业企业员工人数在10人以下,以家庭作坊或个体经营为代表;20.6%的企业员工人数为10～50人;3.1%的企业员工人数为50～100人;员工人数超过100人的创业企业仅占比3.4%。在营业额上,年营业额在10万元以下的企业占比32.8%,10万～20万元的企业占比26.5%,20万～50万元的企业占比18.0%,50万～100万元的企业占比21.5%,年营业额大于100万元的企业占比仅为5.7%。王西玉等(2003)通过对9省(市)13个县136个村返乡农民工的调查,也得出农民工返乡创业以创办小型企业为主的结论。

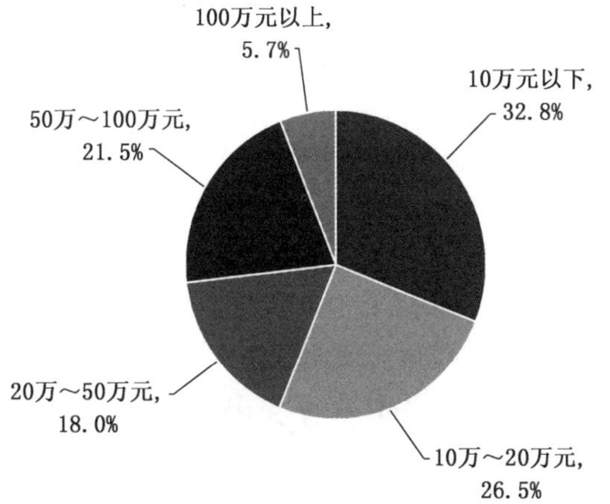

返乡创业企业年营业额分布

(二)企业创建方式单一,行业集中在第一产业

调查发现,独立创建新业务是现阶段农民工返乡创业的最主要方式,占比约72.09%,这充分体现农民工返乡创业更倾向于"单干"的方式;承包为返乡创业的第二种主要方式,占比6.86%;品牌代理为返乡创业的第三种主要方式,占比4.71%,除此之外,还有少部分创业者通过继承、加盟、网上创业、收购等方式进行返乡创业。

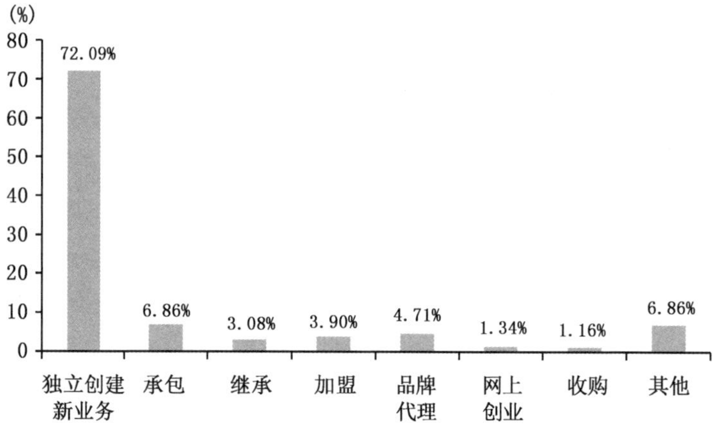

返乡创业企业创建方式分布

在创业行业方面，调查发现超过半数的农民工返乡创业行业集中于农、林、牧、渔等第一产业，占比约 52%；其次为批发零售业，占比约 25%；第三为餐饮、旅馆业，占比约 6%；从事制造业企业仅占比 3%；剩余少量分布在建筑业、房屋租赁等其他行业。

(三)企业业务多与创业者原打工经历相关

农民工在外务工或者经商期间，积累了一定的人力资本，包括市场观念的转变、行业知识的积累、经济意识的提高、竞争思想的增强等，并且外出务工的职业经历影响其创业时的方向选择(林斐，2004)。根据调查，农民工先前打工经验与创业项目存在相关性的比重高达 62%。其中，10%的农民工返乡创业农民工创业项目与打工经历紧密相关，52%的农民工返乡创业农民工创业项目与打工经历有点相关。这表明农民工返乡创业与先前打工经验密不可分，打工中积累的经验，不仅帮助农民工了解行业和企业运作情况，也为他们创业提供了创业机会。

(四)经验驱动模式下的创业企业业绩更好

按照创业与自身打工经验的相关性，可以将农民工返乡创业模式划分为经验驱动型和资源驱动型两类。调查数据显示，经验驱动型创业企业的平均营业额为 41.42 万元，相对于资源驱动型的 37.71 万元更高；在相关创业者的平均创业收入中，经验驱动型企业的创业者收入为 19.93 万元，相较于资源驱动型创业企业的创业者的 14.17 万元更高。通过不同创业模式下的营业额与创业收入对比，可以发现经验驱动型创业企业的营业额和创业收入均高于资源驱动型企业，其原因可以总结为经验驱动型创业者相对于资源驱动型创业者更善于对成本进行控制,使企业的生产效率更高。经验驱动型创业者由于在打工时期获取了相关产业的、更高效率的企业生产模式,或是获取了能够帮助降低企业成本、提高效率的技术或知识,使得他们能够更好地降低生产成本、减少资源利用,以获得更高的利润。同时,这使得经验驱动型创业企业的产品拥有更好的质量或是相对较低的价格,这又能帮助企业迅速占领市场,扩大销售量,拥有更高的营业额。

三、农民工返乡现阶段面临的主要困境

推进我国农民工返乡创业的政策框架已经基本建立,各地也在努力完善具体政策措施。但由于政策落实不到位、农民工自身情况参差不齐等,农民工返乡创业的发展面临着不少困境。与一般创业相比,返乡农民工创业面临的困境,既有共性问题,又有特殊性问题。具体来看,返乡农民工创业主要面临四大困境。

(一)企业注册困难是农民工返乡创业的第一道拦路虎

调查显示,在注册过程中,51%的企业经历的行政程序流程在 10 个以上,仅有 29%的企业经历的行政程序流程在 5 个以内。另外,有高达 64%的企业反映注册过程需要盖 5 个以上的章,有 49%的企业反映需要等待一个月以上,仅有 25%的企业一周内能完成注册。创业者手上的创业项目,有 64%得到了政府批准注册,仍有 36%处于未得到政府批准注册状态。这说明虽然近年来农民工返乡创业人数不断增加,但仍有不少项目没有真正注册落地。在返乡创业中,农民工同样需要面临较多的行政审批流程。对返乡创业农民工来说,他们不熟悉相关创业政策,尤其是注册行政流程。

(二)资金支持不足,导致企业难以长远发展

尽管围绕农民工等人员返乡创业,国家先后出台了一系列政策,并对金融支持政策提出了明确要求(黄迈等,2016),但数据显示,资金支持不足仍是农民工返乡创业企业面临的最大问题之一。在调查的返乡创业企业中,创业投入以股本投入为主、借贷比例偏低,只有 40%的企业采用了借贷的方式,其中仅有 35%的企业借贷比例超过 10%。这说明在返乡创业中金融支持的作用并不明显,这一方面是因为农民的金融意识不强,另一方面是因为当前对于返乡创业的金融支持明显不足。

数据还显示,自 2007 年以来,获得政府补贴的返乡创业企业不断增多,2015 年增

幅最大，相比2014年增加了一倍以上，这说明国家双创政策的出台对促进返乡创业的作用显著。然而，从总体来看，获得政府补贴的企业仍然很少，仅有12%的企业获得过政府的资金扶持。因此，双创政策惠及返乡创业的同时，也存在着政府补贴不到位导致双创政策大打折扣的情况。

(三)普遍缺乏核心竞争力，企业成长潜力有限

农民工返乡创业企业普遍缺乏核心竞争力。调查显示，在企业核心技术方面，仅有20%的返乡创业农民工企业认为自己拥有核心技术。与核心技术拥有情况一致，拥有高科技企业认定的返乡创业企业仅占6%左右。在品牌意识方面，44%的返乡创业农民工的产品品牌和企业名相同，13%的企业产品使用加盟商、供货商的品牌，仅有6%的企业产品有独立的品牌。这说明返乡创业企业仍集中停留在传统且附加值低的水平，创新能力不足，产品品牌意识缺失。造成这一情况的重要原因是大量模仿式创业现象的存在。数据显示，有57%的返乡创业企业是通过模仿他人类似方式经营。这说明当前农村返乡创业普遍以模仿式创业为主，同质竞争严重，缺乏品牌意识。

此外，市场渠道单一也导致企业发展受限。数据显示，返乡创业企业的供应商主要来自本村、本镇或本县，仅有40%的企业在前五大供应商中有外部陌生供应商。同样，返乡创业企业的客户主要来自本村、本镇或本县，仅有42%的企业在前五大客户中有外部陌生客户。这说明当前大部分返乡创业企业存在着供应商和客户渠道单一的问题，正是缺乏外部优质、多样化的供应商和客户渠道，导致产品销售市场狭窄，从而限制了企业发展。

(四)经营环境严峻，加剧返乡创业难度

社会环境方面，村企关系复杂增加了额外的管理成本。数据显示，有高达61%的返乡创业农民工遇到过邻里纠纷，有25%的返乡创业农民工遇到过商业纠纷；51%的商业纠纷通过私下解决方式解决，24%的商业纠纷通过中间人协商解决，6%的商业纠纷通过调解员解决，仅有7%的商业纠纷通过打官司、诉诸法律解决。这说明返乡创业农民工在创业过程中普遍遇到商业和邻里纠纷问题，且缺乏有效的纠纷解决机制。复杂的村企关系增加了企业的额外管理成本。

自然环境方面，自然灾害频发导致返乡创业雪上加霜。数据显示，有90%的返乡创业者所在乡村存在自然灾害，其中旱灾、洪涝和台风是排列前三的自然灾害，分别有 29%、21%和 16%的地区存在这三大自然灾害。相比于一般创业者，返乡创业农民工不仅面临独特的农村自然环境，而且对所在地农业资源有较强的依赖性，因而频发的自然灾害加剧了返乡创业的难度。

四、推进农民工返乡创业的对策建议

鉴于农民工在我国经济社会体系中所起到的特殊作用，以及农民工返乡创业在“双创”中的重要主体地位，结合其当前所面临的生存和发展困境，同时考虑现实可行性，在问卷调查的基础上，本文提出以下对策建议。

（一）深化农村创业商事改革，降低农村创业门槛

加大农村企业行政审批、投融资机制、社会治理等重点领域的改革，继续深化商事制度改革，尤其是加快“三证合一”“一码一照”“一址多照”在农村的落实，降低农村创业的制度成本，改善农村创业营商环境，降低返乡创业农民成为市场主体的门槛，激发返乡农民创业的活力。同时，继续落实普遍性降费和定向减税政策，进一步提高农民工返乡创业补贴的数量及质量。一方面，加大减税降费力度，为农民工提供培训补贴；另一方面，避免创业补贴采取“一刀切”方式，根据地域差异、农户个体差异，多样化补贴方式，提高补贴的精准度，切实减轻返乡农民工创业的实际负担。

（二）推动农村创业培训，提升创业者素质

建立完善的农村创业培训体系，精心安排、科学设计创业培训内容，采取理论教学和现场教学相结合的方式，为返乡农民工提供创业前、创业中及创业后的各项知识和技能培训，全面提高农民工的综合素质，培育一批善创业、会经营、懂经营的农民企业家队伍。同时，鼓励企业与社会组织通过多种渠道为返乡创业者提供培训，形成政府、企业和社会组织多方联动的农村创业培训网络。

（三）加强农村小额信贷支持，优化创业补贴方式

培育多层次、适度竞争、相互补充的农村金融组织体系，满足返乡创业农民不同的金融需求。建立和完善政策性银行、商业性银行、合作性农村金融和民间金融机构共存的金融体系。积极发展社区村镇银行、农业贷款公司、农村资金互助社等多种类型的小型金融机构。不断创新农村金融产品及服务模式，加快完善物权法、担保法、土地承包法等法律，允许农民用宅基地和承包地及其地上附着物在银行抵押贷款。积极探索多户联保、“公司＋农户”担保、林权抵押、农机具抵押等新的担保方式，疏通资金供需通道。全面掌握农户个人信用相关信息，建设专业化信贷员队伍，提高农村创业金融服务精准度，为返乡农民创业提供更便利的金融服务。

(四)鼓励差异化竞争，培育核心竞争力

根据区域特色经济，鼓励返乡创业农民工发展农村特色产业和特色产品。鼓励返乡人员创办领办农民合作社、家庭农场、农业企业、龙头企业、林场等各种新型农业经营主体，培育新型农业经营主体带动返乡创业。引导返乡人员融入区域专业市场、产业示范带、块状经济和产业集群，根据市场需求创业创新，避免过渡低端化、同质化竞争。同时，大力发展农村移动互联网，带动广大返乡创业企业实现经营、管理、销售各环节的信息化，推进农产品交易方式的创新，构建新型的农产品电子销售渠道，完善农产品物流配送体系，实现广大农村企业“弯道超车”跑步进入现代企业信息化管理模式，实现农村“数字脱贫”，缩小甚至跨越城乡数字鸿沟。

(五)理顺村企关系，加强农村综合保险

一方面，积极创新工作思路，积累经验，营造和谐、稳定的村企关系。通过多部门协同作业，创新思路，敢于面对问题，建立村、镇、企、个人多方协调机制，及时有效解决群众反映的问题，做到及时发现问题、解决问题，在村民中塑造良好的创业氛围，为创业企业营造和谐的经营环境。另一方面，积极探索农业生产经营风险管理模式，建立风雪、洪水等巨灾风险基金，对因重大自然灾害形成的大额贷款损失，采取财政补贴、贷款支持、价格保险“三位一体”的综合保障机制，逐步形成农村产业巨灾风险转移共担机制。

(原文由刘志阳、李斌发表于《福建论坛》，2019 年第 9 期)

农户创业、村庄社会地位与幸福感

满足人民美好生活需要是新时代经济社会发展和实现中国梦的根本目标，而创业是实现这个目标的一种重要方式。创业通常被视为一种新的生产要素，在增加就业、提高劳动生产率、促进经济增长、减少贫穷和改变乡村发展等方面发挥着重要作用（Acs 和 Audretsch，2005；Paul1 和 Sharma，2013）。对于中国这样的农业大国来说，2.6 亿多农户仍是农业生产经营的主要组织形式，推进农户创业是促进乡村振兴的重要举措。当前中国农业农村经济新模式、新业态蓬勃兴起，推动形成了农村“双创”新热潮，各类返乡下乡“双创”人员达 700 万人。农户作为中国乡土社会的最大群体，其创业不仅直接关系着农户家庭的生活水平和质量，也对农业农村经济发展和乡村振兴意义重大。由于受创业者能力素质、乡土地域环境等因素影响，农户创业与其他创业相比，在农村地区社会关系的多样化和对社会经济生活的具体影响表现出明显的差异（Akgün 等，2010）。因此，农户创业作为一种新的创业形式，不仅是学术界关注的重要议题，也是响应新时代人们对美好生活向往的有效政策推动模式。

然而，在过去的二十年里，尽管创业研究是一个热门且十分具有发展潜力的领域，但农户创业[①]研究在很大程度上被忽

① 国内外相关研究中，农户创业、农民创业、农村创业等概念经常被交替使用，农户创业更强调农户家庭独立经济主体的因素，农民创业更强调农民的身份因素，农村创业更强调农村的环境因素，因此本文将以农户创业为主，文中交替使用这三个词。

视了，直到20世纪80年代才开始零星出现（Wortman，1990），目前其理论体系还处于萌芽阶段（Pato和Teixeira，2016）。从已有研究来看，关于农户（农民）创业研究的主题比较分散，尚未形成一般性的理论框架体系（Akgtin等，2010；危旭芳、罗必良，2014），微观层面的研究主要集中在农户（农民）创业者的特质及其动机（Babb等，1992；Pyysiäinen等，2006）、农户（农民）创业的影响因素（刘新智、刘雨松，2015；张青、张瑶，2017）、农户（农民）创业的绩效等（董静等，2018），宏观层面的研究关注了农户（农民）创业对农业农村经济和乡村贫困的影响以及如何促进农户（农民）创业（Kushalakshi和Raghurama，2014；韦吉飞，2013；郭红东、丁高洁，2013）。尽管对农户创业的物质绩效（收入、生产率、经济增长等）已经受到关注，但对农户创业带来的精神绩效（满意度、获得感、幸福感等）的研究却很缺乏。而关于幸福感的研究大多集中在收入与幸福感的关系、社会地位与幸福感的关系、不同年龄群体（老年人、年轻人、大学生等）的幸福感，使用的研究方法以心理学、社会学和经济学等的视角居多，但创业群体的幸福感存在明显的异质性现象（王慕文、卢二坡，2017）。目前将农户创业与农户幸福感结合在一起的研究话题非常缺乏。创业的农户更幸福吗？农户创业行为是通过何种机制影响和作用于农户幸福感的？这些问题还亟待经验证据的支持。另一方面，研究显示，创业有助于提升个人的社会地位，如以收入为主的社会经济地位等（Kimhi，2010；韦吉飞，2013），且社会地位对幸福感的影响是显著正相关的（Frijters等，2004；刘同山、孔祥智，2015）。因此，本文将重点探讨分析农户创业行为对农户幸福感的影响和作用机制，有助于构建一个基于"农户创业—村庄社会地位[①]—农户幸福感"三者联结的理论分析框架，可以一定程度弥补当前农户创业理论的薄弱点。

本文的主要贡献包括以下两个方面：第一，与以往研究衡量创业绩效的指标不同，本文将社会心理学的理论与观点应用到农户创业绩效的衡量中，把农户创业与农户幸福感关联在一起进行实证研究，并构建农户创业对创业幸福感影响和作用机制的理论框架，拓展和丰富了中国的农户创业理论，也为创业幸福感的理论和实证研究增加了来自中国情境的新证据。第二，创新性的以村庄社会地位（村庄社会经济地位和村庄社会计量地位）为中介变量，构建"农户创业—村庄社会地位—农户幸福感"中介效应模型，既考虑了农户幸福感对收入的弹性较城市居民大，又考虑了农户的特殊

① 本文认为村庄社会地位是指农户在村庄社会经济系统中所处的一种排位，包括村庄社会经济地位和村庄社会计量地位，关于社会经济地位和社会计量地位的具体描述详见后文。

乡土社会属性,研究揭示了村庄社会地位在农户创业和农户创业幸福感之间的作用机制。

一、文献回顾与研究假说

(一)农户创业对农户幸福感的影响

创业不仅对经济增长有贡献,而且对于个人和社会的发展也很重要(Gries 和 Naude,2010)。迄今为止,关于创业对幸福感的影响的研究还比较缺乏(Naudé, Amorós 和 Cristi,2014)。幸福感这个术语来源于心理学,许多研究采用主观幸福感(Subjective Well-Being)[①]这个指标来衡量个体生活整体质量的主观心理感受(Diener 等,2010)。

个体创业的幸福感问题已经得到了理论和部分实证的支持。按照马斯洛的需求层次理论,创业可以看作是一种较高层次的自我实现需求,创业者能够发挥自身潜能、实现个人的理想和价值,幸福感也就可能更强。从理论上讲,创业者可能通过两种方式增加幸福感(Naudé, Amorós 和 Cristi,2014):一是作为创业者,自己更快乐;二是增加他人的幸福。社会心理学的研究表明,创业对工作满意度的影响是显著的,个体创业者的工作满意度高于一般员工(Blanchflower 和 Oswald,1998)。尽管工作满意度与幸福感并不相同,但两者之间呈现出显著的正相关关系(Seligman,2002)。同时,创业者也被发现更健康,更不容易产生消极情绪和抑郁,更有可能比普通员工更有经验(Patzelt 和 Shepherd,2011;Zwan,2018)。

近年来少数研究从管理学的视角对创业与幸福感关系进行了分析,显示创业动机或创业活跃度的增加有助于居民或创业者幸福感的增加(Naudé,AmorósOscar 和 Cristi,2014;魏江和权予衡,2014;王慕文和卢二坡,2017),但将农户创业行为与农户幸福感关联的研究非常缺乏。农户(农民)创业被认为是减少贫穷、移民、经济差距、失业和促进落后农村发展的途径(Kushalakshi 和 Raghurama,2014;Peredo 和 McLean,2013)。在中国,相对城市居民,农户的收入水平较差、贫困程度较高、社会地位较低,创业农户比非创业农户对农户幸福感的影响可能更为显著。因此,本文提

① Wilson 在 1967 年最早开展幸福感的研究,此后主观幸福感研究文献大量增加。现有研究大多认同 Diener 在 1984 年提出的主观幸福感概念,即主观幸福感是个体依据自己设定的标准对其生活质量的整体评价,具有主观性、稳定性和整体性的特征。

出以下假设：

假设 1(H1)：创业农户比非创业农户的幸福感更强。

(二)农户创业对农户村庄社会地位的影响

对社会地位的追求是人类的基本动机，而创业可以看作是一种社会地位寻求的路径。根据《全球创业观察 2016/2017 报告》，创业者享有较高社会地位的人群比例达到 77.8%。

创业小贴士
START-UP TIPS

如何衡量社会地位

按照 Weiss 和 Fershtman(1998)的定义，社会地位(social status)是指在既定社会中，基于特性、资产和行动，对社会成员(个人或群体)的一种排位。衡量社会地位的指标既可以是社会成员经济方面的客观指标(Duncan，1961)，也可以是社会成员自我感知的社会地位等级的主观指标(Singh-Manoux 等，2003)。前者称之为社会经济地位(socioeconomic status)，强调根据财富等有价值的商品组合来反映个人或家庭在层次结构中的排名，通常是通过收入水平、教育、可量化的职业或者这些维度的综合来衡量的(Mueller 和 Parcel，1981；Bradley 和 Corwyn，2002)。后者称之为社会计量地位(sociometric status)，强调地位是基于其他人的尊重而不是收入或财富，衡量指标包括个体受尊敬、被羡慕或钦佩、被期待和拥有的影响力等 (Anderson 等，2001；黄婷婷等，2016)。社会心理学认为，作为受同伴尊重和钦佩的反映，社会计量地位可能会强烈影响个人的权力意识和社会接受感，这是心理健康的关键决定因素(Baumeister 和 Leary，1995)。

关于农户创业对农户社会经济地位影响的研究，现有文献大多是分析农户创业对农户收入方面的影响，基本一致的结论是农户创业能够有助于提高农户的收入水平(赵阳、孙秀林，2001；韦吉飞，2013；高静、张应良，2014)。例如，赵阳、孙秀林(2001)以返乡农民工创业者为研究对象，发现返乡农民工创业者的收入是非创业者的两倍。高静、张应良(2014)的研究认为，农户收入受到农民创业活动的影响而显著增加。然而，农户创业可能不仅仅追求经济收入，也可能包括获得尊敬、实现自我价值等方面的因素,也就是说农户创业还可能影响农户的社会计量地位。由于乡土社会的特征,农户不仅有明显的社会经济地位差异,也有社会计量地位的感知差异,因为乡土社会是"熟悉社会",相对于城市人来说,农户群体的互动性更强,彼此更容易受到相互日常语言和行为的影响,形成共同的价值观。与城市居民创业相比,在这样的乡土社会网络群体中,农户是否创业及其所产生的效果很容易被他所在村庄的周边农户所知悉。而在农户眼中,创业农户通常意味着这个农户有本事、有钱,无形中可能改变其他农户对创业农户的社会认同度,进而提升创业农户的社会计量地位。但目前关于农户创业对农户社会计量地位的影响的实证研究文献非常缺乏。

基于以上分析,参照 Bradley 和 Corwyn(2002)提出的社会经济地位概念和 Anderson 等(2001)提出的社会计量地位概念,以及黄婷婷等(2016)对社会地位划分的总结,本文引入社会经济地位和社会计量地位这两个社会心理学的概念,认为村庄社会地位可以划分为村庄社会经济地位和村庄社会计量地位,村庄社会经济地位更多反映在农户的经济收入方面,村庄社会计量地位更多反映在农户受尊敬、被羡慕或钦佩、被期待和拥有的影响力等方面。农户创业可能追求村庄社会经济地位,也可能追求村庄社会计量地位。为此,本文提出以下假说:

假设 2a(H2a):农户创业正向提高农户村庄社会经济地位。

假设 2b(H2b):农户创业正向提高农户村庄社会计量地位。

(三)村庄社会地位在农户创业与农户幸福感关系的中介效应

现有研究或者关注创业与社会地位的关系,或者关注社会地位与幸福感的关系,但很少有文献涉及创业与幸福感之间的中介变量,对于农户创业与农户幸福感之间如何通过中介变量来链接其中的作用机制目前仍需实证研究的支持。如前所述,由于创业对村庄社会经济地位和村庄社会计量地位的影响,创业农户比非创业农户的村庄社会地位可能更高。另一方面,村庄社会地位也会显著影响农户的幸福感。

社会地位如何影响幸福感的研究,大多是关于社会经济地位(以收入变量为主)对幸福感的影响分析。国内外很多研究都表明,收入水平与主观幸福感呈显著正相关(Frijters 等,2004;张学志、才国伟,2011;刘军强等,2012)。然而,也有不少学者发现收入对幸福感的影响可能并不是那么紧密(Easterlin,1974;Oswald,1997;Cummins,2000;Blanchflower 和 Oswald,2004;Diener 等,2010;田国强、杨立岩;2006),收入与幸福指数之间可能呈"倒 U 型"关系(Seligman 等,2006;何立新、潘春阳,

2011)。因此,一些文献更强调相对收入与幸福感之间的关系(Stutzer,2004;罗楚亮,2009;官皓,2010)。许多不同国家的研究也表明,社会经济地位对幸福感的影响在发展中国家要比发达国家更大(Inglehart 和 Klingermann,2000;Frey 和 Stutzer,2002)。虽然追求社会地位是人类的一项基本动机,但社会经济地位对个体的主观幸福感存在边际递减效应(Tov 和 Diener,2013),只能微弱地预测个人的主观幸福感。实际上,从近几年"中国幸福小康指数"的调查也可以发现这种趋势,2011 年的结果显示收入对公众幸福感的影响最大,而到 2017 年,健康对公众幸福感的影响则超过收入排在了首位。

相对于社会经济地位,社会计量地位这种特殊的身份形式,体现了个人在群体中(比如朋友或同事)的尊敬和赞赏,可以增强归属感和人际关系。社会计量地位较高的人对群体决定的控制力更强、有更多的自主权以及对他人的影响力。社会计量地位较高的个体拥有更多的朋友,更经常参与其他人的社交活动(Anderson 等,2001),因此它对幸福感的影响可能具有更强的稳定性和更持久的影响力。研究结果表明,社会经济地位和社会计量地位对个体幸福感的影响作用是不同的,社会计量地位比社会经济地位对个体幸福感的影响要更大一些(Anderson 等,2012),但如果区分不同年龄群体来看,社会经济地位对年轻人的幸福感影响更加显著,而社会计量地位对老年人的幸福感影响更加显著(黄婷婷等,2016);如果区分不同区域来看,社会地位对不同国家(美国和日本)的幸福感预测也有差异(Curhan 等,2014)。

此外,也有一些研究并未区分社会经济地位和社会计量地位的差异,而是笼统的探讨社会地位或社会阶层与幸福感之间的关联作用(刘同山、孔祥智,2015;徐淑一、陈平,2017),基本支持了"居民的社会地位(或社会阶层)越高,居民的幸福感可能越强"的观点。

总的来说,社会地位与幸福感之间有着较为明显的因果关系。社会分层理论认为,农民是作为阶层存在的。中国农户是典型的弱势群体,资源少、地位低、利益受到城乡二元结构的剥夺,城乡居民收入差距依然较大。统计显示,2017 年城乡居民人均收入倍差仍有 2.71,这还尚未考虑教育、医疗、养老等城乡差异。由于收入对发展中国家幸福感的影响大于对发达国家幸福感的影响(Frey 和 Stutzer,2002),以此推断,中国的城市和农村就分别好比发达国家和发展中国家,收入对农村居民幸福感的影响可能大于收入对城市居民的影响,也就是说农户幸福感对收入的弹性可能更大,农户创业带来的村庄社会经济地位（主要是农户收入）提升对农户的影响可能更为显著。而且，由于乡土社会的特征，农户不仅有明显的社会经济地位差异，也有社会计量地位的感知差异，因为乡土社会是“熟悉社会”，相对于城市人来说，农户群体的互动性更强，彼此更容易受到相互日常语言和行为的影响，形成共同的价值观。与城市居民创业相比，在这样的乡土社会网络群体中，农户是否创业很容易被他所在村庄的周边农户所知悉，无形中可能改变其他农户对创业农户社会地位的看法，有利于提升创业农户的社会地位，进而影响创业农户的幸福感。基于以上分析，本文提出以下假说：

假设 3a（H3a）：村庄社会经济地位在农户创业与农户幸福感之间起中介作用。

假设 3b（H3b）：村庄社会计量地位在农户创业与农户幸福感之间起中介作用。

综合以上分析，本文以村庄社会地位为中介变量，构建了“农户创业—村庄社会地位—幸福感”关系的理论模型。

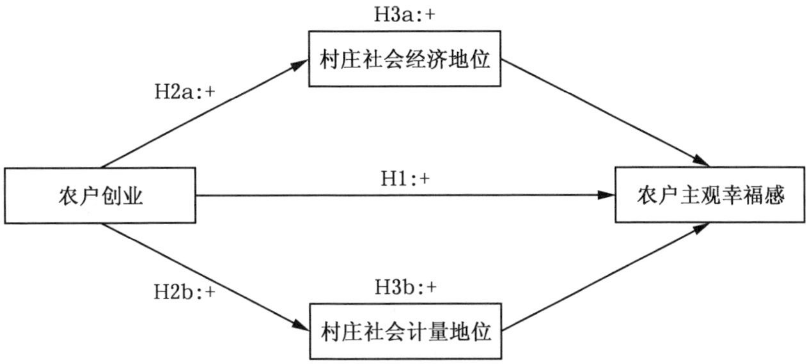

研究理论模型

二、数据来源和变量描述

（一）样本来源与数据选择

本文使用的数据来源于由上海财经大学 2016 年实施完成的第九期“千村调查”项目。“千村调查”项目是以“三农”问题为对象的大型社会调查研究项目，旨在通过专业的社会调查来获得我国“三农”问题的数据资料。“千村调查”项目自 2008 年启动以来，已累计完成九次全国范围的大规模调查，已经形成品牌，影响力越来越大。

2016 年度“千村调查”项目的主题为：“中国农村创业现状调查”，本次调查分为定点调查和返乡调查两种方式，其中，调查定点参照 2013 年“千村调查”确定的调查定点，包括全国 22 个省，30 个县，其中每个县选择 2 个镇(2 个镇须有一定经济差距)，再在每个镇中随机选择 10 个村，最后从每个村随机选择至少 5 名创业者和 10 名非创业者进行入户调查。返乡调查则是利用在校大学生暑假返乡的机会来完成，每位参与的返乡调查学生需在返乡地完成 4～5 份调研问卷。

本次“千村调查”总共回收 14 133 份有效入户问卷，其中定点调查问卷 3 540 份，返乡调查问卷 10 593 份。样本范围涉及华东、华中、华北、华南、西北、东北、西南等地区，覆盖面广，能够很好地代表中国农户创业的发展情况。根据研究需要，本文剔除了那些我们关心变量问题上信息不完整的样本，最后得到 13 900 份样本构成研究的样本，其中创业者样本 4 600 份，非创业者样本 9 300 份。

(二)变量设计

1. 被解释变量。本文的被解释变量为农户幸福感(Happiness)。根据调研问卷中关于家庭幸福满意度的题项“总体而言，我家的幸福满意度”来测量农户幸福感，即采用农户被访者自述的家庭幸福感的主观评价进行衡量。在本次调查问卷中，农户对自身的家庭幸福满意度进行评价，很不幸福、不幸福、还可以、有些幸福、幸福、很幸福分别赋值为“1～6”，赋值越高，说明农户的幸福感越强。

2. 解释变量。本文的解释变量为农户创业(FarmerEnt)。在问卷发放回收过程中，根据农户是否创业类型不同，创业农户问卷和非创业农户问卷是分别发放填写的。本文基于调研问卷结果，将填写创业者问卷的农户赋值为“1”，填写非创业者问卷的农户赋值为“0”。

3. 中介变量。本文的中介变量为村庄社会地位。参照 Bradley 和 Corwyn(2002)和 Anderson 等(2001)的研究，以及黄婷婷等(2016)对社会地位划分的总结，本文将村庄社会地位划分为村庄社会经济地位(EcoStatus)和村庄社会计量地位(MetrStatus)。其中，社会经济地位采用农户家庭年均总收入(包括工作、政府补贴、退休金以及其他来源的收入)来测量，社会计量地位采用农民对自身社会地位的评价来测量，本次问卷中，农民对自身社会地位进行评价，我们将下层赋值为“1”，中下层赋值为“2”，中层赋值为“3”，中上层赋值为“4”，上层赋值为“5”，赋值越高表示农民社会计量地位越高。

4. 控制变量。参考以往研究(罗楚亮，2009；官皓，2010；刘军强，2012；刘同山、孔祥智，2015)，个体特征、资源禀赋和家庭等因素也会影响居民个人幸福感，故本文设定如下控制变量：户主性别(Gender)，男性则赋值为“1”，女性为“0”；户主年龄(Age)，为户主实际年龄；户主婚姻状况(Marriage)，已婚则赋值为“1”，未婚赋值为“0”；户主宗教信仰(Religion)，有宗教信仰则赋值为“1”，否则为“0”；户主受教育水平(Edu)，根据受教育年限，将小学学历赋值为“5”，初中学历赋值为“8”，高中(或中专)学历赋值为“11”，大专学历赋值为“14”，大学本科学历赋值为“15”，硕士研究生学历赋值为“17”，博士研究生学历赋值为“20”；家庭耕地数量(Farmland)；家庭人缘关系(Relation)，将家庭人缘关系非常好赋值为“6”，家庭人缘关系很好赋值为“5”，家庭人缘关系好赋值为“4”，家庭人缘关系不好赋值为“3”，家庭人缘关系很差赋值为“2”，家庭人缘关系非常差赋值为“1”。

三、实证计量结果和检验

(一)实证模型与方法

为了考察农户创业与农户幸福感之间的关系，本文设定了待检验模型(1)：

$$Happiness_i = \alpha_0 + \alpha_1 FarmerEnt_i + \alpha_2 Status_i + \alpha_3 C_i + \varepsilon_I$$

为了考察农户的村庄社会地位在其中的中介效应，本文需检验农户创业对农户社会地位的影响，故设定了待检验模型(2)：

$$Status_i = \beta_0 + \beta_1 FarmerEnt_i + \beta_2 C_i + \varepsilon_I$$

模型(1)中的 $Happiness_i$ 为被解释变量，表示第 i 个农户的幸福感；模型(2)中的 $Status_i$ 为中介变量，表示第 i 个农户的村庄社会地位，包括村庄社会经济地位和村庄社会计量地位；模型(1)(2)中的 $FarmerEnt_i$ 为解释变量，表示第 i 个农户是否创业；C_i 为控制变量，ε_i 为残差项。

根据 Judd 和 Kenny(1981)和 Baron 和 Kenny (1986)等提出的中介效应检验方法，本文的分析步骤如下：第一步，检验农户创业与农户幸福感之间的正向关系(假设1)；第二步，检验农户村庄地位(包括村庄社会经济地位和村庄社会计量地位)与农户幸福感之间的正向关系；第三步，检验农户创业与农户村庄社会地位之间的正向关系(假设 2a 和假设 2b)；第四步，在加入村庄社会地位变量之后，检验农户创业与农户幸福感之间的关系(假设 3a 和 3b)。

(二)实证分析结果

1. 变量描述性统计

(1)主要变量的描述性统计。总体来看,农户幸福感的均值是4.524,说明当前农户幸福感总体处于中等偏上状态。此外,农户创业的均值为0.331,农户村庄社会经济地位的均值为13.789,农户村庄社会计量地位的均值为3.199。

主要变量的描述性统计

变量代码	变量含义	样本数	均值	标准差	最小值	最大值
Happiness	农户幸福感	13 900	4.524	1.065	1.000	6.000
FarmerEnt	是否创业	13 900	0.331	0.471	0.000	1.000
EcoStatus	村庄社会经济地位(万元)	13 900	13.789	18.092	1.005	120.000
MetrStatus	村庄社会计量地位	13 900	3.199	0.770	1.000	5.000
Gender	性别	13 900	0.740	0.438	0.000	1.000
Age	年龄	13 900	45.084	11.974	19.000	75.000
Marriage	是否已婚	13 900	0.894	0.308	0.000	1.000
Religion	是否有宗教信仰	13 900	0.090	0.286	0.000	1.000
Edu	受教育水平(年)	13 900	9.665	3.044	0.000	20.000
Farmland	耕地数量(亩)	13 900	2.086	5.199	0.000	40.000
Relation	人缘关系	13 900	4.629	0.792	1.000	6.000

(2)主要变量间的相关系数。总体来看,农户创业与农户幸福感之间呈显著正相关关系($p<0.01$),这说明相比于非创业农户,创业农户的幸福感更强。农户创业与农户村庄社会经济地位和村庄社会计量地位均呈显著正相关关系($p<0.01$),说明相比于非创业农户,创业农户的村庄地位更高。农户村庄社会经济地位和村庄社会计量地位与农户幸福感之间均呈显著正相关关系($p<0.01$),说明农户的村庄地位越高,幸福感越强。此外,平均方差膨胀因子(VIF)小于3,说明变量间不存在严重的多重共线性。

2. 实证分析

(1)农户创业与农户幸福感之间关系假设的检验结果。模型1仅包括控制变量;模型2~4分别检验了农户创业、村庄社会经济地位和村庄社会计量地位对农户幸福感的影响;模型5~6检验了农户创业对村庄社会经济地位和村庄社会计量地位的影响;模型7~9检验了村庄社会经济地位和村庄社会计量地位的中介作用。

主要变量相关系数

	1	2	3	4	5	6	7	8	9	10	11
Happiness	1										
FarmerEnt	0.042^{***}	1									
EcoStatus	0.085^{***}	0.295^{***}	1								
Metrstatus	0.168^{***}	0.252^{***}	0.279^{***}	1							
Gender	0.007	0.154^{***}	0.078^{***}	0.060^{***}	1						
Age	0.054^{***}	-0.023^{***}	-0.039^{***}	0.003	0.133^{***}	1					
Marriage	0.042^{***}	0.113^{***}	0.000	0.042^{***}	0.038^{***}	0.410^{***}	1				
Religion	0.002	−0.012	0.025^{***}	−0.009	-0.069^{***}	-0.023^{***}	−0.006	1			
Edu	0.048^{***}	0.068^{***}	0.167^{***}	0.124^{***}	0.035^{***}	-0.414^{***}	-0.230^{***}	-0.064^{***}	1		
Farmland	0.008	0.080^{***}	0.046^{***}	0.038^{***}	0.061^{***}	0.017 *	0.026^{***}	0.004	-0.036^{***}	1	
Relation	0.230^{***}	0.083^{***}	0.090^{***}	0.239^{***}	0.007	0.073^{***}	0.080^{***}	0.018^{**}	0.011	0.031^{***}	1

注：$^{***}p<0.01$，$^{**}p<0.05$，$^{*}p<0.1$。

回归分析结果

	模型 1（因变量：Happiness）	模型 2（因变量：Happiness）	模型 3（因变量：Happiness）	模型 4（因变量：Happiness）	模型 5（因变量：EcoStatus）	模型 6（因变量：MetrStatus）	模型 7（因变量：Happiness）	模型 8（因变量：Happiness）	模型 9（因变量：Happiness）
FarmerEnt		0.046**			10.575***	0.364***	0.011	−0.012	−0.03
		(0.019)			(0.316)	(0.013)	(0.019)	(0.020)	(0.020)
EcoStatus			0.003***				0.003***		0.002***
			(0.000)				(0.001)		(0.001)
MetrStatus				0.158***				0.159***	0.15***
				(0.012)				(0.012)	(0.012)
Gender	−0.015	−0.022	−0.025	−0.028	1.122 ***	0.024*	−0.026	−0.026	−0.028
	(0.020)	(0.021)	(0.020)	(0.020)	(0.339)	(0.014)	(0.021)	(0.020)	(0.020)
Age	0.006***	0.006***	0.006***	0.005***	0.048***	0.002***	0.006***	0.005***	0.005***
	(0.001)	(0.001)	(0.001)	(0.001)	(0.014)	(0.001)	(0.001)	(0.001)	(0.001)
Marriage	0.055	0.045	0.05	0.037	−0.791	0.031	0.047	0.040	0.042
	(0.031)	(0.032)	(0.031)	(0.031)	(0.533)	(0.022)	(0.032)	(0.031)	(0.031)
Religion	0.017	0.017	0.008	0.017	2.56***	0.001	0.008	0.017	0.011(0.031)
	(0.031)	(0.031)	(0.508)	(0.022)	(0.031)	(0.031)	(0.031)		
Edu	0.027***	0.026***	0.023***	0.021***	0.952***	0.032***	0.023***	0.021***	0.019***
	(0.003)	(0.003)	(0.003)	(0.003)	(0.053)	(0.002)	(0.003)	(0.003)	(0.003)
Farmland	0.001	0.000	0.000	0.000	0.089***	0.002**	−0.000	0.000	−0.000
	(0.002)	(0.002)	(0.001)	(0.002)	(0.028)	(0.001)	(0.002)	(0.002)	(0.002)
Relation	0.300***	0.298***	0.293***	0.265***	1.44***	0.209***	0.293***	0.265***	0.264***
	(0.011)	(0.011)	(0.011)	(0.011)	(0.184)	(0.008)	(0.011)	(0.011)	(0.011)
常数项	2.580***	2.587***	2.613***	2.329***	−8.297***	1.646***	2.614***	2.324***	2.357***
	(0.076)	(0.076)	(0.076)	(0.077)	(1.247)	(0.053)	(0.076)	(0.078)	(0.078)
N	13900	13900	13900	13900	13900	13900	13900	13900	13900
R^2	0.059	0.060	0.062	0.071	0.116	0.125	0.062	0.071	0.072

注：*** $p<0.01$，** $p<0.05$，* $p<0.1$，括号内为标准差。

假设 1 提出创业农户的幸福感可能比非创业农户的幸福感更强，模型 2 考察了农户是否创业对其幸福感的解释程度，结果表明，农户创业与农户幸福感之间存在显著的正相关关系（$\alpha=0.046$，$p<0.05$），这说明相比于非创业农户，创业农户的幸福感更强，假设 1 得到支持。模型 2、3 还考察了农户的村庄社会经济地位和村庄社会计量地位对其幸福感的解释程度，结果表明，农户创业与农户村庄社会经济地位、村庄社会计量地位之间均存在显著的正相关关系（$\alpha=0.003$，$p<0.01$；$\alpha=0.158$，$p<0.01$），这说明农户的村庄地位越高，其幸福感也越强。

假设 2a 提出相比于非创业农户，创业农户有着更高的村庄社会经济地位，模型 5 考察了农户是否创业对其村庄社会经济地位的解释程度，结果表明，农户创业与农户的村庄社会经济地位之间存在显著的正相关关系（$\alpha=10.575$，$p<0.01$），这说明相比于非创业农户，创业农户的村庄社会经济地位更高，假设 2a 得到支持。假设 2b 提出相比于非创业农户，创业农户有着更高的村庄社会计量地位，模型 6 考察了农户是否创业对其村庄社会计量地位的解释程度，结果表明，农户创业与农户的村庄社会计量地位之间存在显著的正相关关系（$\alpha=0.364$，$p<0.01$），这说明相比于非创业农户，创业农户的村庄社会计量地位更高，假设 2b 得到支持。

模型 7～9 检验了假设 3a 和假设 3b 关于农户村庄社会地位在农户创业与农户幸福感之间的中介效应，在分别加入村庄社会经济地位和村庄社会计量地位两个变量之后，农户创业与农户幸福感之间均不再有显著的关系，而村庄社会经济地位和村庄社会计量地位对农户幸福感仍具有显著的正向关系（模型 7～9 中均是 $p<0.01$），根据 Judd 和 Kenny（1981）定义的完全中介过程，这说明农户村庄社会地位在农户创业与农户幸福感之间具有完全中介效应，即农户创业所带来的农户幸福感完全是通过提高农户社会地位所带来的，假设 3a 和假设 3b 得到支持。

此外，模型 1 考察了控制变量对农户幸福感的解释程度。结果显示，年龄、受教育水平和人际关系均与农户幸福感之间呈显著正相关关系（$p<0.01$），这说明，首先总体来看，随着年龄的增加，农户幸福感会随之增强；其次，教育能够提升幸福感，受教育水平的农户明显有着更强的幸福感；最后，人际关系影响着农户幸福感，人际关系越高，幸福感也越强。

（三）稳健性检验

为了保证上述结果的可靠性，本文将农户幸福感的衡量指标换作农户生活满意度进行稳健性检验，总计 13 900 个样本。我们通过使用农户生活满意度（Life_sats）作为因变量的新样本数据，重复上述实证分析过程。

稳健性检验结果

	模型 1（因变量：Life sats）	模型 2（因变量：Life sats）	模型 3（因变量：Life sats）	模型 4（因变量：Life sats）	模型 5（因变量：EcoStatus）	模型 6（因变量：MetrStatus）	模型 7（因变量：Life sats）	模型 8（因变量：Life sats）	模型 9（因变量：Life sats）
FarmerEnt		0.057*** (0.019)			10.575*** (0.316)	0.364*** (0.013)	0.016 (0.02)	−0.004 (0.02)	−0.027 (0.02)
EcoStatus			0.004*** (0)				0.004*** (0.001)		0.003*** (0.001)
MetrStatus				0.167*** (0.012)				0.167*** (0.012)	0.155*** (0.012)
Gender	−0.01 (0.02)	−0.019 (0.021)	−0.021 (0.02)	−0.024 (0.02)	1.122*** (0.339)	0.024* (0.014)	−0.023 (0.021)	−0.023 (0.02)	−0.026 (0.02)
Age	0.005*** (0.001)	0.005*** (0.001)	0.005*** (0.001)	0.005*** (0.001)	0.048*** (0.014)	0.002*** (0.001)	0.005*** (0.001)	0.005*** (0.001)	0.005*** (0.001)
Marriage	0.045 (0.031)	0.032 (0.032)	0.039 (0.031)	0.027 (0.031)	−0.791 (0.533)	0.031 (0.022)	0.035 (0.032)	0.027 (0.031)	0.03 (0.031)
Religion	−0.017 (0.031)	−0.017 (0.031)	−0.028 (0.031)	−0.017 (0.031)	2.56*** (0.508)	0.001 (0.022)	−0.027 (0.031)	−0.017 (0.031)	−0.024 (0.031)
Edu	0.024*** (0.003)	0.024*** (0.003)	0.02*** (0.003)	0.018*** (0.003)	0.952*** (0.053)	0.032*** (0.002)	0.02*** (0.003)	0.018*** (0.003)	0.016*** (0.003)
Farmland	0.002 (0.002)	0.002 (0.002)	0.002 (0.002)	0.001 (0.002)	0.089*** (0.028)	0.002** (0.001)	0.001 (0.002)	0.001 (0.002)	0.001 (0.002)
Relation	0.285*** (0.011)	0.283*** (0.011)	0.278*** (0.011)	0.248*** (0.011)	1.44*** (0.184)	0.209*** (0.008)	0.277*** (0.011)	0.248*** (0.011)	0.247*** (0.011)
常数项	2.745*** (0.076)	2.753*** (0.076)	2.784*** (0.075)	2.479*** (0.077)	−8.297*** (1.247)	1.646*** (0.053)	2.786*** (0.076)	2.478*** (0.078)	2.519*** (0.078)
N	13900	13900	13900	13900	13900	13900	13900	13900	13900
R^2	0.053	0.054	0.057	0.070	0.116	0.125	0.057	0.066	0.068

模型 2 的结果表明，农户创业与农户生活满意度之间存在显著的正相关关系（$\alpha=0.057$，$p<0.01$），假设 1 得到支持。假设 2a 提出相比于非创业农户，创业农户有着更高的村庄社会经济地位，模型 5 结果表明，农户创业与农户的村庄社会经济地位之间存在显著的正相关关系（$\alpha=10.575$，$p<0.01$），假设 2a 得到支持。假设 2b 提出相比于非创业农户，创业农户有着更高的村庄社会计量地位，模型 6 结果表明，农户创业与农户的村庄社会计量地位之间存在显著的正相关关系（$\alpha=0.364$，$p<0.01$），假设 2b 得到支持。模型 7～9 检验了假设 3a 和假设 3b 关于农户村庄社会地位在农户创业与农户生活满意度之间的中介效应，在分别加入村庄社会经济地位和村庄社会计量地位两个变量之后，农户创业与农户生活满意度之间均不再有显著的关系，而村庄社会经济地位和村庄社会计量地位对农户幸福感仍具有显著的正向关系（模型 7～9 中均是 $p<0.01$），所以农户村庄社会地位在农户创业与农户幸福感之间具有完全中介效应，假设 3a 和假设 3b 得到支持。

因此，稳健性检验结果表明：我们根据新样本得到的研究结论和上述的研究没有显著差异，本文研究结论具有很好的稳健性。

四、结论及启示

本文以村庄社会地位为中介变量构建了一个农户创业对农户幸福感影响的理论模型，并使用上海财经大学 2016 年“中国千村调查”数据，从村庄社会经济地位和村庄社会计量地位两个维度探讨了村庄社会地位这一中介变量在农户创业与农户幸福感之间的影响和作用机制结果表明：(1)农户创业正向影响农户幸福感，即创业农户的幸福感可能比非创业农户的幸福感更强。(2)农户创业正向提高农户村庄社会地位。一方面，农户创业正向提高农户村庄社会经济地位，即农户创业正向提高农户收入水平，创业农户的收入水平更高，没有创业农户的收入水平更低。另一方面，农户创业正向提高农户村庄社会计量地位，即农户创业正向提高农户自身对村庄社会地位的认知，也就是说，创业农户的村庄社会计量地位更高，没有创业农户的村庄社会计量地位更低。(3)村庄社会经济地位和村庄社会计量地位在农户创业与农户幸福感之间起到完全中介作用。

本文研究结论对于当前中国正在实施的乡村振兴战略和“双创”战略也具有一定的现实启示。第一，相对于非创业农户来说，创业农户的幸福感更强，这对于乡村振兴战略视野下是否推进农村“双创”和如何满足农户美好生活需要具有重要参考价值。因此,中央和地方应加强对农村“双创”政策的支持,强化农村“双创”扶持政策,引导更多农户参与到创新创业的浪潮中,这有助于促进农户收入水平的增加和生活幸福满意度的提升。第二,村庄社会经济地位和村庄社会计量地位对于农户而言都很重要,直接影响到农户的幸福感。在中国这样一个农业大国,农户因其特有的“农村”属性,长期生活在社会的最底层,处于明显的弱势地位,歧视农民的现象普遍存在,村庄社会经济地位、村庄社会计量地位都不如城市居民。而农户创业不仅有助于农户村庄经济地位的提高,也会显著提升农户的村庄社会计量地位。可见,尽管农户在村庄的先赋地位(ascribed status)难以改变,但是农户在村庄的后致地位(acquired status)却可以通过创业方式等来进行改善。因此,要让农户的生活更加美好,**政府需要注重提高农户的社会地位,政策措施不仅应着眼于提高农户的村庄社会经济地位(农户收入等),也需要关注农户的村庄社会计量地位(受尊敬、被羡慕和拥有的影响力等),这对于提升农户生活质量和幸福程度具有重要意义,也是乡村振兴战略的基础所在。**

(原文由陈和午、李斌、刘志阳发表于《农业技术经济》,2018年第10期)

社会创业与乡村振兴

乡村凋敝是全球共同面临的重大挑战。① 对于我国而言，乡村振兴由于涉及我国农村 3 046 万贫困人口的减贫脱贫问题，不仅是经济命题，更是关系包容性发展的社会命题。已有乡村振兴研究一方面认为可以通过政府救助、公益慈善援助等外源型发展思路来实现乡村发展②③；另一方面认为可以通过农民创业、乡村人力资本开发等内生型发展思路来实现乡村发展④⑤。然而，外源型发展思路在一定程度上减轻乡村贫困的同时，难以为乡村发展提供内生性发展动力。⑥ 传统的内生型发展思路尽管指出了农民自力更生脱贫致富的思路，但是没有清晰论述内生动力的机制促发，并且实现乡村经济与社会环境的和谐发展也是深层次的矛盾。⑦⑧ 所以，如何处理好乡村振兴过程中的外来援助与内生发展，经济发展与社会建设和环境保护的关系，仍然是破解我国乡村振兴的关键密码。

① Liu Y, Li Y. Revitalize the world's countryside[J]. *Nature*, 2017, 548(7667): 275 – 277.
② Collier P, Dollar D. Aid allocation and poverty reduction[J]. *European economic review*, 2002, 46(8): 1475 – 1500.
③ 白南生，卢迈. 中国农村扶贫开发移民：方法和经验[J]. 管理世界，2000(3).
④ Bruton G D, Ketchen Jr D J, Ireland R D. Entrepreneurship as a solution to poverty[J]. *Journal of business venturing*, 2013, 28(6): 683 – 689.
⑤ 汪三贵，殷浩栋，王瑜. 中国扶贫开发的实践、挑战与政策展望[J]. 华南师范大学学报(社会科学版)，2017(4).
⑥ Easterly W. The tyranny of experts: how the fight against global poverty suppressed individual rights[M]. New York: Basic Books, 2014.
⑦ Baumol W J. The microtheory of innovative entrepreneurship[M]. Princeton University Press, 2010.
⑧ Smallbone D, Welter F. The distinctiveness of entrepreneurship in transition economies[J]. *Small business economics*, 2001, 16(4): 249 – 262.

社会创业思想的出现为乡村振兴提供了新的思路。作为一种以社会价值为优先目标,兼具市场化运营能力的新型创业形式①,社会创业关注于"以可持续的、创新的方式探索和开发满足社会需求的机会"②,旨在为一系列社会问题提供内生解决方案,被认为是经济、社会和环境价值创造的有效机制③。社会创业本质上是一个社会机会创造、开发和实现的过程,只是在机会创造过程中关注的是满足长期社会需求,在机会开发过程中依赖于网络关系来动员社会资源,在机会实现过程中追求社会、环境和经济三重价值。④ 已有研究开始将社会创业应用于乡村发展等社会问题。这些研究认为,社会创业关注金字塔底层群体,是一种能够帮助乡村地区消除贫困、减少人口流失和解决就业问题的有效手段。⑤ 英国著名的社会企业村——阿尔斯通(Alston Moor)和孟加拉的格莱珉银行就是典型的通过社会创业实现脱贫,助力乡村发展的案例。在现有乡村社会创业研究中,主要聚焦于小额信贷、工作机会创造和社会排斥消除等方面,而乡村振兴作为一种独特的背景,有其协同性、关联性和整体性等独特要求⑥,已有研究无法有效回答社会创业如何推动乡村振兴的内在机制问题。本文研究旨在提出一个有效的社会创业推动乡村振兴的内在机制,在此基础概括可行的社会创业模式。本文研究是对中国乡村凋敝等现实问题的直接回应,对于社会创业学科的理论发展也具有重要指向。

一、社会创业是实现乡村振兴的有效手段

乡村凋敝问题通常是由农业部门就业人数迅速下降、社会经济环境差、人口老龄化程度低以及远离市场等原因造成的,涉及历史和环境、政策制度、经济、文化、资源、技术、社会组织、家庭、个人等多方面因素。总体而言,可以归纳为两大方面:社会外部因素(如自然、制度、结构等)和个体内部因素(自身人力资本、发展机会、社会资本等)。

① Austin J, Stevenson H, Wei-Skillern J. Social and commercial entrepreneurship: same, different, or both? [J]. *Entrepreneurship theory and practice*, 2006, 30(1):1-22.

② Sud M, VanSandt C V, Baugous A M. Social entrepreneurship: The role of institutions[J]. *Journal of business ethics*, 2009, 85(1):201-216.

③ Acs Z J, Boardman M C, McNeely C L. The social value of productive entrepreneurship[J]. *Small business economics*, 2013, 40(3):785-796.

④ Austin J, Stevenson H, Wei-Skillern J. Social and commercial entrepreneurship: same, different, or both? [J]. *Entrepreneurship theory and practice*, 2006, 30(1):1-22.

⑤ Bencheva N, Stoeva T, Terziev V, Tepavicharova M, Arabska E. The role of social entrepreneurship for rural development[J]. *Agricultural sciences*, 2017, 9(21):89-98.

⑥ 姜长云.科学理解推进乡村振兴的重大战略导向[J].管理世界,2018(4).

创业小贴士
START-UP TIPS

乡村发展模式

在改革开放探索过程中，中国各地形成了各具特色的乡村发展模式，可以概括为两种模式：其一是乡村外源型发展模式，包括政府行政干预、资源输入、工业化带动、城市化与劳动力转移、非政府组织援助等。其中具有代表性的是乡村工业化带动发展模式，以苏南华西村为典型代表，通过发展乡镇集体企业，走以集体组织公司化的工业化道路，发展轨迹是“一贯的组织化”或外力强加的“被组织化”①，也被称作“后集体主义”模式②。但这种模式过分依赖于政策支持和“强人治村”，不能从根本上解决乡村贫困等发展问题。第二种是乡村内生型发展模式，包括农村土地股份合作、乡村创业、乡村人力资本开发等。其中具有代表性的是在家庭联产承包责任制度的基础上，农民按照依法、自愿、有偿的原则，将自己的土地采取股份合作的形式将土地流转给合作社或龙头企业，并根据股份享受分红的农村土地股份合作制模式，以广东顺德、番禺等地乡村为代表，发展轨迹大致经历了“组织（人民公社）—分散（家庭联产承包责任制）—再组织（合作经济）”的发展路径。这种模式在发展中尽管创造了很大的经济效益，但股份经济分红微不足道③，在农地转用而非农地规模经营方面存在股权不可转让、政策不透明、农民参与不足等问题，也产生了“城中村”“村中城”等后遗症。

上述两种模式都有其自身的独特之处，但总体而言都缺乏乡村社会、生态和经济价值协调发展的系统考虑。有的乡村尽管发展起来了，但可持续性动力不足，要么是工业化导向思维，以牺牲环境为代价，破坏了生态底线；要么是过分追求经济利益，导致犯罪、社会排斥和不平等等负面的、破坏性的结果，没有遵守社会底线。在新时代下，我国社会主要矛盾已经转化为人民日益增长的美好生活需要和不平衡不充分的发展之间的矛盾，而这种矛盾在乡村显得更加突出，乡村发展要顺应可持续与包容性发展这一全新的时代命题，更好的发现乡村多方面的价值和功能，重构新型城乡关系、人与自然的关系。我们认为，乡村振兴不能只是简单地给予，也不能只是一味地

① 黄鹏进．新集体主义、后集体主义：农民组织化路径之辩［J］．社会科学论坛，2012(10)．
② 周怡．中国第一村：华西村转型经济中的后集体主义［M］．牛津：牛津大学出版社，2006．
③ 周其仁．产权与制度变迁：中国改革的经验研究［M］．北京：北京大学出版社，2004．

追求经济发展或收入增长。新时代乡村振兴迫切需要一种能够平衡外来援助与内生发展、经济发展与社会环境关系的新思路。作为一种全新的创业理念，社会创业是对市场失灵、政府失灵、志愿失灵而造成全球社会问题的一种理性回应，代表了一种解决社会问题的全新范式，能够平衡外来援助与内生发展、经济发展与社会环境关系，已被国际经验证明是解决乡村发展问题的有效手段。

（一）社会创业通过赋能来平衡外来援助与内生发展关系

不同于商业创业者关注于价值占有，社会创业者关注于价值创造①，其追求的是包括利益相关者在内的整个价值创造系统的效用，而不仅仅是自身组织的效用。社会创业是基于赋能的逻辑开展的，社会创业过程的关键就在于为组织边界之外的利益相关者进行赋能，以创造最大化价值。印度的社会企业 Mahaul 就是通过赋能的方式来解决乡村女性就业问题。② 根据世界银行（2009）的定义，赋能是一个增加个体或群体的资产和能力的过程，通过这一过程使其能够做出选择并将这些选择转变为期望的行动和结果。赋能包括结构赋能、心理赋能和能力赋能三个维度③，结构赋能强调建立一定的环境机制和系统，让个体在其中能够获得信息和资源；心理赋能强调提升个体主动性、自我效能感和信心，增强改变现状的信念；能力赋能强调提升个体解决问题的能力。在社会创业过程中，社会创业者既要通过结构赋能建立外部基础，又要通过心理赋能和能力赋能来提高其利益相关者信心和自我发展能力。其中，结构赋能属于外部赋能，强调外来援助；心理赋能和能力赋能属于内部赋能，强调内生发展。乡村作为“金字塔低端”，由于流动性、技术短缺、贫穷、歧视性政策和土地管理低效等原因正逐步衰退和被边缘化，解决这类边缘化群体发展问题的关键也正在于对其进行赋能。④ 所以，基于赋能逻辑的社会创业推动乡村振兴，可以较好平衡外来援助与内生发展关系。

（二）社会创业通过社会使命约束来平衡经济发展与社会环境关系

组织的使命关系着组织的工作领域，要做什么以及不做什么，秉承什么样的价值

① Santos F M. A positive theory of social entrepreneurship[J]. *Journal of business ethics*, 2012, 111(3): 335－351.

② Haugh H M, Talwar A. Linking social entrepreneurship and social change: the mediating role of empowerment[J]. *Journal of business ethics*, 2016, 133(4): 643－658.

③ Leong C M L, Pan S L, Newell S, Cui. The emergence of self-organizing ecommerce ecosystems in remote villages of china: a tale of digital empowerment for rural development[J]. *MIS Quarterly*, 2016, 40(2): 475－484.

④ Prati G, Zani B. The relationship between psychological empowerment and organizational identification[J]. *Journal of community psychology*, 2013, 41(7): 851－866.

追求,以及如何来衡量组织的价值。商业创业的使命是单纯地追求利润最大化,其依靠盈亏来指导他们的经营。当有利可图时,商业创业者会继续做他们一直在做的事情,而且他们的成功也鼓励其他商业创业者模仿他们。然而,一旦出现损失,就会阻碍商业创业者继续从事之前的工作。虽然商业创业有时也会产生社会价值,但其只是经济价值的附属品。社会创业则具有明确的社会使命,即社会创业的最终目的是解决社会问题、满足社会需要。在社会使命约束下,虽然社会创业按照商业企业的模式生产产品和服务,但是衡量其绩效的标准是是否实现了其社会目的以及创造了多少社会效益,赚取货币利润和产生货币损失不能被视为社会企业的有意义的信号。社会创业者如果以背离社会使命的方式行事,就会像商业企业失去股东和顾客的支持一样,失去了利益相关者和三方成员的支持。如果社会创业者不追求社会价值目标,或者如果他们没有达到他们的既定目标,社区成员将停止志愿服务和贡献资源。

乡村社会创业正是以解决贫困、落后、环境等乡村衰落问题为目的的,并以追求所涉及的乡村实现振兴为诉求价值,其社会创业的社会使命约束主要体现在两个方面:(1)目的和产出的社会性。创建社会事业的目的是为了解决乡村社会问题,而不是盈利。社会创业旨在促进乡村健康福利事业,提高人们的生活水平。(2)组织的社会性。社会创业组织并不归股东所有,也不把追求利润作为主要目标,它们是新型的公民社会组织。因此,不同于商业企业对利润最大化的追求,社会创业在乡村振兴中的社会使命约束保证了其在乡村发展过程中经济发展与社会环境关系的平衡。

(三)社会创业已被国际经验证明是解决乡村发展的有效手段

发达国家乡村建设的实践经验表明,社会创业可以有效促进乡村地区的发展,是解决乡村发展的一种新模式。这些实践经验体现在重视培育和发展乡村社会创业者、重视构建包容性乡村金融体系、重视整合乡村资源和挖掘乡村机会以及重视培育乡村文化等。代表性的社会创业案例包括孟加拉国的格莱珉银行(手工业小额贷款),埃及的 Sekem(利用农业技术利润再投资于公共卫生和教育项目)和西班牙的蒙特拉贡联合公司(把基本的业务目标与民主组织方法、就业机会的创造、员工人格和专业素质培养结合起来,并且致力于推进社会进步)等。事实上,社会企业起源于乡村,1844 年发源于英国的罗奇代尔公平先锋合作社被认为是世界上第一家社会企业。作为一种自下而上的方式,社会创业能够更好地满足乡村当地的需求,并且社会创业者通过创新和创造性战略能够将乡村地区的社会问题转化为可管理的问题。

迷你案例

阿尔斯通小镇与社会创业

阿尔斯通(Alston Moor)就是一个典型的通过社会创业实现乡村内生式发展的案例。根据2011年“银杏计划”赴英社会企业考察的报告,阿尔斯通是英格兰一个极为偏远的小镇,人称“英格兰最后的荒野之地”,只有约两千位居民。过去数十年来,许多传统产业因为阿尔斯通人口稀少且地域偏远,陆续撤离难以获利的服务,导致居民多项基本生活需求匮乏。危机就是转机,这样的现象激起了当地强大的自助与创业精神,形成社区型社会企业(community-owned social enterprises)。居民们创设各种商业体,与政府单位合作提供原先镇上所缺乏的网络、运输、健康、餐饮、旅游等各种服务,如面包合作社、社区商店兼邮局、闲置火车站变博物馆等。如果将社会企业看成一个产业,在阿尔斯通平均每56个家庭就有1家社会企业,此领域雇用了50名员工、拥有超过180名志愿者贡献其中,年营业额约一百万英镑。社会企业在阿尔斯通的蓬勃发展,让这个小镇被选为2012年英国社会企业大奖之一,慕名而来拜访小镇的游客,也让其他产业的所得跟着增加。阿尔斯通这个典型的贫困村的发展,完全得益于大量社会企业的崛起及兴盛,并不是任何官方、正式组织或政策的推动,而是缘于草根性的社会创新与创业精神。

二、社会创业推动乡村振兴的机制构建

创业是一个机会识别、开发和实现的过程,也是一个价值发现、创造和获取的过程。乡村振兴的“产业兴旺、生态宜居、乡风文明、治理有效、生活富裕”总要求正是对应于乡村的生产价值、生态价值、文化价值、社会价值和生活价值的实现。社会创业推动乡村振兴,就是要通过社会机会识别、开发和实现的过程来实现乡村价值的发现、创造和获取。社会创业推动乡村振兴的不同阶段也体现了不同维度的赋能作用。①

① Santos F M. A positive theory of social entrepreneurship[J]. *Journal of business ethics*, 2012, 111(3): 335-351.

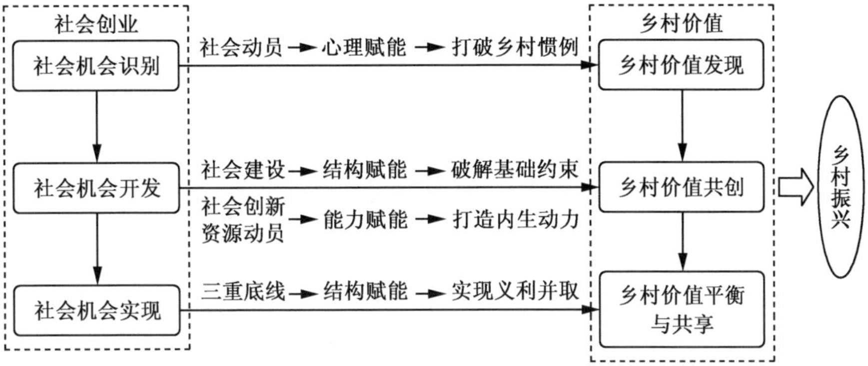

社会创业推动乡村振兴的机制

具体而言,**在社会机会识别阶段,社会创业着重于通过社会动员来为村民进行心理赋能,以引导村民共同发现乡村价值;在社会机会开发阶段,社会创业者着重于通过社会创新、资源动员进行能力赋能和通过社会建设进行结构赋能,以推动村民共同创造乡村价值;在社会机会实现阶段,社会创业者着重于通过三重底线进行结构赋能,以保障乡村价值获取中的平衡与共享。**

(一)社会创业者通过心理赋能引导乡村价值发现

机会识别或构建是创业的基础①②,与商业创业相似,社会创业首先也是从社会机会的识别或构建开始的。只是在我国乡村的社会创业过程中,更多体现为社会机会的识别,因为我国乡村实际上存在着大量的机会,尤其是进入新时代以来,随着乡村定位的转变,大量的生产、生态、生活、社会和文化等方面的新机会开始出现于乡村。但由于我国乡村社会长久以来形成的文化传统和一整套工业时代的知识体系、思维方式和基本假设,导致乡村发展存在一种惯例,在这种乡村惯例的束缚下,新的乡村机会一直难以被识别,乡村价值难以被发现。要想实现乡村价值发现,就必然要引入新的文化、信念和思维,打破已有的惯例。社会创业者在社会使命驱动下,能够通过心理赋能帮助乡村打破已有惯例。

① Kirzner I. Perception, opportunity, and entrepreneurship[M]. Chicago: University of Chicago, 1979.
② Shane S, Venkataraman S. The promise of entrepreneurship as a field of research[J]. *Academy of management review*, 2000, 25(1): 217-226.

我国乡村机会

领域	机　会	具体表现	案　例
生产	农业科技推广、农产品增值、信贷资金供给	乡村科技培训、乡村特色加工业、农业合作社、乡村小额贷款	友成 MOOC、Shokay 公司、中和农信
生态	生态修复、生态资源开发	生态旅游、观光农业、生态技术开发、乡村民宿	SEE 沙漠小米
生活/社会	养老服务、医疗服务、“三留守”人员陪伴	乡村养老机构、乡村护理服务、乡村医疗机构、乡村保险、乡村心理辅导	北京田仙峪村养老农宅合作社、重庆石马镇“霞姐”心灵心语工作室
文化	教育资源供给、文化休闲场所建设	乡村网络课堂、乡村文化设施建设、乡村文化活动	友成基金会“双师教学”“戴你唱歌”声乐慕课平台

首先，社会创业者能够成为打破乡村惯例的带头人。惯例的打破往往首先依赖于特定主体发挥的带头人作用。乡村之所以一直缺乏这一类有效的带头人，主要是因为传统商业世界认为乡村缺乏机会。然而准确来讲，乡村缺乏的是商业机会，并不等同于缺乏社会机会。社会机会与商业机会的关键区别在于机会的可获得性、紧迫性、成本性以及购买力基础。(1)机会的高可获得性高意味着低门槛或低的进入壁垒①，因而高可获得性的机会会限制创业者获利的能力。乡村机会往往具有高可获得性特点，养老、健康、就业等乡村社会问题解决的进入门槛很低，这降低了追求利润最大化的商业企业家进入的可能性。(2)机会的紧迫性意味着其背后的需求往往是突发的、不可预期的，并且可能是短暂的，例如乡村地区洪涝等自然灾害造成的突发性社会需求。而商业企业家通常追求稳定、可持续的竞争优势的利润，乡村机会普遍存在的紧迫性显然难以满足商业企业家这一要求。(3)机会的高成本意味着创业者早期需要投入大量的成本，这必然会限制创业者获利能力。乡村地区的需求本身更加复杂，往往涉及一系列道德、文化和制度等问题，并且农村地区的村庄或社区往往是分散和孤立的，因而客户的分布也是分散和孤立的，这为产品或服务的提供带来了很大挑战。加上中国大量的乡村存在于山地、丘陵等非平原地带，交通等基础设施落后，运输成本很高。因而乡村社会需求的复杂性，以及乡村在地理因素等方面存在的客观限制，导致了乡村机会存在更高的成本。(4)机会的购买力基础包含社会购买力

① Porter ME. Competitive strategy: techniques for analyzing industry and competitors[M]. New York: The Free Press, 1980.

和自我购买力,社会机会体现的是社会需求,这一需求是建立在自我购买力加上他人购买力基础上的,即社会购买力;而商业机会体现的是个体需求,这一需求主要是建立在自我购买力基础上。因而,从商业机会视角来看,乡村机会体现的往往不是有效需求,因为乡村地区确实普遍存在着贫困导致的农民个体有效支付能力不足的问题,这就会导致商业企业家不愿去开发乡村机会。然而,从社会机会视角来看,乡村机会体现的其实是有效需求,虽然单个农民个体的购买力不足,但在整合他人的购买力后是可以形成有效的购买力的。

例如,格莱珉银行与传统金融机构的区别就在于其社会机会视角来看贫困农户的资金需求,看到了在整合他人购买力基础上形成社会购买力是有效的,因而采取了五人小组联保的形式。而传统金融机构仅从商业机会视角来看贫困农户的资金需求,必然会认为贫困农户无法还贷,购买力不足,因而不愿借贷。

社会机会与商业机会特征对比

	社会机会	商业机会
可获得性	高	低
紧迫性	高	低
开发成本	高	低
购买力基础	社会购买力	自我购买力

可见,尽管乡村蕴藏着大量的社会机会,但这些机会并不足以吸引主流的商业企业家。加上我国长期以来的城乡二元机构体制导致农村人才和劳动力大量流入城市,农村地区专业技术人才和有效劳动力十分匮乏;乡村经济弱质性的特点又导致商业性金融机构一般不愿意涉足农村金融市场,更加降低了商业企业进入乡村的可能性。而政府部门和公益部门虽然追求社会机会,但由于自身资源的限制,其更可能将有限的资源投入到那些结果不确定性低的社会机会中去。而社会创业者是社会使命驱动的,其寻求的正是那些未被商业企业满足,也未被传统政府和公益手段满足的社会机会。①② 因而,社会创业者能够成为打破乡村惯例的带头人。

① Mair J, Marti I. Social entrepreneurship research: a source of explanation, prediction, and delight[J]. *Journal of world business*, 2006, 41(1):36－44.

② Austin J, Stevenson H, Wei-Skillern J. Social and commercial entrepreneurship: same, different, or both?[J]. *Entrepreneurship theory and practice*, 2006, 30(1):1－22.

其次，社会创业者能够通过心理赋能引入新的文化、信念和思维。社会创业者所针对的往往是那些广泛存在的复杂社会问题，因此他们解决这些问题的最佳方式是让潜在的受益人和利益相关者参与到其中来，共同解决问题。① 这就需要社会创业者在识别社会机会的同时还要进行广泛的社会动员，以让潜在的受益人和利益相关者都能识别该社会机会。社会创业者社会动员的过程本质上就是心理赋能的过程。在这一过程中，社会创业者通过引入新的文化、信念和思维，改变村民传统认知和信念，增强村民主动性，从而打破乡村原有惯例。

在乡村社会创业中，社会创业者主要通过“激情感召”的方式进行社会动员。中国乡村社会具有很强的封闭性，因为其都是建立在网络内人的相互信任基础上，而在中国乡村特殊的“差序格局”背景下②，人与人之间的信任表现为亲疏有序，外部的人通常会受到排斥。乡村社会创业者旨在为村庄或社区创造价值，因而能够用积极改变社会现状的激情来感召他人，建立相互理解和信任的关系，将新的文化、信念和思维引入。

所以，社会创业者在社会使命驱动下，能够识别乡村机会，成为打破乡村惯例的带头人，并能够通过社会动员的方式为村民进行心理赋能来打破乡村惯例，引导村民共同识别乡村机会，进而发现乡村价值。

（二）社会创业者通过结构赋能和能力赋能推动乡村价值共创

乡村价值创造受到内生动力不足和外部基础薄弱的双重约束。其中，乡村内生动力不足来源于发展思路的缺乏和资源的短缺，外部基础薄弱表现为产业凋敝和公共设施条件差。在社会机会开发过程中，社会创业者一方面可以通过社会创新和社会资源动员为乡村提供发展思路和资源，解决乡村内生动力不足的问题，帮助村民形成共同开发机会的能力，实现共同创造乡村价值；另一方面通过社会建设弥补乡村基础薄弱的问题，为乡村价值共创提供基础保障。因此，在这一过程中，社会创业者的社会创新和社会资源动员正是起到了能力赋能的作用，社会创业者的社会建设则起到了结构赋能的作用。

首先，社会创新（social innovation）是社会机会开发的战略或思路。社会创新是

① Santos F M. A positive theory of social entrepreneurship[J]. *Journal of business ethics*, 2012, 111(3): 335-351.

② 费孝通. 乡土中国 生育制度[M]. 北京：北京大学出版社，1998.

指创造性地通过新的途径或方式来解决社会问题、满足社会需求的实践过程。[①] 因而，社会创新强调的是解决社会问题的创新思路或方式，其重要意义在于可以用更少的资源投入去获得更大的社会效益，为乡村价值创造提供了有效的思路。在社会创业中，社会创新一般表现为：开发全新的产品和服务；建立新的组织模式和实施新的实践；用创新思维重新定义社会问题或面临的挑战。[②] 因此，在乡村社会创业中，社会创新可以通过 BOP 破坏式创新、商业模式创新和公共服务模式创新来实现，通过这三种模式的创新，乡村惯例得以打破，新的价值创造模式得以建立。

（1）BOP 破坏式创新通常是指针对最底层市场的技术创新，是技术创新与市场创新融合的结果。乡村市场作为主流市场的最底层市场，它对于技术的要求是最低的，它让领先的主流企业无法降低身份去竞争。因而为乡村市场提供有用的新技术，这一点往往被主流企业所忽略。BOP 破坏式创新在保证效用的基础上显著降低技术开发和使用的成本，来满足乡村市场对于新技术的需求，为乡村人民开发新产品和服务提供技术基础。

（2）商业模式创新是指通过乡村旅游、乡村民宿、农民合作社等创新方式帮助村民参与到生产、服务以及创业中来，帮助其实现自我造血和可持续地创造价值。商业模式创新还能促使乡村第二、三产业的发展，带动农产品加工、服务等行业的兴起，有效提高我国乡村产业发展的质量和效率，从根本上能推动乡土一、二、三产业融合发展，进而推动乡村产业兴旺。

（3）公共服务模式创新是指以公民自力更生和自组织为基础公共服务模式创新。我国乡村传统的公共服务模式一直是以政府部门主导的自上而下式的提供模式，这种模式虽然能够保证公共服务的可获得性，但是难以保证公共服务的效率性。社会创新与其他社会问题解决方式的本质区别在于其通过提高村民的自我效能和自立能力，最大限度地激发村民的积极性和创造力。因而社会创新所包含的公共服务创新倡导是一种自下而上式的公共服务提供模式，将原本属于政府部门的服务功能转移给社会目标组织或团体，甚至个人，通过市场化的手段来进行公共服务的提供。

① Hamalainen T J, Heiskala R. Social innovations, institutional change and economic performance: making sense of structural adjustment processes in industrial sectors, regions and societies[M]. Edward Elgar, 2007.

② Martin R L, Osberg S. Social entrepreneurship: the case for definition[J]. *Stanford social innovation review*, 2007, 5(2): 28 – 39.

社会创新模式

社会创新模式	社会创新手段	案　例
BOP 破坏式创新	新技术开发、低成本生产等	SEE 滴灌节水技术
商业模式创新	乡村旅游、农民合作社等	袁家村
公共服务模式创新	居民自发、社会企业服务、社会团体服务等	朗力养老服务中心

其次，社会资源动员是社会机会开发的重要基础和必要条件。传统的资源获取手段包括资源占有、资源整合和资源拼凑等。然而，在中国乡村环境下，村庄本身资源的匮乏和单一，以及完善要素市场的缺乏都使得资源占有、资源整合和资源拼凑等传统资源获取手段难以有效，因为这些手段都是建立在现有实体资源基础上的。尽管政府或公共服务部门的扶持在一定程度上缓解了乡村资源约束的困境，但终究只是杯水车薪，难以有效应对乡村发展的长期资源需求。资源动员与资源占有、资源整合和资源拼凑等传统手段的不同在于其不以现有实体资源为基础，而是通过社会资本来撬动实体资源。社会资本不同于物质资源和金融资源，它不会由于使用而减少，而是通过不断地消费和使用增加其价值。同时社会资本具有资源杠杆功能，创业者通过广泛的社会网络关系，能够为创业带来实体资源和财务资源。因此，在目前我国乡村发展面临着的资源约束正日益加剧的情况下，乡村价值的开发迫切需要采取资源动员手段来动员乡村内外部的社会资源，破解资源约束。

社会创业是一种不受当前资源稀缺限制的大胆行动①，其依赖的最重要资源就是社会资本。而社会资本根植于社会网络之中②，乡村社会创业者能够利用乡村现有社会网络和构建新的社会网络来进行社会资源动员。一方面，我国乡村具有“乡土社会”的特征，是一种以地缘和血缘为基础并以熟人关系为聚合体维持的生活共同体③，因而乡村社会网络更密集，主要表现为基于血缘关系、姻缘关系、业缘关系以及地缘关系等构成的“七大姑八大姨”网络、宗族网络、邻里网络等，这为乡村社会创业者进行社会资源动员提供了可能性。另一方面，乡村社会创业者能够通过“社会声望”和专有性知识来构建新的社会网络，最终达到社会资源动员的目的。社会创业者通过

① Dees J G. Enterprising nonprofits[J]. *Harvard business review*, 1998,76:54－69.
② Granovetter M. The strength of weak ties[J]. *American journal of sociology*, 1973,78(6):1360－1380.
③ 费孝通. 乡土中国 生育制度[M]. 北京:北京大学出版社,1998.

创新手段解决乡村社会问题,促进乡村发展,往往能够提升自身社会知名度,形成一定的"社会声望"。社会创业者能够通过"社会声望"来吸引他人的合作,从而构建新的社会网络,从而动员更多的社会资源。例如,商业企业为了借助社会创业的"社会声望"来获取自身经营的合法性或者获得自身被社会认可的良好声誉,往往愿意寻找社会创业者进行合作。同时,社会创业者在解决社会问题方面形成的专有性知识也能够帮助社会创业者吸引他人的合作,从而构建新的社会网络。① 例如,政府部门为了利用社会创业者的专有性知识来提高自身服务的效率,往往愿意与社会创业者进行合作。

乡村社会创业者资源动员方式

资源动员方式	具体表现
利用现有网络	"七大姑八大姨"网络、宗族网络、邻里网络等
构建新的网络	商业企业合作网络、政府或公共机构合作网络等

最后,社会建设是社会机会开发的基础保障和加速器。我国很多乡村都普遍存在着基础设施落后和产业基础薄弱的问题,使得乡村发展缺乏坚实的基础和保障。因此,乡村价值的共创除了要从内部激发乡村自我发展的内生动力,还需要借助于外部社会建设的作用来保障和加速乡村价值共创。在乡村社会机会开发过程中,社会创业者主要通过基础设施建设、平台打造和产业基础构建等方面开展社会建设活动。虽然乡村社会建设意味着高投入、低回报或回报周期过长,但社会创业者在社会使命驱动下,能够成为乡村社会建设的有效主体。例如,"大三湘"的社会创业者投入建设了油茶种植基地,SEE 社会创业者扶植本地建立谷子生产仓库加工销售的产业链。这些社会建设活动为乡村建立了完善的价值创造环境和系统,提高了村民信息、资源等方面的可获得性。

(三)社会创业者通过结构赋能实现乡村价值平衡与共享

机会的实现意味着价值的获取,然而不同于商业创业中由创业者占有主要价值,社会创业通过建立"三重底线"机制来实现乡村价值的平衡与共享。社会创业具有

① Weber C, Weidner K, Kroeger A, Wallace J. Social value creation in inter organizational collaborations in the not-for-Profit sector-give and take from a dyadic perspective[J]. *Journal of management studies*, 2017, 54:929-956.

“社会、生态、经济”三重底线，即社会创业同时追求社会价值、生态价值和经济价值的获取，这是贯穿社会机会识别和开发过程中的目标，也是保障社会创业机会实现的机制。“三重底线”机制创造了一种价值分配结构，保障了乡村价值的平衡与共享，正是起到了结构赋能的作用。

首先，社会创业具有明确的社会和生态底线，即社会创业从一开始就追求社会目标或生态目标，其最终目的也是解决社会问题或生态问题，满足社会和生态需要。社会影响力评价和产出的社会性是保证社会创业和生态底线的主要机制。社会影响力评价是以社会或生态价值创造的多少为评价标准，是社会创业绩效评价的重要方式。而社会创业产出的社会性则要求社会创业者建立合适的分配机制。例如，袁家村的社会创业中建立全民股份制作坊街的机制，小吃街合作社每户按照收益情况进行利润分成，收益高的比率降低，收益低的比率增大，对不挣钱却又是小吃街必备的品类合作社给予补贴，最低保障以家庭为单位每年 8 万～10 万元的收入，很好地平衡了收入差距问题。

其次，社会创业具有明确的经济底线，因为社会创业需要获取一定经济收入用于自身可持续性发展。营利性活动、可持续性的捐赠以及政府购买服务等是保证社会创业经济底线的方式。营利性活动即社会创业者像主流商业企业家一样进行市场交易来获取经济收入，以建立长期的可持续性。社会创业者所得收入除了用于支持实现社会和生态目标外，还要用以实现财务上的可持续。①② 可持续捐赠是指社会创业活动能够从机构或个人获取持续的捐赠，以保证社会创业在解决社会问题时有持续的支持。政府购买服务是指政府将自身原本承担的公共服务通过公开招标等形式转交给社会创业者来提供，这也为社会创业者提供了持续性支持。

因此，不同于商业企业单纯对利润最大化的追求而忽视了社会和环境价值，导致乡村生态环境破坏、社会矛盾丛生等问题。也不同于传统公益活动纯粹的社会和环境效益追求而忽略了经济价值，导致难以实现自身可持续性。社会创业在乡村振兴中通过“社会、生态、经济”三重底线机制对乡村进行结构赋能，保证了乡村价值获取过程中社会价值、生态价值和经济价值的平衡和共享。

① Dees J G. Enterprising nonprofits[J]. *Harvard business review*, 1998, 76:54－69.

② Mair J, Marti I. Social entrepreneurship research: A source of explanation, prediction, and delight[J]. *Journal of world business*, 2006, 41(1):36－44.

社会创业的三重底线目标保障机制

三重底线目标	保障机制
社会底线	产出的社会性、社会影响力评价等
生态底线	产出的社会性、社会影响力评价、定价的生态补偿机制等
经济底线	营利性活动、可持续性的捐赠、政府购买服务等

综上所述,社会创业推动乡村振兴的机制体现为赋能机制,乡村社会创业者首先通过心理赋能来引导乡村价值发现,进而通过能力赋能和结构赋能推动乡村价值共创,最后通过结构赋能来实现乡村价值平衡与共享。

三、乡村振兴的社会创业模式

机会开发手段的差异决定了社会创业模式的不同。社会创业推动乡村振兴的机制表明,在机会开发过程中,社会创业者既要进行能力赋能,又要进行结构赋能。然而,由于自身能力和乡村具体条件等因素的影响,现实中的社会创业者往往在能力赋能和结构赋能二者之间的侧重有所不同。能力赋能代表了内部赋能,结构赋能代表了外部赋能。因此,我们根据内部赋能和外部赋能的比例来对乡村社会创业模式进行分类,大致可以将乡村社会创业模式分为四种类型。

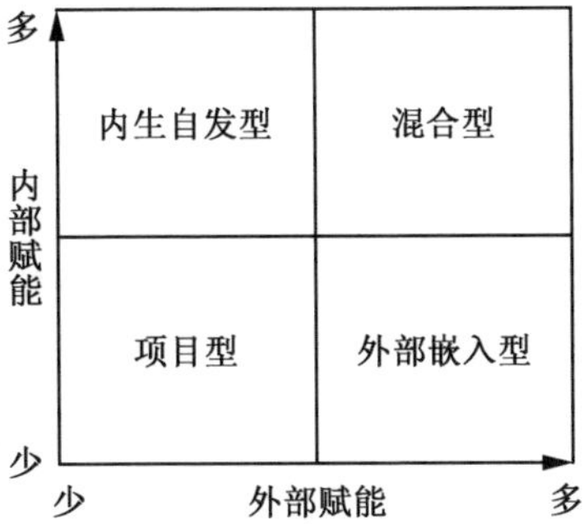

乡村社会创业模式分类

其中,乡村项目型社会创业模式以“e 农计划”为典型代表;乡村外部嵌入型社会创业模式以“SEE 沙漠小米”为典型代表;乡村内生自发型社会创业模式以“大三湘”为典型代表;乡村混合型社会创业模式以“袁家村关中印象体验地”为典型代表。

(一)乡村项目型社会创业模式

迷你案例

e农计划

杭州易农农业科技有限公司的创始人是邓飞,他发起了“e农计划”,通过建立电商平台“e农春天”,来帮助销售农产品。我国很多乡村地区的农产品都存在滞销问题,因此高效的农产品销售渠道成为很多乡村的迫切需求。邓飞正是识别到了这一社会机会,进而开展“e农计划”这一社会创业行动。为此,“e农计划”在商业模式上进行了创新,它主要借助线上渠道,采用向B端大客户团购销售的方式进行农产品销售,同时通过e农春天品牌为产品赋能增值,帮助农民实现增收。在获取资源支持方面,邓飞在利用当地社会网络的同时也构建了新的社会网络来动员社会资源。一方面邓飞通过免费午餐、大病医保这些公益项目获得当地村民和政府的信任与支持;另一方面通过自身“知名公益人”的身份以及中欧国际工商学院的校友关系来吸引更多社会组织和个人参与其中。最终,通过“e农计划”为当地直接创造的销售额均在百万元以上。同时“e农计划”坚持提供原生态的农产品,给乡村以尊严,并以解决农村人口外出导致的留守儿童问题以及其引发的家庭撕裂问题为最终目的,这保证了“e农计划”的三重底线目标。

“e农计划”尽管解决了农产品销售的过程,但是村民的销售能力和农村的基础设施等并没有因此得到实质性的改善。因此,“e农计划”体现了外部赋能和内部赋能都相对较少的特点。这种类型的社会创业类似于为解决某个特定乡村问题而建立的项目,因而影响范围通常较小,不需要大量的外部赋能,也难以产生很大的内部赋能功能,所以我们将这种类型的社会创业称为项目型社会创业模式。目前我国以帮助销售滞销农产品为代表的很多社会创业行动都属于这一模式。

（二）乡村外部嵌入型社会创业模式

迷你案例

SEE 沙漠小米

沙漠小米行动是由北京市企业家环保基金会（SEE）启动，旨在引导沙漠地区当地农民种植特定品种的节水小米。沙漠地区的乡村一直以玉米等作物种植为主，并采用大水漫灌的方式进行灌溉。在干燥缺水的沙漠地区这种种植模式是高耗又低效的，迫切需要新型生产技术和生产模式。SEE 正是识别到了这一社会机会，决定开展沙漠小米这一社会创业行动。为此，SEE 一方面在技术上进行创新，推动农户使用滴灌节水技术，推广生态/有机农业，改变农业发展方式，实现农民增产；另一方面在商业模式上进行创新，开发"NGO＋社会企业＋合作社农户"的实施模式，研发小米的深加工衍生品，并结合互联网，创新性地推出地主证、粮票、宅配套餐等新型产品，帮助农民实现增收。在获取资源支持方面，SEE 在利用当地社会网络的同时也构建了新的社会网络来动员社会资源。一方面 SEE 与当地的可持续农业合作组织和政府合作，取得农户的支持；另一方面通过成立专门面向市场的社会企业，以及凭借自身影响力吸引外部企业合作来获取市场、资金和技术等资源的支持。最终，2009—2016 年底，SEE 累计推广沙漠节水小米种植 10 294 亩，农户亩均增收近 500 元，总增收近 500 万元，总节水量超过 380 万吨，实现了社会、生态、经济的三重底线目标。

SEE 沙漠小米的社会创业模式的核心在于为沙漠地区乡村投入和推广滴灌节水技术，并扶植本地建立谷子生产仓库加工销售的产业链，成立专门的社会企业专事销售节水小米产品，向市场和公众推广这种独特的作物，体现了以外部赋能为主，内部赋能比例相对较少的特点。这种类型的社会创业通常主要以构建平台、投入设施和资金等方式对乡村进行外部赋能，内部赋能功能相对较弱，所以将这种类型的社会创业称为外部嵌入型社会创业模式。

（三）乡村内生自发型社会创业模式

迷你案例

大三湘

湖南大三湘茶油股份有限公司由周新平创建于2008年，旨在通过发展油茶产业带动家乡衡阳南县当地农民创业，以实现家乡的脱贫致富。周新平的家乡南县由于缺乏产业支撑，大量年轻劳动力外出务工，家乡民力凋敝，贫穷落后。而要改变家乡的面貌，迫切需要通过建立农业产业来唤回外出打工的农民。周新平识别到了这一社会机会，决定利用发展茶油产业来吸引外出打工农民回乡。为此，周新平成立了湖南大三湘茶油股份有限公司，采取"公司加农户、合作社加农户"的形式来带动农民创业。大三湘还创新性的采用了针对企业界人士为主的会员模式，同时建立起心联网，搭建平台将农户、会员结成紧密的物物互联、心心互联的关系，有效解决了茶油产品的销售问题。在获取资源支持方面，周新平在利用当地社会网络的同时也构建了新的社会网络来动员社会资源。一方面，周新平践行利他哲学，以"先富裕农民，才会有大三湘的未来"为原则，处处优先考虑农民利益，使农民从怀疑甚至个别破坏，到观望、参与、拥护、信任和感激。另一方面，作为从农村走出去的孩子，周新平投身家乡建设、返璞归真的行动也感染了身边不少"董事、总裁"朋友，先后得到多家企业的出资参股和资源支持。最终，大三湘模式吸引了大批原来在外打工的年轻劳动力进行油茶产业创业，截至2016年，大三湘已带动46 000户农民增收，村人均年纯收入超过2万元。同时，周新平"崇尚自然、健康""重建美丽乡土，还土地最初的尊严""先富裕农民"等理念以及成立幸福基金会、参与授渔计划等公益行动又保证了大三湘在社会创业过程中乡村社会价值与生态价值的实现。

大三湘的社会创业过程主要是以茶油产业为突破口来带动农民创业，实现外出务工农民工返乡和增收，体现了内部赋能为主、外部赋能少的特点。这种类型的社会创业通常以个体"单枪匹马"式的社会创业为主，由于个体能力的限制，难以进行大量的外部赋能，只能采用帮助乡村实现自我内部赋能的方式，所以将这种类型的社会创业称为内生自发型社会创业模式。

(四)乡村混合型社会创业模式

迷你案例

袁家村关中印象体验地

袁家村关中印象体验地的创始人和总设计师是袁家村党支部书记郭占武,2007年以来,他带领党支部通过将关中民俗传统文化与现代旅游相结合,把袁家村打造成了关中印象体验地,带领全村走上了共同富裕之路。90年代后期,随着国家产业政策调整,淘汰落后产能,村办企业陆续破产倒闭,袁家村逐步沦落为一个"空心村",迫切需要寻找新的增长点。同时在资源贫瘠的袁家村保留着的传统老建筑、老作坊、老物件等关中民俗文化却没有得到开发。以郭占武为核心的党支部识别到了这一社会机会,决定将袁家村打造成为关中印象体验地。为此,郭占武以关中民俗文化为突破口,开创了乡村旅游的商业模式,通过成立农民合作社等来打造创业平台,并建立农民学校来教育和培训村民,以把村民组织起来共同创业,开创性地打造了一个以关中民俗文化为核心的相容共生、互补兼顾、层次递进、环环相扣的完备商业体系和成熟商业模式。在获取资源支持方面,郭占武首先通过利用当地现有网络来动员社会资源。他要求全体干部不谋私利,以身作则,全心全意为群众服务,以实际行动取信于群众,获得了村民的信任和支持,进而实现了举全村之力打造乡村旅游。郭占武同时也通过建立起来的知名度来构建新的社会网络以动员更多的社会资源。袁家村在发展过程中吸纳了很多外部人员和机构参与其中,为袁家村的发展提供了必不可少的资源。此外,袁家村的关中印象体验地开发过程中还进行了大规模的基础设施投资,总投资超过了10亿元,其中在打造农民创业平台上,全村整体发展就约有一个多亿的投资。最终,通过乡村民俗旅游这种模式,袁家村实现了翻天覆地的变化,截至2017年,已吸纳超过三千多人就业,带动周边万余农民增收,村民人均年纯收入达到67 000元。同时全民股份制作坊街的机制和乡村旅游的模式还解决了工农业生产与社会、环境的矛盾,实现了社会、生态和经济的三重价值获取。

可见,袁家村的社会创业过程可以分为两部分,一是以关中民俗文化为突破口,引导村民创业来发展乡村旅游业;二是建设乡村基础设施。前者是帮助乡村内部赋能,后者是为乡村外部赋能,体现了外部赋能和内部赋能都多的特点。这种类型的社会创业通常一方面通过构建平台、投入设施和资金等方式对乡村进行外部赋能,另一方面则同时从内部为当地村民赋能,帮助村民形成自我内部赋能的能力,所以我们将这种类型的社会创业称为混合型社会创业模式。

通过上述四种乡村社会创业模式的分析,可以看出混合型社会创业模式采用外部赋能和内部赋能并举的手段,能够形成互补,加速乡村振兴的进程。这种模式适合于那些对基础设施要求较高的领域,或是那些偏远、基础设施落后的乡村地区。内生自发型社会创业模式采用内部赋能的手段,能够帮助乡村实现内生可持续发展,但相比于混合型社会创业模式,由于缺乏在基础设施、资金等方面的外部赋能,这种模式下乡村振兴进程乡村较慢。这种模式则比较适合于那些对基础设施要求不高的领域,或是城市周边、基础设施相对完备的乡村;外生嵌入型社会创业模式以外部赋能为主要手段,类似于传统的政府和公益部门的乡村建设模式,虽然能够产生一定的自我内部赋能,但一旦缺少外部的持续外部赋能,自我内部赋能也将难以维持,因而这种模式下的乡村振兴存在很大不确定性。这种模式比较适合于那些投入高且收益低的领域;项目型社会创业模式由于自身规模和影响范围的限制,难以产生大的外部赋能或内部赋能,因而这种模式下的乡村振兴很难全面地实现。这种模式比较适合于那些投入要求低且复杂性低的领域。

乡村社会创业模式比较

社会创业模式	特征	成效	适用情况	举例
项目型 社会创业	外部赋能少 内部赋能少	乡村振兴结果不全面	投入低且复杂性低	e农计划
外生嵌入型 社会创业	外部赋能多 内部赋能少	乡村振兴结果不确定	投入高且收益低	SEE沙漠小米
内生自发型 社会创业	外部赋能少 内部赋能多	乡村振兴相对较慢	基础设施要求低; 城市周边	大三湘
混合型 社会创业	外部赋能多 内部赋能多	乡村振兴相对较快	基础设施要求高; 偏远、落后	袁家村关中 印象体验地

四、结论与启示

乡村振兴是新时代应对乡村凋敝的重要战略举措,传统乡村发展模式已经无法适应乡村振兴的要求,社会创业能够成为推动乡村振兴的新型有效手段。在这个思路下,**乡村振兴是社会创业机会识别、开发和实现的过程,也是社会创业者通过赋能帮助村民发现乡村价值、实现价值共创和共享的过程。**在这一过程中,乡村价值的发现主要来源于社会创业者对村民的心理赋能;乡村价值共创是建立在社会创业者对村民的能力赋能和对乡村的结构赋能基础之上的;乡村价值的平衡与共享是通过社会创业者基于三重底线机制的结构赋能实现的。并且根据乡村价值共创中内部赋能和外部赋能比例的不同,乡村振兴的社会创业模式可以划分为项目型、外生嵌入型、内生自发型和混合型四种,这四种模式的成效和适用情况也均不同。

当下,加快乡村振兴,首先应注重培育乡村社会创业家群体。当前乡村中的带头人、能人或乡贤、返乡者、外部的企业家或专业人士四类主体都可以成为我国乡村社会创业者。其次,要根据不同的赋能方式实施不同的政策组合。针对乡村心理赋能,要通过加强文化和精神文明建设,引入新的文化、知识和思维,打破乡村已有的惯例,提升村民主动性和改变现状的信念;针对能力赋能,要鼓励多种创新模式,推动乡村社会创新,尤其是要支持和鼓励新型乡村合作社、农村电商等新模式;针对结构赋能,要加强乡村地区基础设施建设,为乡村社会创业打造良好的环境,还要积极培育当地特色的产业基础。最后,要鼓励内部赋能型乡村社会创业模式,尤其是要推动大型企业、机构深入乡村开展混合型社会创业。

(原文由刘志阳、李斌、陈和午发表于《学术月刊》,2018年第11期)

资源枯竭地区女性创业政策①

资源枯竭地区经济转型中扶持女性创业面临三大背景：其一是资源枯竭地区在人口、资源和环境方面仍面临极为严峻的挑战，解决资源枯竭地区存在的贫困、失业和环境问题，是建成小康社会的一项重要而不可忽视的任务；其二，国外资源枯竭地区和我国云南东川等一些城市在经济转型中女性创业和再就业的做法，为制定和推广扶持女性创业政策积累了宝贵经验；其三，全球创业热潮的持续深入推进为开展女性创业提供良好的外部条件。

资源枯竭地区女性失业是世界各国工业化的初期和中期所经历或正在经历过的事情。在我国118座资源型城市中30多座城市面临着资源枯竭；现有的8 000多座矿山中，400多座资源枯竭。这些资源枯竭地区的劳动参与率只有63.54%，失业率却高达12.3%，其中女性失业率高达55.4%，女性就业压力明显高于非资源型城市。全国妇联(2005)《关于妇联组织在振兴东北地区等老工业基地中发挥积极作用的意见》的颁布，以及“全国妇女创业循环金”等项目的实施，尽管在支持女性创业方面取得了初步成效，但总体上讲，资源枯竭地区

① 本文写作于2008年，此时资源枯竭城市转型是国家迫切任务。近年在国家高度重视下，这一问题已经得到相当程度缓解。2013年国务院印发《全国资源型城市可持续发展规划(2013—2020)》，对资源枯竭型城市转型予以更加系统的统筹规划。限于最新的数据获取难度，本文没有相应更新内容。文中观点虽和现实有所差距，但也代表作者研究进程的一些思考。部分内容参照了很多研究资料，限于篇幅没有一一罗列，专此表示感谢。

的女性创业仍处于无序的初级阶段,缺乏对女性创业的深入系统的扶持政策。因此,只有探索建立妥善解决这一问题的长效机制,才能尽快缓解当前资源枯竭地区女性失业的压力。

国内关于资源枯竭地区女性创业问题的研究是嵌入在这些地区的经济转型对策问题中(陈芳,2004)。刘传庚(2006)强调解决失业工人问题的长久之计就在于让传统资源产业嵌入全球产业链和实现持续升级。路卓铭(2007)认为关键在于培育非资源型接续替代主导产业集群。与上述观点相反,李政(2005)认为发展创业型经济是振兴资源枯竭地区的关键。政府应该从制定创业政策、建立创业服务体系、建立融资体系、开展创业教育与培训活动入手。在具体就业对策中,杨波(2006)认为剩余劳动力的迁移是非常重要的一条途径。赵文祥(2006)认为调整城市规划是促进就业的有力措施。"资源枯竭矿业城市就业问题研究课题组"(2005)强调要建立职工社会保障制度。苏立清(2005)强调解决资源枯竭地区下岗失业问题要综合运用多项政策。

资源枯竭地区(矿区)就业结构单一,主业凋敝引起大量失业,职工群众尤其是女性生产生活面临严重困难。因此,资源枯竭城市经济转型的女性创业政策研究无疑具有重要的实践意义,应该受到社会、政府的高度关注。从理论上看,既有的研究关注的是资源枯竭地区普遍意义上的失业人群的社会保障和再就业的政策设计,缺乏对于女性这一特殊人群的创业问题和创业政策的研究。本文正是从性别意识的视角对资源枯竭地区支持女性创业发展的政策框架进行分析,意图揭示决策者将女性作为重要政策服务对象的创业运作模式,指出应该采取专指女性的政策措施促进女性群体创业的壮大发展。将性别意识纳入资源枯竭地区经济转型扶持创业决策是指,既考虑到男女不同的生理条件和心理特点,又要考虑不同的家庭责任及不同的观念影响,还要承认女性创业发展的特别困难,对女性创业发展给予特别关注和专门支持,这是达到资源枯竭地区经济转型与女性发展双赢的策略。因而该研究可为资源枯竭地区扶持女性创业提供可供操作的全面解决方案。

一、资源枯竭地区女性创业现状

(一)资源枯竭地区女性失业和创业现状

我国资源枯竭型城市的劳动参与率明显低于非资源城市,而失业率则明显高于非资源城市。根据第五次人口普查数据显示,全国城镇劳动参与率为67.7%,失业率为 8.21%；非资源型城市的劳动参与率为 68.16%，失业率为 7.87%；资源枯竭型城市的劳动参与率只有 63.54%，失业率却高达 12.3 %。而且，资源枯竭型城市在每个年龄层次的劳动参与率，都低于非资源型城市。其中，以 25～29 岁这个年龄层次差距最大，在这个年龄层次，非资源型城市为 80.47% ，而资源枯竭型城市仅为 69.32%。年轻人的就业困境，反映出资源枯竭型城市的产业转型缓慢，缺乏新兴产业来吸收新增劳动力。

资源型城市与非资源型城市就业状况对比　　单位：%

年龄	劳动参与率			失业率		
	非资源型城市	资源型城市	资源枯竭型城市	非资源型城市	资源型城市	资源枯竭型城市
16～19 岁	13.48	13.78	11.96	23.75	24.41	26.39
20～24 岁	58.12	57.57	51.77	13.03	16.41	13.93
25～29 岁	80.47	75.69	69.32	8.69	8.57	7.35
30～34 岁	80.63	77.6	71.95	8.51	7.07	7.06
35～39 岁	78.4	77.42	71.47	8.24	6	4.63
40～44 岁	74.73	72.24	67.36	8.79	6.91	7.05
45～49 岁	66.45	61.15	58.52	7.25	5.87	6.64

资料来源：课题组.资源枯竭矿业城市就业问题研究[J].经济研究参考，2005(48).

在这些失业中，女性下岗失业比例偏高或许是资源型城市的特点之一。

创业小贴士
START-UP TIPS

资源枯竭型城市女性失业率

由全国妇联组织的第二次中国妇女社会地位调查结果显示，女性就业率下降的幅度较大，高出男性 4.1 个百分点。女性失业还呈现地区和行业集中分布的特点。从地区上看，主要集中在东北和中西部，很大一部分地区是资源枯竭型城市。具体从分地区看，就吉林省来说，失业率最高的是作为资源枯竭经济转型试点的辽源市，比率高达 10.24%；而在辽源市 2005 年分性别的城镇失业率中，男性失业率是 9.02%，女性为 12.38%，高出 3.36%。另一资源枯竭型城市白山市女性的失业率是 10.26%，男性是 6.40%，高出 3.86%；就辽宁省来说，资源枯竭型城市典型的本溪市

2002 年 6 月全市下岗失业人员基本状况抽样调查显示,女性占 56.67%,比男性高出 13 个百分点。资源枯竭型城市女性失业严重已经引起诸多问题,最明显的是加剧资源枯竭型城市家庭的贫困,出现新的社会问题。根据报道,抚顺市矿区集体下岗的 4 万女工中,有 7 000 人离婚,比例高达 18%,可以对比的是中国社科院 2002 年对同样四个资源型城市下岗职工问卷调查中,该比例为 8%左右,所以资源枯竭地区下岗职工的离婚率比一般下岗职工高。可以这么说,市场化的就业选择中,女性属于弱势群体。

近年来资源枯竭型城市的转型和就业问题引起了社会各界的关注。1999 年中央政府就开始在辽宁省试点,出台对矿产企业关闭破产的相应政策;2000 年 6 月,在辽宁试点的基础上出台了关闭破产资源枯竭型企业的特殊政策——11 号文件,重点瞄准资源枯竭型煤炭、有色和核工业矿山企业。为探索资源型城市实现经济转型的路子,中央政府于 2001 年 12 月将辽宁省阜新市确定为"资源枯竭型城市转型试点城市"。具体来说目前在资源枯竭型城市,形成了如下关于鼓励就业和创业的经验:

(1)云南东川建立"再就业特区"的经验。在"再就业特区",实行优于其他地区的更优惠的促进再就业政策,如对增加再就业资金补贴,扩大再就业政策的覆盖人群范围,延长再就业优惠政策实施的期限,加强对这部分地区下岗失业人员的再就业培训特别是创业培训,增强他们的自主创业的能力,给予自主创业人员更多的小额信贷扶持,加大政府购买公益性岗位的力度,给予录用下岗失业人员的企业更为优惠的税费减免政策,等等。

(2)阜新促进就业创业的经验:一是发展接替产业,创造就业岗位;二是开展技能培训,提高就业能力;三是做强劳务输出①,扩大就业范围;四是培养创业能人,调动就业热情;五是鼓励自谋职业、引导就业增岗;六是完善援助机制,帮扶就业群体。2005 年阜新市共发放小额担保贷款 2 425 万元,扶持创业带头人 242 人,带动再就业 1 620 人。

(3)本溪市在扶持就业创业的做法是实施劳务输出"三单"模式,即用工单位下订单、培训机构下菜单、政府投入来买单。

① 阜新组织了关闭破产煤矿的部分失业职工及其家属 1 000 名迁移到大连市炮台镇,当地政府提供就业机会。这是全国首例资源枯竭国有企业下岗职工大批有组织的外迁。

应该看到各地关注的仅仅是一般意义上的失业，但是关于鼓励女性这一特殊群体的具体创业政策整体上是缺失的，目前迫切需要制定针对这一特殊地区的特殊群体的创业政策以解决严重的女性失业和创业问题。

（二）不同类型资源枯竭地区女性创业差异

并不是所有的资源型城市都面临沉重的女性就业压力，无论是第五次人口普查数据还是66城市的抽样调查数据都显示：不同地区的资源型城市面临的就业困难程度不同。非资源型城市下岗失业者的再就业率最高，达到了46.99%；资源型城市的再就业率只有42.65%，比非资源型城市低了4.3个百分点。在资源型城市内部，下岗失业者实现再就业的比例也是相差较大的：处于幼年期的城市再就业比例最低，只有30.36%，处于中年期的城市与非资源型城市接近，达到45.51%，资源枯竭型城市的再就业率38.67%。资源枯竭型城市实现再就业的比例比非资源型城市低了约8.3个百分点。

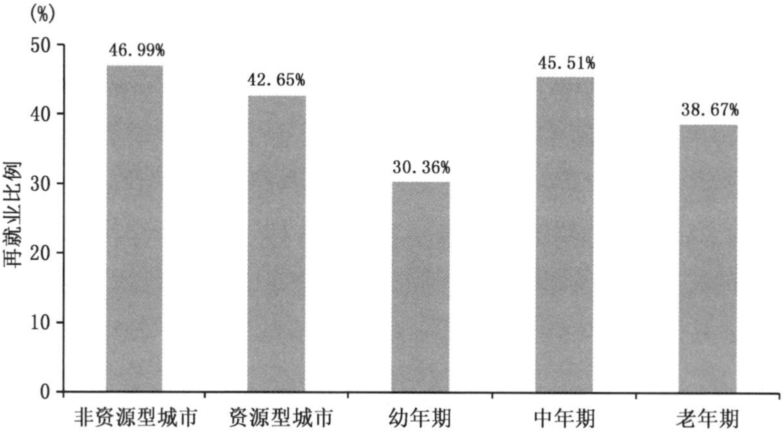

资料来源：劳动和社会保障部2002年66城市抽样调查数据。

不同类型城市实现创业和再就业比例

以上分析能够得出这样的认识：资源型城市中那些进入了枯竭期的城市面临更严重的就业压力与困难，那些处于中年期和幼年期的城市与非资源型城市没有明显的差别；即使在资源枯竭型城市内，不同的城市规模、地区分布和资源开采类型等也会导致不同的困难程度。例如，进入枯竭期的淄博市并不比非资源型城市更困难；而处于东北地区的北票、铁力面对的困难非常严重。当然还应该看到即使是同属资源枯竭型城市其就业和创业难度也有区别,同属辽宁的阜新、北票、抚顺、本溪虽然同属资源枯竭型城市,可是由于城市所处地理环境和周边环境不同,经济转型也呈现出不同的特点。阜新、北票同属辽宁西部,被称为“十年九旱”的地方,森林植被条件不好,又远离中心城市。不单煤炭的接续产业没有真正发展起来,而且发展接续产业的基础也很薄弱。所以制定扶持女性创业政策时,总的原则是应该先对这些资源枯竭型城市的困难程度予以辨别,首先把那些并不困难的城市排除在救助的范围外,其次也要考虑资源枯竭型城市内部的差异性制定不同的政策。

二、资源枯竭型城市扶持女性创业政策模式及其效率优化

(一)资源枯竭地区女性创业政策模式

借鉴国外资源型城市改造成功范例的典型模式①,可以把资源枯竭型城市扶持女性创业政策划分为三种:

(1)维护型创业模式,也叫产业链延伸模式,代表性城市有白银、抚顺等。这种模式主要是利用现有优势,延长矿产品的深加工链条,最大限度地提高矿产资源的附加价值,进而建立起矿产资源深度加工和综合利用的产业群,从而解决包括女性在内的职工就业和创业问题。通过产业延伸发展接续产业,不仅能充分发挥本地的资源优势,增强产业之间的关联度,降低转型难度,而且能实现资源的接续和企业的可持续发展,从根本上解决矿山企业的下岗失业问题。此外,这种模式也比较符合资源枯竭型城市女性自身的特点,有利于减缓工种转换带来的适应性痛苦和学习成本。白银作为曾经的“中国铜城”,在20世纪末开始面临资源枯竭、经济结构单一和大量女工下岗的问题。白银在促进女性创业上主要是从两方面入手。一方面,抓传统产业的改造升级和接续产业的培育发展,促进产业深度开发,着力培育如有色金属及稀土新材料产业、精细化工一体化产业、矿产业和资源再生利用产业等八大支柱产业,为包括女性在内的矿产工人提供新的就业机会。另一方面,实施系列女性创业培训项目(如SIYB项目、女工计算机培训项目、手工刺绣培训、“青州府花边”加工技术培训项目等),创造学习机会,提高下岗失业女性的生存发展技能,从而改变下岗失业女性的就业创业意识。随着接续产业的发展,大量下岗女工被转移到相应的产业中去,有的女工还在SIYB项目鼓励下进入了精细冶炼、珠宝鉴赏等相关行业,充分体现出了机

① 即指德国鲁尔区的“转型型”模式、美国匹兹堡的“复兴型”模式和法国洛林地区的“告别型”模式。

会型创业的特征。

(2)告别型创业模式,也叫产业转型模式,代表性城市有阜新等。该模式主旨是通过植入新产业,替代已有枯竭工矿业,从而为下岗女工提供了新的就业和创业机会。阜新市把创造就业机会作为经济转型的出发点,重点发展现代农业,而生态建设又成为经济转型工作中的重中之重。此外阜新还强调采取多种方式帮扶女性创业。如开展创业培训班,广泛征集创业项目,为创业项目和创业带头人提供嫁接服务;建立培养扶持创业带头人数据库、创业项目资源库;为创业带头人发放创业企业和创业带头人资格证书,实行挂牌保护;推荐创业带头人申请小额担保贷款;创办科技开发企业,政府优先提供科技费用等措施。总的来说,阜新扶持女性创业模式相对维护型创业模式来说,成本较大,转型难度也较高,该模式的成功取决于转型产业的选择和下岗女性的创业技能要求。

(3)自救型创业模式,或称生存型创业模式,代表性城市是鸡西。鸡西是一个因煤而生的城市,随着煤炭资源日趋枯竭,出现了大量的下岗职工。目前,全市仍有近9万名下岗职工待业,超过50%为女性。每年还将新增城镇劳动力近万人,而鸡西每年可提供的就业岗位只能达到2.5万个,再就业形势比较严峻。所以政府在安排就业上,提倡下岗女职工要转变就业观念,鼓励自谋职业和自主创业。根据调查,这些下岗女工大多数从事临时性就业,其中绝大多数从事干零活、摆地摊、装卸、季节工。所以这种创业方式也称为“生存就业”。对这部分下岗失业人员自主创业的,鸡西提出要在国家和省现行各项再就业扶持政策基础上,适当降低门槛,尽可能让他们多享受一些扶持政策。自救型创业模式是以上三个模式中最为简便易操作的一种,但是该模式的成功取决于与之配套的扶持政策的实施,也要避免在扶持女性创业上的撂挑子倾向。

(二)资源枯竭地区女性创业效率整合优化

应该看到大多数资源枯竭地区在扶持女性创业上都没有具体的措施,绝大多数扶持创业政策重点都是建立在发展接替产业上,并且,目前多数地区在发展接替产业上存在着接替产业重叠和主导产业类同的恶性竞争势头,比如抚顺和大庆都提出发展石油加工和精细加工产业,阜新和本溪都提出要大力发展现代农业。因而不可避免的各个地区在扶持女性创业上也会遭遇到由于接替产业雷同所带来的恶性创业竞争后果。我们认为当前首先应该确定不同类型资源枯竭地区女性各自创业比较优势及可能的变动,在此基础上,对不同资源枯竭地区女性的创业链进行理性选择,形成资源枯竭地区女性创业链错位发展的格局,从而提高不同类型资源枯竭地区女性创业的整体资源效率,避免创业恶性竞争。

具体来说,资源枯竭地区女性创业效率优化的总体目标是对周边创业资源沿自身主导创业链进行整合,形成以主导创业产业为主的上下游女性创业链发展模式。如一些女性受教育层次比较高、技术比较全面的地区可以鼓励该地区的女性更多地采取在原有产业基础上相关的高附加价值的机会创业;对一些女性受教育层次相对较低且没有多少技术的地区则可以更多鼓励当地的女性采取生存型创业的方式,或者从事产业链下游的一些适合自身特性的劳动密集型产业;此外,也要注意对创业的行业选择进行引导,避免所有资源枯竭地区女性创业行业都完全雷同所引起的恶性竞争。

三、资源枯竭地区扶持女性创业政策框架设计

创业政策就是政府通过地区、产业及国家促进创业活动的政策。创业政策的本质就是刺激创业(Degadh,2004)。创业政策的作用是用来减少初创企业面临的不确定性。更确切地说,创业政策表现在创业过程中,通过设计和传递创业动力、创业技能和创业机会这三个要素来鼓励更多的人选择创业(Lundstrom 和 Stevenson,2001)。当前在扶持创业政策上,已经出现了涉及专门目标群体(主要为女性、青少年、大学生)的具体政策。在设计资源枯竭地区这一特殊地区针对女性这一特殊群体的创业政策上,可以借鉴的是欧盟中小企业政策中支持女性中小企业家创业发展的政策框架,该框架涵盖创办企业全过程的、特指女性创业发展困难的一系列政策条文和措施,比如,在选项、技术培训、融资、税收方面给予指向女性的特别关注和支持,对女性合伙人的界定,及对女性合伙人生育期、离异丧偶后的权益保障等。为了使政策确实在支持女性创业方面发挥作用,欧盟还建立了执行、检查的组织机构与支持网络,还专门进行了统一监测指标基础上的监控和评估,因而该创业政策框架有很强的支撑力,也是值得我们学习、借鉴和效仿的。①

(一)资源枯竭地区扶持女性创业政策框架内容

创业活动是动机、技能和机会相结合的结果(高建,2007),在创业效率优化后,**促**

① 政策内容参见葛美云,祝吉芳.欧盟中小企业政策支持女性创业发展的启迪[J].江苏社会科学,2003(1):59-64。

进资源枯竭地区女性创业的政策可以围绕这三个要素来设计，即激发女性进行创业；使女性创业者获得创业所需要的知识和技能；为潜在女性创业者提供资源和环境支持。这样的创业政策体系包括六个方面的内容：促进女性创业文化；开展女性创业教育，减少女性创业进入障碍，启动女性创业资金支持，启动女性创业商务支持以及刺激女性目标群体。

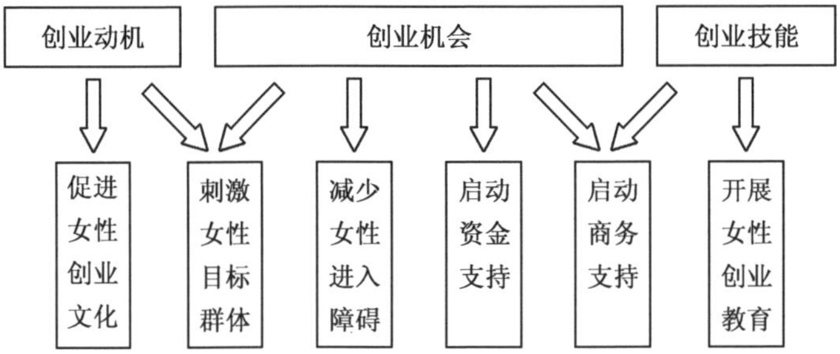

资源枯竭地区扶持女性创业政策整体框架

进一步的分析可以发现，创业文化属于动机要素范畴；减少进入障碍、启动资金支持和商务支持属于机会要素范畴；创业教育则既属于机会要素，也属于技能要素范畴；而刺激女性目标群体则既属于动机要素也属于机会要素。上述政策体系整合最终目的将导致创建新企业。

1. 促进女性创业文化

资源枯竭地区的女性创业发展水平往往和当地的文化紧密相关。政府应该采取相关措施来构建最大限度地促进女性创业的文化和相关机制。首先应该改善女性创业的整体社会环境。与人类所有的创业活动一样，女性创业活动与社会环境的关系也是相辅相成、互相推动的。值得注意的是，社会环境对男性创业的影响一般表现为对个体行为的影响，这些环境因素主要是社会组织或团体的具体工作生活环境，是“小环境”，而对于女性而言，则除了个体所面对的这个“小环境”，影响更大的是女性群体所共同面对的“大环境”，这就是自人类进入父权时代以来延续至今没有多少变化以男性文化为主宰、隐含性别歧视的现实社会环境。营造女性创业文化，宣传性别平等，在这样的大环境下也就显得特别迫切。其次，可以通过当地新闻媒体的宣传来提高女性的创业参与意识。另外，宣传资源枯竭地区女性创业典型，传播女性企业家精神也是必要之举，这将有助于消除女性依赖思想，鼓励女性行动起来，主动就业，积极创业。

2. 开展女性创业教育

借鉴欧盟中小企业政策在支持女性创业发展的经验,在资源枯竭地区大力展开女性创业教育培训。1987年,针对女性更为缺乏信息和技术诀窍的情况,欧盟委员会正式提出有关"女性职业培训"的建议,采取一系列措施,以保证女性接受职业培训的各项权利受到保护,如设立发放文凭的、官方承认的行政管理培训课程;支持接受培训的女性实行工作轮换制,建立女性创业心理咨询小组,组织年会讨论女性中小企业家在政治上的成长问题等。资源枯竭地区在扶持女性创业教育上应该结合当地实际,以传授创业知识为基础、以开展创业实践为重点、以培养女性创业能力和技能为根本,进行女性创业教育、开发适合本地女性就业和创业实际的相应培训课程,为女性在资源枯竭地区创业打好坚实基础。

3. 减少女性进入障碍

借鉴欧盟经验,同时考虑资源枯竭地区女性创业的实际需要,降低女性创业的入门门槛。应简化繁杂的登记手续,实行联合现场办公,一次性登记;鼓励女性"微小创业工程",对符合优惠条件的女性企业减免三年营业税和个人所得税;对多部门收取的摊位费、卫生费、排污费、灯箱广告费等在一个县一个市或一个乡镇统一标准,一次性收取,一卡登记。还应注意执行有服务才能收费的原则,加强服务;企业因政府统一安排和地方城建之需要进行搬迁时,应得到合理补偿,搬迁企业不应要求重新登记交费;对缺少小额资金的失业、下岗女性,银行可给予5 000～8 000元不等的贴息小额贷款;女性企业发展中缺少资金时,地方政府每年可允许给予一定数量的贷款,可用固定资产(包括园林、鱼塘等)抵押担保,也可由政府具体管理部门担保。总之,应降低女性企业入门门槛,促进女性企业发展。

4. 启动女性创业专项资金支持

欧盟在20世纪90年代初,针对女性企业家的融资困难,提供专门贷款,进行专项资金扶持:如发放1年期贷款,对新企业家提供2～5年的贷款(只付低息);创建银行网络支助小企业项目;帮助女性企业家和女性创业者在传统金融市场上获得融资;为创业中的女性或女性企业家专门建立欧洲贷款担保机构;帮助创业中的女性获得国家和欧洲层面的支助金;保证公认的管理培训课程得到政府的支持和贷款。

我国资源枯竭地区扶持女性创业政策也应该借鉴欧盟经验,针对不同创业困难程度提供女性创业启动资金，同时应该鼓励女性在国家产业导向的行业进行创业，对女性高科技企业予以资金倾斜和贷款扶持。在女性创业专项资金筹措上可以考虑当地政府财政专项拨款、发行彩票等多种方式。

5. 启动女性创业商务支持

在构筑女性小企业扶持基础结构、资助女性小企业主和初创女性企业主方面，欧盟各国都采取了很多行之有效的措施，主要包括提供一站式服务、在线资源和网络服务，实行女性企业顾问和创业入门指导制度，创立女性企业孵化器、女性创业中心和女性企业家网络等。东川再就业特区就是一个商务支持典型，在该特区中，女性创业者一方面可以享受到政策优惠，同时也得以组织起一支女性企业家队伍。在资源枯竭地区给予女性创业商务支持，将减少女性创业者在获取商业信息、技能、关系网络、专业知识和建议方面可能遇到的障碍，为女性创业者提供咨询、建议、规划服务，并开辟方便的融资以及市场和技术等资源交换渠道。

6. 刺激女性目标群体

主要指就业和失业社会保障、女职工劳动保护、女性生育期、育儿期的社会保障以及女企业家遭受离异、丧偶或破产后的保障，让女性无忧创业。当然给予女性企业家应有的社会政治地位也将大力刺激女性这一目标群体在资源枯竭地区的创业。

实施资源枯竭地区女性创业政策不应仅仅是单方面的，应该是上述六个方面的完整政策组合，如此才能有效促进女性在该地区的创业。

(二)政策框架实施的组织机构与支持网络

各国往往采取不同的组织结构来制定和实施创业政策。许多国家的政府都设立了专门负责创业或小企业的部门和事务性办公室，并且创业政策负责部门都能得到小企业主管部门的支持。这些国家的创业政策组织结构基本上可分为三种类型：(1)垂直型组织结构：几个特定政府部门分担不同内容的创业政策和责任，每个部门负责自己所属的政策领域或目标，其政策措施的实施由其下属各级政府机关层层贯彻执行，各部门之间相互干涉或合作相对较少；(2)水平型组织结构：在这种模式下，各级政府和多个政府部门在全国范围内共同致力于提高创业水平；(3)伞形组织结构：特点是设立一个专门机构负责制定创业政策，通过其下属组织和相关机构来具体实施创业政策，并对创业活动进行指导和管理。

资源枯竭地区扶持女性创业政策实施的组织网络，我们认为应由中华全国妇女联合会之下的当地各级妇联负主要责任,联合各级政府社会保障部门,共同负起领导责任。被领导的组织网络分为三条线:第一条是在资源枯竭地区成立女企业家协会,建议女性企业从登记之日起即行加入,且女企业家协会包含在各地个私协会之中;第二条线是在企业家协会中成立女职工委员会,具体对女职工负有指导之责;第三条线是成立女性行业协会,如成立冶金行业女性企业家协会等,开展形式多样的扶持女性创业发展活动,收集、传递影响到女性企业家发展的市场信息,组织开展专门指向行业女性的职业培训,帮助资源枯竭地区女性掌握新知识和新技能。此外,组织资源枯竭地区女企业家交流创业发展经验;成立女性企业担保公司以发放担保贷款;调查反映女性就业创业人员特有困难及意见等。上述三条线相互之间进行联络并与妇联组织、社会保障部门加强联系,构成一个组织网络。

(三)政策框架实施效果的监控和评估

欧盟扶持女性中小企业家创业的政策框架告诉我们,无论创业政策内容如何,如果没有有力的监控网络、调查和反馈网络及对女性中小企业家的维权保证,就不能持续地得到应用和产生社会效益(葛美云,2003)。因此,欧盟十分重视组织力量对政策执行情况实行监控和评估,规定了以下专门机构承担有关职责:欧盟委员会企业总司通过下属机构考察女性创业的可能障碍,在提出以政策提高中小企业地位的同时,注重提高女性企业家的政治地位。企业环境简化办公室针对企业家精神及企业文化的建设情况,提出了独立评估报告,促使欧盟委员会对此采取措施,并对女性中小企业家的特殊困难展开调查,同时在女性中倡导女性企业家精神。欧洲中小企业观察局通过监控和评估,向政策决策者、经济学家和中小企业提供有关中小企业的信息。

中国在推进资源枯竭地区女性创业政策时也应借鉴欧盟经验,由各资源枯竭地区社会保障部门设计适用于资源枯竭地区的推进女性创业政策的系统综合评价指标体系,量化该地区扶持女性创业的政策实施效果。当地女性行业协会提出独立的评估报告。最后由当地妇联进行总体女性创业政策的实施效果评估,对两性在创业上的不平等情况进行监控并予以解决。

03

第三讲

社会创业

新商业的崛起

社会企业基于机会导向和社会创新的组织特征，使其能够创造性地将社会价值和长期市场回报结合，有机融合了市场与社会的传统边界，是链接商业和社会弱势群体的一座桥梁，回应了企业家“致良知”的道德需求与市民社会包容发展的迫切需求，是政府创新社会治理的天然伙伴。

社会企业分类

作为战略管理和创业研究的学术前沿(Grimes 等,2013;Zahra 和 Wright,2016;McMullen 等,2017;Saebi 等,2019;Haugh 等,2021),社会企业分类问题迄今仍然存在大量争议(Mair 和 Marti,2006;Dacin 等,2011)。这主要和社会企业自身概念不清晰(Chell 等,2016)有关。例如过去二十年的社会企业研究一直停留于社会企业的商业价值和社会价值平衡问题(Short 等,2009;Hossain 等,2017)、社会企业能否分红问题(尤努斯,2018),以及社会创业过程的商业和慈善边界问题(徐永光,2017;康晓光;2017)的探讨,由此导致社会企业研究囿于概念的反复徘徊,不利于组织分类的细化和研究命题的深化。另一方面也和近二十年来的组织边界模糊高度相关。随着社会和市场部门力量的兴起,跨部门合作实践不断涌现,产生了大量混合组织(例如美国的低利润有限责任公司、受益公司、弹性目标公司,英国的社区利益公司,比利时的社会目的公司,葡萄牙的社会团结合作社,希腊的有限责任合作社,法国的集体利益合作社协会等)。这些发展中的混合组织也让已有社会企业经典分类方法束手无策。特别是伴随数字技术发展出现的愈来愈多的跨界现象,更是使得已有分类方法不再具有合法性。上述分类问题已经严重制约了社会企业的自身发展,也使得社会创业理论解释力陷入不断退化的境地,迫切需要提出一个和发展实践匹配的可供演化的分类方法。

分类理论作为理解组织与环境关系的概念工具，可以在复杂的组织现象中帮助人们理解、比较和区分组织的本质特征（Negro 和 Leung，2013），对于解释组织特有现象具有重要意义（Cattani 等，2017；Reuber 等，2017；Durand 和 Khaire，2017）。分类的概念已经受到认知心理学、社会学、语言学、管理学等学科的重点关注（吴小节等，2020）。而自从 Porac 等（1989）将分类理论观点正式引入组织与管理领域之后，管理领域学者们对分类理论的研究兴趣日益增加，并逐渐将分类理论视作组织管理理论中的关键理论视角之一（Lounsbury 和 Beckman，2015）。然而组织形态是组织内外部多种因素相互作用的动态结果，仅从静态的类型学视角难以全面描述和定义变化中的组织类型的特征和趋势。动态视角的组织演化理论是分类理论的重要补充，有助于解释和理解动态组织类型。因此，在社会企业研究领域，类型学研究和组织演化理论是帮助学者和实践者观察社会企业现象的一种视角，可以在复杂的环境中快速有效地简化对社会企业的认知程序，从而更加准确地界定和判别社会企业及其类型。本文首先将系统梳理已有社会企业类型学的主要学派，其次比较主要流派之间的异同点，最后在比较的基础上提出基于价值驱动的新的类型学理论框架。本文研究可以拓展社会企业类型学的研究，也将推动分类社会企业政策法规的制定。

一、类型学视角的社会企业流派

本文基于 Web of Science 数据库，在 17 本国际顶尖学术期刊中检索出主题、标题、关键词、摘要与“社会企业”（social enterprise）相关的文献共计 87 篇。梳理社会企业概念及类型研究的脉络发现，社会企业类型学研究先后出现了三种流派和研究视角：（1）以 Dees 等为代表的结果学派；（2）以 Defourny 等为代表的过程学派；（3）以 Battilana 等为代表的混合逻辑学派。

（一）结果学派

社会企业类型学研究始于结果学派，主张从社会企业创造的社会价值和经济价值的关系和比例来界定社会企业，即以组织结果的视角区分组织类型。社会企业结果学派主要包括社会企业光谱（Dees，1998）、可持续光谱（Alter，2007）、社会企业动物园（Young 和 Lecy，2014）等典型观点。

社会企业光谱（social enterprise spectrum）的概念由 Dees（1998）提出。经营原则和利益相关者是社会企业光谱理论划分非营利组织、社会企业和商业企业的判别标准。具体来说,Dees 分别阐述了非营利组织、社会企业和商业企业在三种经营原则(经营动机、经营驱动力和经营目标)和四种利益相关者(受益者、资本方、人力资源、供应商)中的具体表现和特征,从而构成了社会企业光谱。社会企业光谱是社会企业类型学研究中最有影响、最具开创性的界定标准,其对于社会企业是属于社会价值和经济价值中间地带的判断迄今仍然影响深远。但是,社会企业光谱虽然将社会企业同非营利组织、商业企业区分开来,但是没有明确社会企业与非营利组织、商业企业的边界。此外,组织在社会目标和经济效益追求上的变化将导致组织在经营原则和利益相关者方面存在差异,从而衍生出多种组织类型,这导致简单的社会企业光谱无法准确刻画实践中复杂的、动态变化的社会企业类型。

社会企业光谱

判别标准 \ 组织类型		非营利组织 纯慈善式	社会企业 混合式	商业企业 纯营利式
经营原则	主要动机	服务社会	混合动机	谋取利润
	驱动因素	使命驱动	使命与市场驱动	市场驱动
	经营目标	社会价值	社会价值和经济价值	经济价值
利益相关者	受益人	免费	补助金或全额报酬与免费之间的混合	依市场行情支付
	资本方	捐赠和补助	低于市场行情的资本或捐款与市场行情的资本的融合	具备市场行情的资本
	人力资源	志愿者	低于市场行情的报酬或志愿者与付全薪员工的混合	支付市场行情的报酬
	供应商	非现金方式的捐赠	特定的折扣或物品捐赠与全价货品的混合	依市场行情价格收费

资料来源:Dees(1998).

在 Dees 研究的基础上,Alter(2007)将社会企业光谱发展为可持续性平衡光谱。Alter 指出,社会组织需要平衡经济可持续性和社会可持续性。组织社会可持续性和经济可持续性的此消彼长导致在传统的非营利组织(traditional nonprofit)和传统商业企业(traditional for-profit)之间存在四种不同程度的混合组织,分别为有创收活动的非营利组织(nonprofit with income generating activities)、社会企业(social enterprise)、社会责任企业(socially responsible business)以及履行社会责任的公司(cor-

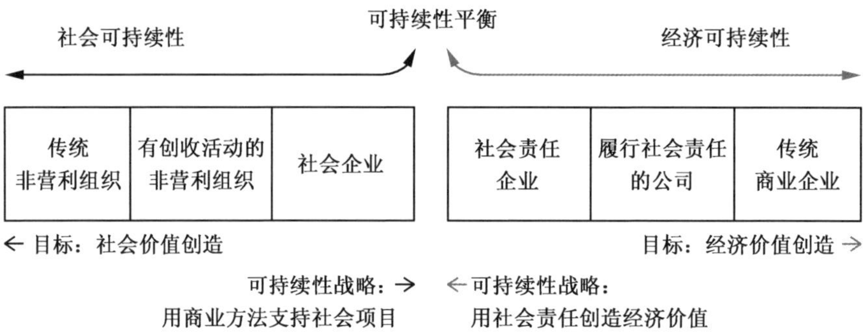

资料来源：Alter(2007).

可持续性平衡光谱

poration practicing social responsibility)。前两种类型以追求社会价值创造为主要目标，其可持续性战略是用商业方法支持社会项目；后两种类型以追求经济价值创造为主要目标，其可持续性战略是用社会责任创造经济价值。

区别于光谱观点，Young 和 Lecy(2014)的研究强调社会企业生态与动物园生态的相似之处，并将社会企业光谱拓展为社会企业动物园(social enterprise zoo)。

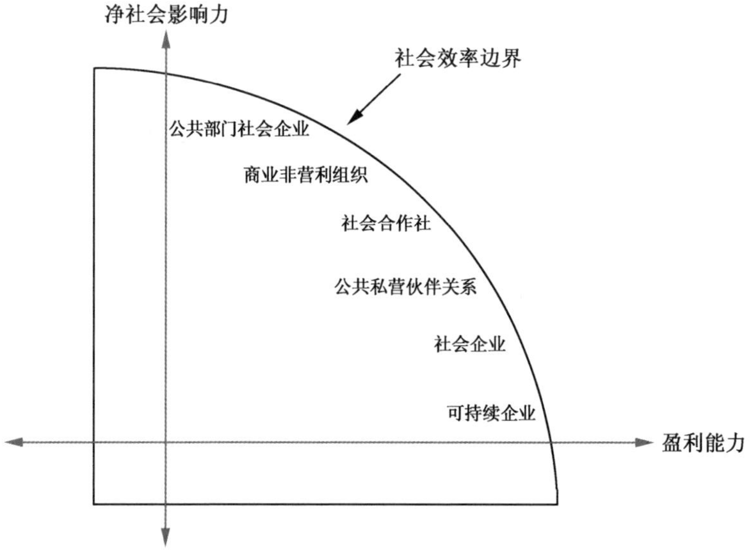

资料来源：Young 等(2016).

社会企业动物园

根据净社会影响力和盈利能力两个维度，Young 等（2016）在社会效率边界曲线上区分了不同类型的社会企业，依次为公共部门社会企业、商业非营利组织、社会合作社、公共私营伙伴关系、社会企业和可持续企业。这六类社会企业的特征从高度重视社会影响力但弱化盈利能力的公共部门社会企业，逐步向重视盈利能力而弱化社会影响力的可持续企业转化。需要注意的是，在第二象限或第四象限的社会效率边界曲线分别表示负向的社会影响力或盈利能力，这说明只有处于第一象限的组织才被视为是社会企业。相较于前两种社会企业光谱理论，社会企业动物园理论不仅明确了社会企业与其他类型组织的边界，而且强调不同社会企业类型间的互动关系。该理论进一步探讨了社会企业的组织形式、运作机制和管理方式等，并用互补或竞争的动物关系表示社会企业组织之间的关联，为不同类型社会企业间开展合作提供了理论指导，但其本质意义上仍然是社会企业光谱理论的拓展。

（二）过程学派

结果学派仅考虑社会企业的特点和形式，而没有研究社会企业如何形成不同的特点和形式。这也就为过程学派的社会企业分类提出提供了理论拓展空间。过程学派主张在社会企业分类研究中用过程视角代替结果视角，即从社会企业形成过程的角度界定社会企业。过程视角最早由欧洲社会企业研究网络（EMES network）提出。EMES network 提出了判断理想型社会企业的三个维度：一是经济和创业指标，内容包括生产产品或服务的连续性活动、明显的经济风险、最低水平的有偿劳动；二是社会指标，内容包括以造福社区作为明确的目标、由公民或民间社会组织发起、利润分配限制；三是参与式治理指标，内容包括高水平的自治、不取决于资本所有权的决策权、多元利益相关者共治。该视角打破了“经济—社会”线性二元模型，倡导将参与式治理引入到社会企业的判定标准中，丰富了理论和实践领域对于社会企业本质的认知。然而现实中的社会企业未必能够全部吻合上述标准，因此这一标准在操作过程中具有一定的局限性。

为了克服上述标准的局限性，EMES 学派在参与式治理和双元导向的框架下，根据利益准则和资源混合的标准构建了一个新的类型框架（Defourny 和 Nyssens，2017）。由于社会、政府和市场分别受不同的利益准则驱动，因此 Defourny 和 Nyssens（2017）按照多元经济行为准则将利益准则划分为公众利益、互助利益和资本利益。除了受不同的利益驱动之外，市场行为的差异决定了社会企业获得资源的途径

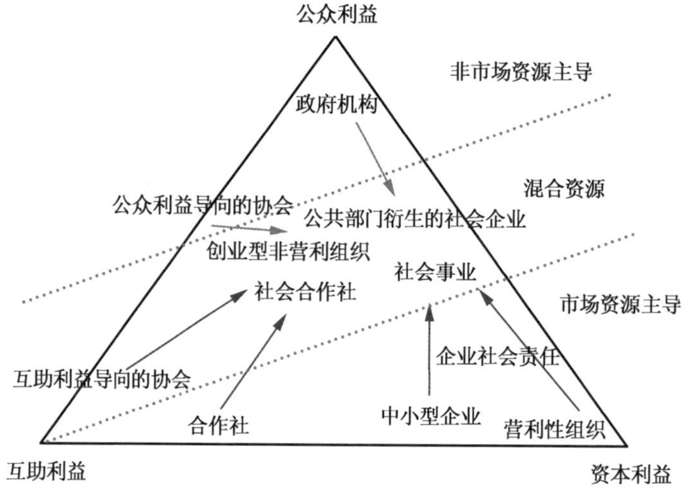

资料来源：Defourny 和 Nyssens(2017).

过程学派的类型框架

不同，因此市场活动是社会企业区别于其他传统组织的另一大特点。图中两条虚线划分了社会企业对市场资源的不同依赖程度，据此可将社会企业分为三类，分别是市场资源主导的社会企业、混合性资源主导的社会企业以及非市场资源主导的社会企业。在多种元素组合的驱动下，传统组织分别以三个不同的利益驱动为起点向中间运动。社会企业就是向上或向下的制度运动的结果：向上运动的制度轨线代表更关注公众利益，扩大社会影响力；向下运动的制度轨线代表了更加关注增加市场活动和市场资源，以此增加收入。因此，不同的制度运动轨迹形成了四种典型社会企业：(1)创业型非营利组织(entrepreneurial non-profit, ENP)，该类型产生于营利性的非营利组织，原本关注公共利益的协会开始寻求更多的市场收入，以此弥补经营支出；(2)社会合作社(social cooperative, SC)，这种类型主要是由原来关注会员利益的互助协会和合作社演化而成，由关注互助利益转而更加关注公众利益；(3)社会事业(social business, SB)，这种类型一般是由原本追求资本利益为主的中小企业或组织演化而成，更加关注公众利益和增加非市场收入，其同时兼具了社会目标和商业收入；(4)公共部门衍生的社会企业(public-sector social enterprise, PSE)，该类型往往源自公共部门的机构，部分提供公共服务的部门受公共服务私有化的影响开始强调增加市场资源获取，在私有化改革的过程中转变成社会企业。Defourny 和 Nyssens(2017)的划分方法扩展了 EMES 的标准模型,涵盖了更加多元的社会企业类型,既体现了社会企业类型的多样性,也反映了不同社会企业类型在资源禀赋、社会使命和治理结构的差异。该框架不仅有助于判定社会企业的具体类型,而且能够用于分析社会企业的发展路径。同时,Defourny 和 Nyssens 指出该模型虽然只归纳了四种主要的类型,但并不代表他们否认其他社会企业的多元性。

(三)混合逻辑学派

过程学派研究了不同类型社会企业的形成过程,但没有考虑形成过程背后的组织逻辑的差异和演进。混合组织的出现使得从组织逻辑出发划分组织类型具有必要性。不同于传统的组织类型,混合组织是将“两个或两个以上的组织要素以非传统的形式结合在一起”(Battilana 等, 2017)。虽然承认混合和非混合组织存在质的不同是有用的,但是这样做存在过度简化混合组织间潜在异质性的风险,从而低估了组织间不同程度混合性的影响。为了解决这个问题,Battilana 等(2017)呼吁应着力于组织混合程度的研究,而非单纯围绕类型问题的探讨。Battilana 等(2017)通过强调经济逻辑和社会逻辑是一个连续体的两端,概念化了混合程度。这一观点超越了原有粗糙的组织分类概念(如社会、经济或混合),并承认混合组织中逻辑性质的可变性,这可能影响企业的成果。

Shepherd 等(2019)在 Battilana 等(2017)研究的基础上进行扩展,认为应该超越混合作为一个连续体的概念,着力于对混合程度进行理论化。Shepherd 等(2019)认为混合程度是由组织的核心要素决定的,其核心要素包括:(1)企业家(the entrepreneur),如企业家的亲社会动机和社会基础情感;(2)探究社群(the community of inquiry),或“对潜在机会的准确性提供反馈的潜在利益相关者”(Shepherd, 2015);(3)潜在机会(the potential opportunity),即创造一定经济价值和社会价值的潜在机会的性质;(4)组织结果(the organizational outcomes),即不同混合程度的企业成功与失败的程度。进一步,他们将组织的混合程度分为两个部分:一是经济逻辑与社会逻辑的相对性,指组织内多种逻辑的分布程度,或组织内经济和社会逻辑的比重关系;随着社会逻辑在组织中的比重上升,组织先由经济逻辑相对重要、到经济逻辑与社会逻辑平衡,再到社会逻辑相对重要。二是逻辑的强度,指经济逻辑和社会逻辑在组织中所具有的活力,包括由低强度至高强度。Shepherd 等(2019)据此指出,组织的混合程度取决于其混合程度的相关性和强度,可将组织分为社会企业、传统混合企业以及商业企业。逻辑学派基于组织逻辑视角强调理解创业者如何直接或间接影响组织混合程度，以及混合程度的差异如何导致组织形成过程和组织结果的差异。

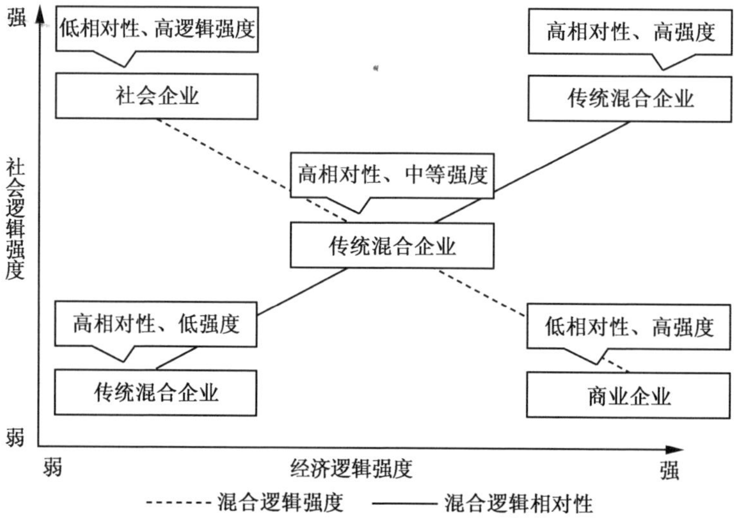

资料来源：Shepherd 等(2019).

混合逻辑学派的类型框架

二、价值驱动的新分类框架

提出新的分类框架之前，有必要从研究视角、研究框架以及划分类别等维度系统比较下已有分类学派。首先，从研究视角看，三个学派分别从二元视角、组织生成视角以及组织逻辑视角展开研究。结果学派采用的是二元视角，即通过一个组织社会属性和商业属性之间的关系来判断该组织是不是社会企业（赵萌和郭欣楠，2018）。不过，不同学者对社会企业包含的社会属性和商业属性的比例和二者关系的理解存在区别，因而形成了社会目标优先观点（Lyon 和 Sepulveda，2009；Huybrechts 和 Defourny，2008）、社会商业均衡观点（McMullen 和 Warnick，2015；Young 和 Kim，2015；Fosfuri 等，2016）以及社会目标唯一观点（Waldron 等，2016）；过程学派采用组织生成视角，提出关注社会企业行为与过程的研究主张，聚焦于归纳新组织生成之前的创业活动规律（张玉利和杨俊，2008）；逻辑学派基于组织逻辑视角，认为社会企业作为一种新的组织形态，面临着两种难以兼容的组织逻辑（即强调商业化实践、效率与利润最大化的商业逻辑,以及强调民主自治、解决社会问题与创造社会价值的社会公益逻辑)。两种组织逻辑的融合,在赋予社会企业创新和资源的同时,也给社会企业带来了独特的冲突与挑战(Besharov 和 Smith,2014;Santos 等,2015)。两种组织逻辑的强度和相对性共同决定了组织治理原则、过程和结果。其次,从分类标准看,三个学派均从不同角度提出了判断社会企业的标准。结果学派主要从经济价值和社会价值界定社会企业,过程学派则着眼于利益原则和资源导向的区别,混合逻辑学派强调混合逻辑的相对性和强度。由于研究框架或判断标准的不同,各个学派对组织的划分类别也存在差异。最后,从分类侧重点看,结果学派强调社会企业社会属性和商业属性的关系,但忽视了动态变化中的社会企业类型;过程学派强调社会企业的生成过程和行为,但其未能涵盖全部社会企业类型;逻辑学派强调社会企业混合逻辑的相对性和强度,但其分类较为单一,未能细化混合组织的类型划分。

社会企业类型学比较

学派	研究视角	分类标准	划分类别	侧重点	缺 点
结果学派	组织结果视角	社会企业光谱观点:经营原则(经营动机、经营驱动力和经营目标)和利益相关者(受益者、资本方、人力资源、供应商)	非营利组织、社会企业、商业企业	强调社会属性和商业属性的关系	忽视动态变化中的社会企业类型
		可持续光谱观点:经济可持续和社会可持续	有创收活动的非营利组织、社会企业、社会责任企业以及履行社会责任的公司		
		社会企业动物园观点:净社会影响力和盈利能力	公共部门社会企业、商业非营利组织、社会合作社、公共私营伙伴关系、社会企业和可持续企业		
过程学派	组织生成视角	利益原则(公众利益、互助利益和资本利益)和资源导向(市场资源主导、混合性资源以及非市场资源主导)	创业型非营利组织、社会合作社、社会事业、公共部门衍生的社会企业	强调社会企业的生成过程和行为	仅归纳了主要社会企业类型,未能涵盖全部社会企业类型
逻辑学派	组织逻辑视角	混合逻辑的相对性(高相对混合性、低相对混合性)和混合逻辑的强度(低混合强度、中混合强度、高混合强度)	社会企业、商业企业和混合企业	强调混合逻辑的相对性和强度	分类较为单一,未能细化混合组织的类型划分

总的来说，已有社会企业类型学研究经历了一个由现象到本质、由具体到抽象的研究过程和研究脉络。具体来说，研究对象由社会企业结果和特征，转向社会企业生成过程，再转向社会企业生成背后的混合逻辑；研究视角从组织结果视角转向组织生成视角，再转向组织逻辑视角。但基于逻辑视角的社会企业类型学分类仍无法界定和涵盖日益多元且融合的社会企业类型，仍需提炼组织治理逻辑背后的影响因素。事实上，组织逻辑的本质是组织关于价值创造和价值占有的主张（Sorescu 等，2011）。价值创造是指一项活动在考虑了机会成本的情况下，社会成员的总效用的增加；价值获取是指一项活动中在考虑了行为人自身的机会成本后，行为人从该活动中占有的价值（Mizik 和 Jacobson，2003）。显然价值创造是不断进行价值获取的必要条件，只有价值获取而没有价值创造是不可持续的；而一定程度的价值占有对确保持续的价值创造也是至关重要的。价值创造与价值占有共同决定了组织资源配置的行动逻辑，也导致了企业的不同发展过程、结果和类型。综观已有社会企业类型学研究缺乏关于社会企业价值创造和价值占有关系的深入探讨。具体来看，结果学派考虑了社会价值和经济价值的关系，但未能剖析社会企业价值创造和占有的过程；过程学派虽然强调从社会企业价值创造的过程视角认识社会企业，却忽视了社会企业价值占有在社会企业类型界定中的重要性；而混合逻辑学派强调组织动机和逻辑驱动的复杂性和多样性，但没有考虑混合逻辑背后运行过程中混合价值创造和混合价值占有主张的关系，以及由于价值占有和价值创造关系的不同而产生的组织特性的差异。正是由于价值创造和混合价值占有适配的复杂性才生成了社会创业和社会企业作为创业过程和企业组织的多样性。因此有必要将价值驱动观点作为社会企业研究的视角，进一步抽象社会企业类型差异背后的价值驱动因素，从而拓展社会企业类型学的研究。

根据组织价值驱动观点，组织价值包括经济价值、社会（环境）价值和混合价值，按照不同类型价值占有和价值创造的不同组合，可以将组织分为 9 种类型：

（1）商业企业，以盈利为目的，创造并占有经济价值。

（2）社会合作社，作为特殊经济单元在创造混合价值的同时，侧重为所有成员占有必要的经济价值。社会合作社扎根于当地，具备使用金融工具的便捷性以及广泛的社会动员能力，因而能够提供更符合成员期望的服务或产品，即通过低成本的生产性投入实现更大的集体福利，为鼓励当地就业、培养社会凝聚力和创造社会资本等做出贡献（Thomas，2004）。

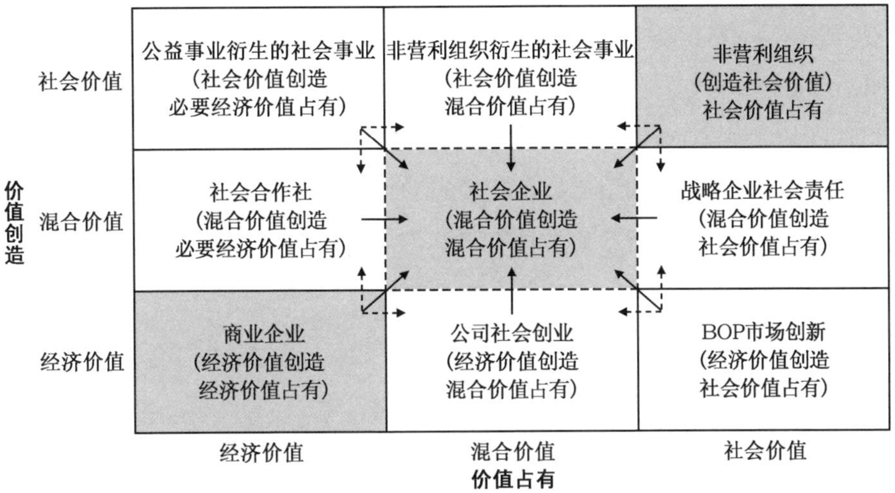

注:阴影部分表示平衡型组织(商业企业、社会企业和非营利组织),其余为非平衡型组织;实线箭头表示理想的演化路径,虚线箭头表示可能的演化路径。

基于价值驱动的社会企业组织类型

福建省邵武市台福源果蔬种植专业合作社联合社是合作社的典型。为保证所有合作社成员的收益,台福源强调发挥成员之间团结互助、集体联合行动的组织优势,开展统一生产经营服务。合作社负责前期项目选择和后端产品销售,合作社与农户建立利益联结,鼓励农户入社发展产业,帮助630多户农户通过土地流转、生产托管、作业务工、产品销售等方式实现户均增收1.2万元以上。

(3)公益事业衍生的社会事业(收费性慈善事业),其以社会价值创造为目标,但占有必要的经济价值以维持组织的运行。实践中涌现的共益企业(benefit corporation)、柔性利润企业(flexible benefit corporations)、低利润有限责任公司(low-profit limited liability corporations, L3Cs)等组织形式本质上均属于公益事业衍生的社会事业。

"书籍捐献者"项目是这一类型的典型案例。"书籍捐献者"是一家社会利益公司,它将二手书籍转化为资产的方法实现了社会、经济和环保三重价值。"书籍捐献者"从慈善机构、图书馆和其他合作机构那里获得稳定的二手书供应,再通过亚马孙等平台在互联网上进行销售。其销售额的四分之一用于支付给供应商,帮助他们为自己的事业筹集资金(实现了经济价值)。数以吨计的二手书从垃圾填埋场转移出来

（实现了环保价值）。为完成以上工作，"书籍捐献者"雇用残障人士和长期失业者，为他们提供培训和就业机会（实现了社会价值）。

(4)公司社会创业，强调创造经济价值并占有混合价值。公司社会创业是大型企业内部孵化社会企业或社会项目的行为，其主要目标在于惠及企业当前关键利益相关者之外的群体。为此，大型企业应着力创造有利的组织氛围、培育组织内部的社会创业者、将社会价值创造纳入企业的价值观、创造经济和社会双重价值以及与其他组织和政府建立战略联盟等（Austin 和 Reficco，2009）。

迷你案例

多多农园

公司社会创业存在着丰富的现实实践，典型代表如拼多多集团的"多多农园"项目。拼多多在云南建立了首个"多多农园"，不仅实现了咖啡消费端"最后一公里"和原产地"最初一公里"直连，而且提供了一整套解决方案和产业链，重构咖啡产业的价值环节。"多多农园"项目的实质，是通过建立一个产、销、研、加工一体化的现代化农业产业项目，以标准化、可控化实现保山咖啡的产品竞争力与品牌价值的提升，为当地农户在全产业链中赢得主体地位。

(5)社会企业，其以解决社会问题为使命，同时实现获取必要的收入以维持组织的可持续发展，因此其在运营过程中创造混合价值并占有混合价值。社会企业商业模式可划分为项目型、嵌入型、成熟型和潜在型四种基本类型。

深圳市诚信诺科技有限公司是社会企业的典型案例。诚信诺以为全球无电地区极端贫困人口提供可负担可持续的清洁能源及可持续发展方案为使命，挖掘使用高新技术解决环境与社会问题的巨大潜能，自主研发设计出售价仅 5 美元的太阳能灯，满足全球 12 亿贫困人口的照明需求，每年能够直接为 BOP 家庭节约 170 多美元，解决了巨大的安全隐患和生态环境破坏问题。

(6)非营利组织衍生的社会事业，这是非营利组织向社会创业的转型方式，其在创造社会价值的同时占有混合价值以实现组织的"自我造血"。非营利组织衍生的社会事业强调的是非营利组织属性和市场机制，即基于公益实体、采用市场机制、探索公益创新,表现出明确的公益宗旨、非营利价值、社会问题导向和实践能力(王名和朱晓红,2010)。

该类型典型代表如贵州纳桑红糖项目。纳桑红糖项目由李正方创办,在这之前他一直专注于贵州山区志愿支教服务的“大山小爱”志愿支教协会的工作。然而多年的支教经验使他们逐渐发现仅仅依靠教育无法解决留守儿童的问题,必须从发展当地产业来根本上改变当地乡村的社会现状。于是,李正方与当地农民共同建立册亨县木棉树土法红糖专业合作社,开始探索打赢脱贫攻坚战和山村教育发展的新模式。纳桑红糖上市后市场反应热烈,得到了消费者的青睐,首年销售额即突破 300 万元,实现了社会价值、经济价值的创造和获取。

(7)BOP 市场创新,其虽然主要目的是创造经济价值,但其根本出发点却是占有社会价值。针对 BOP 市场的商业模式应涵盖本地能力、价值主张、价值网络、关键活动和盈利模式 5 个部分(邢小强等,2011)。

典型案例如快手 BOP 包容性创新战略。快手以“公平普惠”为核心的商业模式深度契合 BOP 人群的教育水平、文化圈层和市场需求,挖掘了 BOP 人群的市场价值。无论短视频制作者是明星还是草根,快手都为其随机分配流量,使得长期被忽略的 BOP 市场用户可以在平台上传递信息、表达内容并获得关注和收入。借助快手平台,BOP 人群成为一个集消费者、生产者于一身的创新共建者,既促进了包容性发展,也使快手自身在短时间内迅速崛起。

(8)战略性企业社会责任,这是传统商业企业参与社会问题的方式,通过解决社会问题和创造混合价值,从而服务于社会价值占有或影响力扩大的最终目的。传统语境下,实践中涌现出点对点的原子式社会责任治理、传导式的线性化社会责任治理和联动型的集群式社会责任治理等多种范式(肖红军和李平,2019)。

例如,阿里巴巴公益基金会,基于自身互联网平台的优势,赋能公益机构应用互联网平台开展众筹项目,涉及扶贫助困、大病救助、教育助学等民生问题的解决。

(9)非营利组织,其创造并占有社会价值。

商业企业和非营利组织向社会企业转型或演化的过程即是社会创业的过程,而社会合作社、公益事业衍生的社会事业、公司社会创业、非营利组织衍生的社会事业、BOP 市场创新、战略企业社会责任等混合组织类型则是社会创业过程中的多样化表现形式。但这些混合组织具有暂时性、过渡性的特点,其最终的演化结果可能都是社会企业。商业企业、社会合作社、公益事业衍生的社会事业、公司社会创业、非营利组织衍生的社会事业、BOP 市场创新、战略企业社会责任以及非营利组织都存在向社会企业演化的趋势和路径。一方面，随着组织边界的不断模糊，以混合逻辑驱动、混合价值创造并占有为特征的混合组织形式迅速崛起，被认为是最理想的组织形式（徐虹等，2020）。因此纯粹创造和占有经济价值的商业企业或纯粹创造和占有社会价值的非营利组织有可能向创造和占有混合价值的社会企业转型。其中，商业企业需要增加社会价值创造和获取的能力，而非营利组织则要增加经济价值创造和获取的能力，并在转型的过程中实现社会价值和经济价值的平衡。另一方面，虽然社会合作社、公益事业衍生的社会事业、公司社会创业、非营利组织衍生的社会事业、BOP 市场创新以及战略企业社会责任等混合组织都在不同程度上创造和占有经济价值、社会价值或混合价值，但大多存在价值创造和价值占有不匹配的根本问题，即为"非平衡型混合组织"。非平衡型混合组织虽然在短期内能够缓解价值不匹配带来的冲突和矛盾，具备部分解决社会问题的能力，但无法真正解决价值不匹配问题，导致价值冲突削弱甚至破坏组织的可持续发展能力。因此非平衡型混合组织应遵循自身路径开展社会创业行动，补齐或增强经济价值、社会价值的创造和占有水平，实现价值创造和价值占有的匹配，并在这一过程中完成向平衡型混合组织——社会企业——转型。其中，合作社应该增加社会价值的占有，公益事业衍生的社会事业应该增强经济价值创造和社会价值占有，公司社会创业应增强社会价值创造，非营利组织衍生的社会事业应增强经济价值创造，BOP 市场创新应增加经济价值占有和增加社会价值创造，战略企业社会责任应增加经济价值占有。

三、结论与启示

基于结果视角、过程视角和混合逻辑视角的社会企业类型学研究无法清晰界定和完整辨别混合组织演化趋势下的社会企业类型，亟须新的类型学研究视角提供理论指导和政策依据。本文认为，组织价值驱动决定组织逻辑，组织逻辑驱动组织生成过程和组织结果，因而从组织价值驱动视角解释社会企业组织类型更具理论的彻底性，也能为演化中的混合组织现象提供更为合理的解释。本文研究结论和启示如下：

第一，社会企业分类是组织价值驱动的结果。已有类型学研究不能有效解释发展中的社会创业实践。结果学派缺乏关于社会企业价值创造和占有的考虑,过程学派虽然围绕社会企业价值创造过程展开,但忽视价值占有的维度,而混合逻辑学派则没有考虑混合逻辑背后运行过程中混合价值创造和占有之间的关系,因而上述三种学派的分类框架在实践中逐渐失效。本文认为,价值驱动是决定组织类型的核心要素,理解和定义组织类型需要回归价值本质,深入辨析组织价值创造与价值占有的关系。基于价值驱动的社会企业分类框架不仅能够有效识别演化中的社会企业类型,也可以作为未来界定混合组织类型的基本判定标准。

第二,社会企业分类是跨部门融合和组织演化的最终产物。理解社会企业分类必须从三大部门关系的变动着手。随着市场、社会和政府三大部门间跨部门合作的日益增多,传统部门边界在逐渐模糊,社会企业正是部门融合和跨界的结果。理解社会企业分类也必须考虑组织的变动。作为兼具混合价值创造和占有的平衡型混合组织,社会企业一方面来自社会创业的后果,更是来自各种非平衡型混合组织转型发展的结果。非平衡型混合组织内部价值创造和价值占有的失衡问题是驱动组织朝着价值均衡方向转型的根本矛盾和动力。由于组织资源禀赋、路径依赖以及发展阶段的不同,非平衡混合组织可能选择不同的转型路径,但其最终的演化结果往往是社会企业。

第三,社会企业分类是制定政策法规的前提。对种类繁多的社会企业进行有效分类,是制定各类针对性的政策法规的前提。在上述前提基础上,不同社会政策制定者应重视社会企业作为平衡型混合组织在解决社会问题中所发挥的重要作用,在法律或政策上将社会企业视为新的组织形式,进行针对性的认证、管理和监督,为社会企业以及社会创业的发展提供空间;社会企业家应基于组织价值视角确认组织身份,寻求组织认同,建立组织合法性,推进社会企业的健康发展;传统部门和非平衡型混合组织中的社会创业者应着力调整组织战略,实现混合价值创造和占有的匹配,逐步向社会企业转型。

第四,有必要超越社会企业分类透视混合组织发展的总体发展趋势。随着社会和市场力量的交融,组织间的跨部门合作不断涌现,组织边界正在逐步消融、模糊甚至被打破。平衡型组织的单一功能角色——仅关注经济价值或社会价值的创造和占有——愈来愈不符合社会期待和要求,组织必将承担多重角色,这也为混合组织出现成为社会的普遍期待。混合价值创造和占有也可能成为未来组织成长的核心战略。

本文认为，**纷繁的社会企业种类也可能仅仅是混合组织基于混合价值驱动的演变过程的结果，未来更应超越现有社会企业类型研究，透视混合价值、混合逻辑以及混合组织生产和演化的系统脉络。**

（原文由刘志阳、邱振宇发表于《珞珈管理评论》，2021年第1期）

中国社会创业发展现状调查

改革开放四十年中国经济发展取得了显著成就。进入新时代,社会主要矛盾转化为人民日益增长的美好生活需要和不平衡不充分的发展之间的矛盾,这种矛盾在环境、教育、医疗、就业、贫困、养老等社会民生领域尤为突出,全社会都在寻找一条更可持续、包容性发展的新道路。社会创业兼具社会性和商业性,可以有效融合商业创业、公益慈善和政策救济的各自优势,能够在维持自身持续发展的同时实现社会目标。作为推动社会发展的"第四推动力",社会创业已经在消除贫困、解决就业以及改善社会环境等领域取得了显著成效。上海财经大学中国社会创业研究中心联合相关机构,实施了社会创业专项调查,旨在跟踪中国社会创业的发展现状和存在的问题,进而提供政策建议。

一、中国社会创业发展现状

中国社会企业正在快速成长,超过50%的社会企业都是在过去五年内建立。在包容性和可持续发展的大趋势下,社会创业已经成为解决社会难题的新兴力量。当前中国社会创业呈现以下三个特征。

(一)中国社会企业家群体以高学历中青年为主,商业背景者居多

调查显示,92.3%的社会企业家都接受过高等教育,其中

75%的社会企业家接受过本科及以上教育,21%的社会企业家接受过硕士及以上教育,这说明中国社会企业家总体素质较高,也反映出社会创业活动的挑战性,需要社会企业家具备充足的知识和能力来应对复杂的社会问题,以及平衡经济和社会目标。中国社会企业家群体以中青年为主,30 岁以下、30～39 岁、40～49 岁比例分别为 25.00%、38.71%和 27.82%,50 岁以上的比例为 8.47%,这与商业企业家群体年龄分布大致相当。值得注意的是,社会创业者中女性的比例为 38.3%,显著高于商业创业中的女性比例(第十次私营企业调查,女性商业创业者比例为 16.3%),说明女性可能具有更强的社会价值取向。

中国社会企业家群体主要来源于两个渠道,一是由社会事业或公益事业者转型而来,二是由商业企业家转型而来。有 17.3%的社会企业家同时具有商业部门和社会部门从业经历。中国社会企业家商业背景者占多数,超过 60%的社会企业家曾拥有商业部门的从业经历(民营企业、外资企业和国有企业的背景分别占比为 36.29%、14.11%和 10.48%),而拥有非营利性部门从业经历的社会企业家有 43.55%(社会服务机构/民非、事业单位和社会团体占比分别为 16.94%、16.53%和 10.08%)。

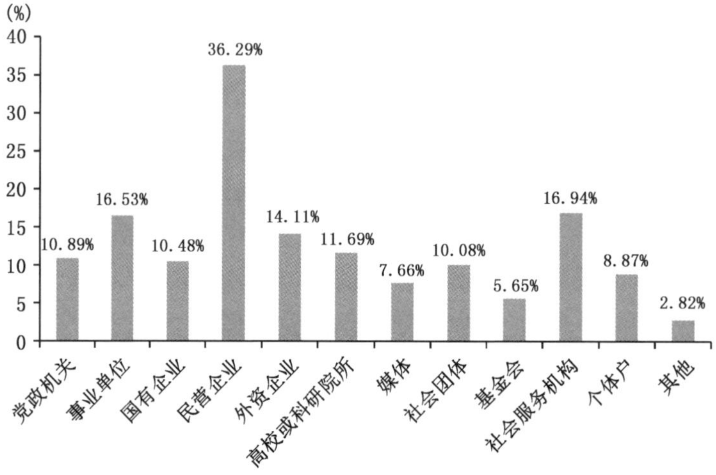

中国社会企业家群体来源分布

由这两个渠道转型而来的社会企业家在社会创业过程中也存在显著差异。首先,在注册形式上,由商业企业家转型而来的社会企业家注册为公司的可能性更高。数据显示,单纯具有商业部门经历的社会企业家选择注册公司比例为 32.7%,单纯具有社会部门经历的社会企业家选择注册公司的比例只有 24.6%。其次,在合作伙伴选择上,具有商业部门经历的社会企业家相比具有社会部门经历的社会企业家选择商业公司作为合作伙伴的比例高出了 15.9%;但是二者在社会部门合作伙伴选择上不存在明显差异,二者选择非营利组织或社会企业合作伙伴的比例均为 77%左右。

(二)中国社会企业多数处于初创和成长阶段,总体规模偏小

中国大部分社会企业都是 2000 年以后成立的,总体处于初创和成长阶段,发展历史非常短暂。调研显示,社会企业成立年限为 3 年以下的比例高达 46.77%,21.37%的社会企业成立年限为 3～6(含)年,18.15%的社会企业成立年限为 6～10(含)年,13.71%的社会企业成立年限为 10 年以上。

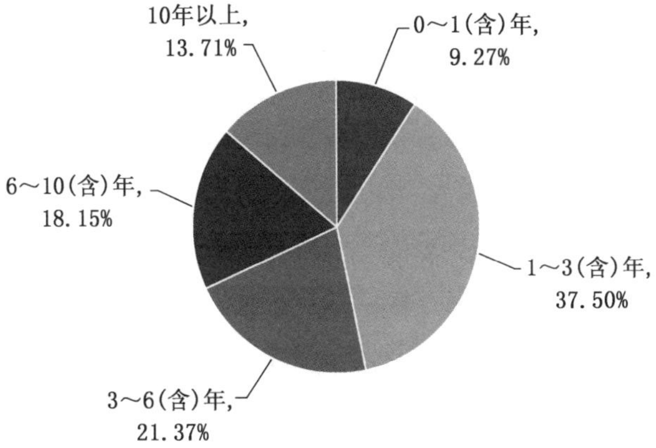

中国社会企业成立年限分布

中国社会企业在员工规模、服务范围和收入水平上规模普遍偏小。从员工规模来看,49.19%的社会企业员工为 10 人以下,25.40%的社会企业员工为 10～30 人,6.45%的社会企业员工为 31～50 人,6.85%的社会企业员工为 51～100 人,12.10%的社会企业员工为 100 人以上。从服务范围来看,22.18%的社会企业服务范围为本省,26.61%的社会企业服务范围为本市,5.65%的社会企业服务范围为本县,只有 42.34%的社会企业服务范围超出本省。从收入水平来看,66.13%的社会企业年收入不到 100 万元,23.39%的社会企业年收入在 100 万～500 万元,年收入在 500 万元以上的社会企业占比仅有 10.48%。即使是成熟的社会企业其收入也十分有限,调查显示,成立 6 年以上的社会企业中年收入高于 100 万元的社会企业比例仅占 23.8%。

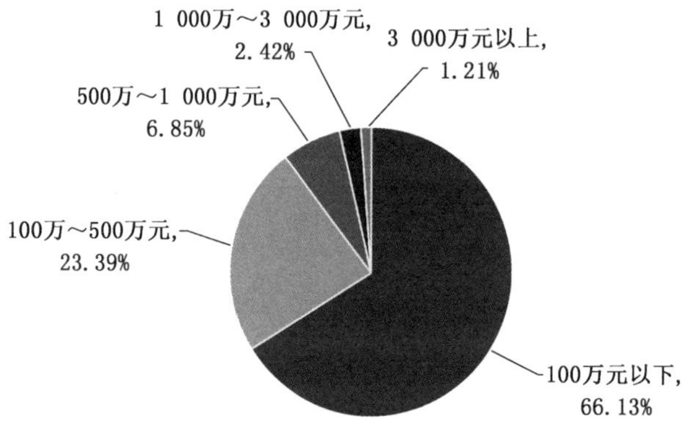

中国社会企业年收入分布

(三)中国社会企业行业分布较广,社会民生领域比重较高

调研显示,中国社会企业主要分布于教育培训、助残、环境保护、能源、农业及社会企业服务等多个行业。其中,教育培训行业占比最高达到19.35%,其次是社会企业服务行业占比12.50%,助残行业、妇女儿童行业、文化艺术行业、信息技术与互联网+领域、扶贫开发领域、养老行业、医疗健康行业、就业领域占比分别为10.48%、7.66%、7.26%、5.24%、5.24%、4.84%、4.03%和2.42%。这些领域大多属于社会民生领域,这也是新时代中国社会问题最为凸显和复杂的领域。

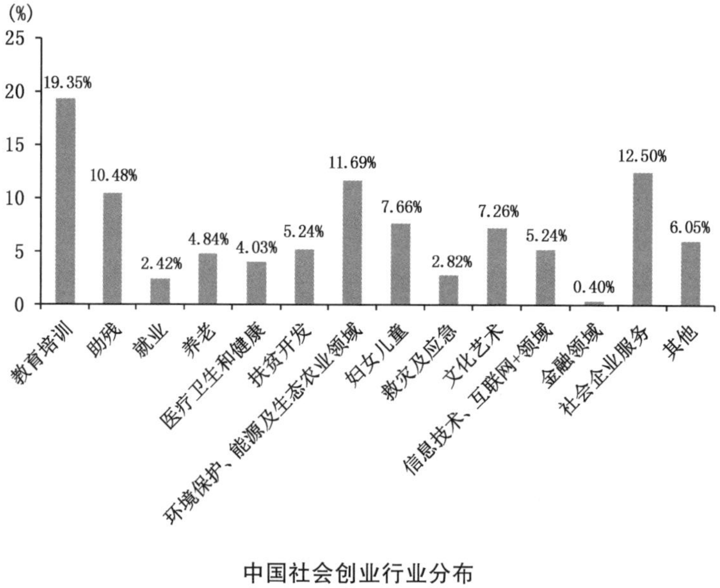

中国社会创业行业分布

二、中国社会创业发展瓶颈

由于发展历史短暂、体制不健全以及生态不完善等原因，中国社会创业也面临着严重的内外部约束难题。如何解决这些问题就变得十分重要，这也关系到中国社会事业建设的长远发展。

（一）合法性约束

中国社会企业作为新型社会组织，在发展过程中普遍面临难以被社会公众等利益相关者认同与接纳的合法性障碍，体现在两个方面。

一方面，缺乏规制合法性。调研发现目前我国社会企业注册形式主要有6类：一是民办非企业单位（社会服务机构）法人，这是我国目前社会企业的主要注册形式，占42.34%；二是公司法人，占比达31.05%；三是社会团体法人，占9.27%；四是公司法人和民办非企业单位（社会服务机构）法人两者都有，占6.85%；五是基金会法人，占1.61%；六是事业单位法人，占1.21%；此外，还有7.26%的社会企业尚未注册。我国法律目前对于社会企业这一新兴的组织形态还没有明确的定位，尽管个别地方出台了相关行政法规，但其对于社会企业的规制和引导作用仍然欠缺。

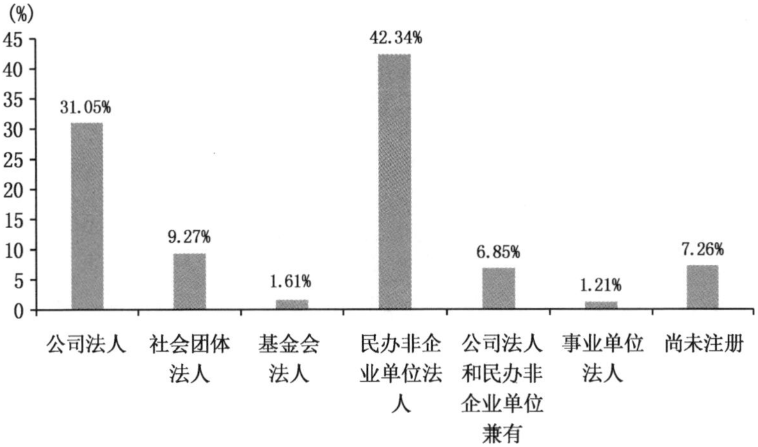

中国社会企业注册性质分布

另一方面，缺乏认知合法性。调研数据显示，仅有62%的社会企业表示非常愿意被称为社会企业，高达22%的社会企业表示不愿意被称为社会企业或对被称为社会企业存在顾虑。在我国，实质上虽然已经存在了很多社会企业，但社会企业这一特殊组织形式和概念目前还远未得到社会大众的认同。认知合法性的缺失也反映在社会企业招聘上，76.6%的社会企业表示在招人方面不顺利或存在困难。这一方面是由于社会企业在我国是一种新型事物，其被大众认同还需要一定的时间；另一方面更重要的是由于社会企业主要以公益组织和商业公司两种身份存在，注册的组织形式无法与社会企业的组织目标完全契合，从而容易在受众认知上造成偏差。

(二)融资约束

社会企业融资同传统商业创业一样，也会经历种子期、早期、成长期和规模化四个阶段的融资。所不同的是社会企业通常会集合公、私各种不同类型的资本。对应商业创业融资不同阶段的天使、VC 和 PE，一个理想化的社会企业的成长一般遵循以下路径：在种子期有孵化器捐赠或政府采购社会服务；早期阶段有众筹、基金会或企业捐资、社会天使投资；在成长期有公益创投等耐心资本；规模化阶段有影响力资本、私募风险投资或企业社会责任资本进入。目前，我国社会企业融资生态尚未建立。社会企业创建阶段融资约束更为突出，调研数据显示，64.52%社会企业的创业资金主要来源于自身储蓄，27.42%的社会企业创业资金主要来源于亲朋好友，仅有14.92%社会企业创业资金来源于外部投资，这说明中国社会企业的发展亟须社会天使投资的支持。

从社会企业融资的典型形式——捐赠和公益创投来看，面临诸多约束。首先，仅有 42.3%的社会企业获得过捐赠，超过一半的社会企业无法获得捐赠，这极大地限制了很大一部分还处于初创阶段的社会企业的发展。在捐赠资金来源方面，29.03%来自非营利组织或基金会，22.58%来自企业，17.34%来自个人，15.73%来自政府。这说明目前中国社会企业获取捐赠的来源总体多样化，但社会企业发展还未得到政府的充分支持。此外，在获得过捐赠的社会企业中，68.6%的社会企业是在 2010 年之后获得捐赠的，反映了我国社会企业融资渠道的发展明显滞后于社会企业的发展，难以为社会企业发展提供同步和及时的支持。其次，尽管超过 80%的社会企业希望引入公益创投，但事实上仅有 25.8%的社会企业获得过公益创投资金。之所以缺少公益创投参与，一方面是由于我国公益创投的数量少、规模偏小，调研显示，66%的社会企业获取的公益创投资金都低于 30 万元；另一方面是由于我国公益创投仍然没有建立起真正的创业投资机制，因而也未能有效地利用自身的市场化力量帮助社会企业实现规范和专业发展。调研显示,仅有37.5%社会企业对公益创投的指导服务表示满意,35.9%的社会企业甚至明确表示对公益创投的指导服务不满意。

(三)治理约束

调研显示,中国社会企业普遍未建立起完善的治理结构。仅有26.61%的社会企业建立了股东会,22.98%的社会企业建立了董事会,45.56%的社会企业建立了监事会,而"三会"都建立了的社会企业仅有6.5%。董事会不健全反映了社会企业治理与一般商业企业和非营利组织的不同,因为社会企业双重特性决定了董事会成员一方面需要懂得公益组织的管理知识,还需要了解一般商业企业的经营管理知识,这也导致了社会企业很难找到合适的董事会成员。"三会"的不完善直接导致了社会企业存在决策方式问题。调研显示,高达45.5%的社会企业无正式决策机构,重要事务的决策要么是由机构负责人决定,要么是由全体成员协商决定,这很大程度上降低了社会企业决策的科学性和高效性。社会组织党建工作早已纳入党建工作总体布局,但社会企业党建工作还未得到充分开展,仅有28.23%的社会企业建立党组织。调查数据显示,在建立了党组织的社会企业中,60%都获得了外部捐赠或投资(未建立党组织的社会企业中,这一比例为50.56%),75.71%都建立了正式决策机构(未建立党组织的社会企业中,这一比例为60.11%),51.42%年收入都超过了100万元(未建立党组织的社会企业中,这一比例仅为28.1%),说明了社会企业建立党组织的优越性。

中国社会企业治理结构不完善可能存在三方面原因:一是社会企业家对企业治理机构的重视度低,调研数据显示,仅有2%的社会企业家认为在现阶段加强内部治理的规范对企业本身发展是重要的,绝大部分社会企业都认为目前没有必要关注于内部治理结构;二是社会企业存在形式的不规范,目前我国还缺少对社会企业的统一规范,使得社会企业的治理结构的完善缺少外部动力和完善;三是专业管理人才的缺乏,调研数据显示,仅有9.3%的社会企业聘请了外部职业经理人进行企业管理,高达80.7%的社会企业反映了专业人才缺乏或从业人员专业知识缺乏的问题。

三、推动中国社会创业发展的对策建议

推动中国社会创业规范健康发展,助力社会事业建设,当下应该重点解决好以下问题:

(一)完善社会创业生态,构建合法性机制

一方面,要加强制度体制建设,从领导体制、法律制度、规章制度、市场制度等方

面着手，保障社会创业的合法性。具体而言，在领导体制方面，要坚持党委政府引导，党在社会组织中的重要性要加强。在法律制度方面，建立健全社会企业相关的法律体系，出台专门的社会企业规范条例和相关法律，为社会企业提供规范化支持和权益保障。在政策规定方面，应逐步建立社会企业的登记制度，明确将社会企业作为工商和民政注册之外的第三种注册形式，制定社会企业登记管理具体措施、办法、社会企业章程示范文本。在当前缺乏社会企业专门注册形式的情况下，工商和民政注册应做好明确区分，不能以纯粹的商业企业或非营利组织注册标准来评价社会企业，应降低登记注册门槛，简化相关程序。在市场制度方面，针对社会创业活动本身就是以创造社会价值为使命，税收政策上应给予适当的优惠，以鼓励社会创业活动开展。

另一方面，要健全社会企业孵化机制。中国多数社会企业成立时间短暂，缺乏一定社会网络支持和专业化运作经验，因而迫切需要给予全方位帮助，鼓励各类孵化平台、各方社会力量为社会企业提供孵化服务。在社会企业成立初期，要帮助其解决注册问题；在社会企业发展过程中，要帮助社会企业完善企业治理结构，建立有效的激励约束机制；在社会企业发展后期，要帮助社会企业建立可持续经营和规模化的能力。

(二)构建包容性金融体系，破解融资约束

包容性金融体系涉及社会金融工具、社会金融市场、社会金融中介和社会金融监管体系。社会金融工具包括早期的社会天使、社会众筹、小额信贷等，成长期的公益创投、社会责任投资基金等，后期的影响力投资、社会 PPP、社会企业股票、公益信托等，未来可以探索建立社会创业政府引导基金。当下尤其应推动公益创投应成为社会企业的主要融资方式，大力完善公益创投市场化运行机制；社会金融市场方面，中国迫切需要成立专门的社会企业交易所，为社会创业的资本运作提供新出路；在社会创业金融中介方面，推进社会创业服务的投行、律师事务所、会计师事务所、咨询公司、综合孵化平台等建设，满足社会企业不同的金融需求；应该积极发展支撑包容性金融发展的审慎监管制度。

(三)提高参与人员素质，推动规范治理

社会企业发展始终面临着使命漂移难题。一方面，要解决商业活动中利益相关者的诉求；另一方面要解决公益活动中受益群体的诉求，这就迫切需要完善治理结构来协调经济价值和社会价值的创造。一是要建立社会企业的评审认定标准，将治理结构规范性纳入其中作为通过认定和享受政策支持的必要条件，并通过建立社会企业信息公开披露制度来加强对社会企业治理规范性的监管。二是要发挥社会监督机制，推动第三方社会企业联盟、社会企业服务平台和社会企业评选机构等将社会企业的治理规范性提升到重要地位，作为获取服务和评奖的必要条件，促进社会企业自觉规范自身治理结构。三是提高社会企业人员素质，当前社会企业普遍缺乏专业管理人才，可借鉴欧洲社会企业的发展经验，通过期权、股份等方式吸引公益创投者等更高素质人员加入，分流部分不合格人员，形成专业化的管理团队，为规范治理结构提供基础。四是要加强社会企业党的建设，建立健全社会企业党建机制，充分发挥党组织在社会企业治理中的政治引领和政治核心作用。

（原文由刘志阳、李斌发表于《光明日报》，2018 年 9 月 24 日）

社会创业开辟脱贫攻坚新路径

东西部扶贫协作和对口支援是全面建成小康社会战略布局的重要举措。松江区高标准压实西双版纳帮扶工作，走出了一条有地方特色的帮扶道路。松江区经验表明“授人以鱼不如授人以渔”，扶贫协作关键在于帮助提升自我造血能力。社会创业追求社会价值和经济价值的平衡，侧重通过心理、技术、结构、能力的赋能增强贫困地区内生发展动力，强调以可持续方式和多个部门力量系统解决乡村发展过程中的贫困、教育和医疗等复杂社会问题，是切实巩固扶贫协作成果的创新方式，也是乡村内生发展的长效机制。

一、社会创业强调心理赋能激活创富意识

“自我造血能力”的实现，首先要有“自我造血”的信心和动力。贫困地区地处僻远，交通和通信不便，人们对外界信息了解不及时，对新事物接受度较低，一些百姓在长期努力后由于很难改变现状也就可能安于现状，个体的创富创业意识因而相对不强。社会创业注重借助外部力量对贫困人口心理赋能，强调转变保守的思想观念，开阔眼界，激活创富意识，提高脱贫致富的自信心。社会创业认为，一方面，乡村创业者在寻找机会的过程中，可以加深对本地区地理、物产、经济、政策等各方面的认识，也会对自身能力和社会资源进行恰当评估；另一方面，通过对外界相关企业和创业理念的了解和比对，可以

快速激活自身的创富创新意识,从而激活贫困地区内生发展动力。总部处于松江的拼多多在帮扶过程中,高度注重宣传脱贫方式的同时,非常注意从心理上对村民予以全方位支持。他们积极借助村干部、返乡毕业大学生和务工返乡青年等榜样力量,以身边人引导身边人的方式,影响更多的人加入脱贫攻坚的队伍中,起到了直接生动的激发效果。

二、社会创业强调数字赋能加快产业振兴

解决农村地区的贫困问题,离不开数字化的力量。数字化具有高效、便捷、普惠等一般特征,与贫困地区的基础条件差、资源相对缺乏、扶贫路径受限等发展实际之间具有天然的耦合性。社会创业强调借助数字化力量,打通贫困群众获取信息的通道,提高农民运用信息脱贫致富的能力,相比传统扶贫方式,在加快产业振兴上更具独特优势。这一方面能够打破时空限制,实时回溯并展现特色农产品生产现状,提升顾客消费欲望,带动特色农产品销售;另一方面通过网络可以打开老百姓的视野,提升农民数字化意识和销售技能,提升数字化知识学习热情。

在松江区的支持下,拼多多在南温上寨先行先试电商扶贫,公司扶贫部为当地青年进行系统的电商知识培训,帮助当地青年进入电商领域转型为新农人。拼多多后续还将在当地建立直播基地,更便捷帮助当地农民脱贫致富。

三、社会创业强调结构赋能形成系统帮扶制度

结构赋能倡导创建良好的外部环境并引入社会资本来解决社会问题,强调建立系统的援助机制,让个体在其中能够获得足够的信息、关系和资源。我国对口帮扶已形成了区域协作帮扶、部委定点帮扶、大企业帮扶、干部挂职帮扶、农业特派员制度、产业帮扶、电商扶贫、消费扶贫,以及教育扶贫等相应帮扶机制。这些帮扶制度调动了不同组织的资源优势,是不可或缺的外部资源条件,更是国家层面的脱贫攻坚制度安排,在乡村最初内生发展中起到了政策、资源、人才和管理的杠杆作用,也让老百姓看到了脱贫攻坚的决心和希望。

作为区域协作帮扶典型的上海松江—云南西双版纳扶贫协作农产品推介展,为西双版纳绿色生态农产品推向上海及全国开辟了新的窗口和平台。在前期工作中,西双版纳优质农产品松江直销中心及云品中心松江分中心的建立为建立绿色食品产

销对接关系、推动西双版纳特色产品进入上海市场做出了积极探索。未来，松江和西双版纳还将拓宽合作范围，共同优化农业产业体系、生产体系、经营体系，合力发展都市型现代农业；充分发挥两地优势企业的作用，加强两地农产品在生产、加工、销售等方面的深度合作，共同推动特色农产品的贸易与交流，实现共赢与发展。

四、社会创业强调能力赋能提高就业创业技能

能力赋能强调提升农村个体就业创业的能力。贫困地区人民由于受教育水平低，劳动技能相对单一，层次不高，人力资本积累不足，这也是制约乡村内生发展的根本原因之一。社会创业则侧重面向市场提供相关产品，对当地生产工人技术水平具有一定要求，势必要求对生产工人进行专业培训，由此带动贫困地区百姓就业创业技能的提高。

迷你案例

松江、西双版纳就业创业帮扶经验

"就业一人，脱贫一户，致富一家"，松江多层次开展贫困劳动力培训、多渠道组织西双版纳对口帮扶地区就业招聘、多形式帮助对口地区转移就业，每年都超额完成上级下达的指标任务。

松江区充分利用自身在松江大米的种植技术优势，将获得全国第二届水稻品种金奖的"松香粳1018"无偿提供给西双版纳，开展种源扶贫和种植技术培训，2020年在勐海县、勐腊县的种植面积已达250亩；曾在松江求学的大学生钱卫新毕业后选择了回乡创建蜂蜜产业，在勐腊县培训当地农民掌握专业蜂箱技术，产量相比传统蜂箱技术提高一倍。这些措施极大地提高了西双版纳老百姓的就业创业技能。

总之，松江对口西双版纳的扶贫协作模式，是充分利用社会创业方式实现赋能和可持续脱贫的有效路径，值得总结和推广。

（原文由刘志阳、施祖留发表于《光明日报》，2020年11月3日）

中国社会企业的生成逻辑

作为一种新的组织现象，社会企业介于传统商业企业和非营利组织之间，是倡导利用商业手段来实现社会目标的组织。①② 与商业企业以市场价值最大化为最终目的不同，社会企业则是以社会公共目标为使命，将创造性解决社会问题当作自身机会；非营利组织发展主要依赖私人慈善捐赠和政府补贴，社会企业则强调通过提供市场化产品和服务获取收入以维持自身可持续运行。社会企业在全球日益兴起，已成为推动社会发展的“第四推动力”。③

2018 年社会企业发源地英国已经有超过 10 万家社会企业及 200 万雇员，产值高达 600 亿英镑。④ 日本社会企业在 2014 年时已经突破了 20 万家，拥有 577.6 万雇员，附加产值高达 16 万日元。⑤

近年来，中国社会企业不断涌现，是推动社会民生事业发展的一股重要力量。⑥ 社会企业在中国的合法性开始得到地方政府认可。⑦

① Mair J, Marti I. Social entrepreneurship research: a source of explanation, prediction, and delight[J]. *Journal of world business*, 2006, 41(1):36－44.

② Defourny J, Nyssens M. Conceptions of social enterprise and social entrepreneurship in europe and the united states: convergences and divergences[J]. *Journal of social entrepreneurship*, 2010, 1(1):32－53.

③ 政府、市场和非营利组织通常被视为第一部门、第二部门和第三部门，参见刘志阳，金仁旻. 社会企业的商业模式：一个基于价值的分析框架[J]. 学术月刊，2015(3).

④ 数据来源于英国社会企业网，2018 年 11 月。

⑤ 数据来源于日本内阁府官网，2016 年 5 月。

⑥ 刘志阳，李斌. 中国社会创业发展现状及对策建议[N]. 光明日报，2018－09－24.

⑦ 成都市武侯区 2019 年 1 月 16 日颁发《成都市武侯区社会企业扶持办法(试行)》，将社会企业视为特定企业类型，引导社会企业协助解决社会问题、改善社会治理、服务弱势和特殊群体或维护社区利益。

社会企业在中国的产生是一个宏大的理论和现实命题。作为一种新的企业组织形式，中国社会企业生成与演化有赖于其所处的特定社会制度和文化土壤。深入理解中国社会企业的产生过程和其组织本质特征，迫切需要基于组织历史演化视角探索社会企业赖以生存的中国土壤及其塑造作用。本文研究可以拓宽已有社会企业研究的范畴；有关社会企业产生是“国家—社会—市场—儒家文化”四者调节结果的结论，将有助于推动现实社会企业政策的制定，为推动包容性发展提供指引。

一、中国社会企业产生的历史脉络

社会企业概念早在20世纪50年代就已经出现，但直到近年来社会企业才成为一个重要和有影响力的研究前沿。① 社会企业研究来自新公共管理学、社会学和创业学三个学科交叉研究的共同推动。② 新公共管理学倡导强调“行政吸纳社会”，政府应与私营部门、社会部门构建新型关系来改善公共服务状况，关注非营利组织向社会企业的转变问题；社会学研究关注推动社会变革的各种社会创新行动，强调如何借鉴商业化手段来解决日益复杂的社会难题；创业学研究将社会领域亟待解决的问题作为新的机会对待，倡导社会目标导向下的社会创业行动，并将社会企业作为社会创业的行动结果。③ 上述学科交叉研究的成果还在涌现，普遍认为社会企业这种新的组织现象突破了传统的“三部门”研究界限，这种强调混合价值目标的新的组织类型，很大程度上可以解决以往政府、市场和非营利组织所无法充分解决的社会问题。但是，社会企业这种新的组织现象为什么会在这个时代出现，中国社会企业又有什么本质特征？类似这样的根本问题在有限的文献研究中并未给予回答。

社会企业产生和制度背景高度相关。社会正式制度如政府积极主义、商业友好程度、产权制度质量以及地方政府影响力等，非正式制度如后物质主义、后现代化价值观、社会支持文化、社会资本等都会影响社会创业活动。④ 既有社会企业的研究成果从宏观视角来说基本漠视了中国独特的制度与文化情境，从微观视角看也缺乏从组织演化角度去理解社会企业的出现。中国作为最大的新兴经济体，不论从传统文

① Saebi T, Foss N J, Linder S. Social entrepreneurship research: past achievements and future promises[J]. *Journal of management*, 2019, 45(1):70－95.
② Short J C, Moss T W, Lumpkin G T. Research in social entrepreneurship: past contributions and future opportunities[J]. *Strategic entrepreneurship journal*, 2009, 3(2):161－194.
③ 刘志阳，李斌，陈和午. 企业家精神视角下的社会创业研究[J]. 管理世界，2018(11).
④ 刘志阳，庄欣荷. 社会创业定量研究：文献评述与研究框架[J]. 研究与发展管理，2018(2).

化和国家制度，还是企业家精神和市民社会发育，社会企业在中国的产生过程中都面临着有别于其他经济体的独特情境。在传统文化方面，传统儒家教化曾经在历史上持续、稳定、封闭地对中国社会各个方面产生着影响。[①] 近代中国第一批资本主义工商企业就由深受儒家文化影响的士大夫在洋务运动中直接推动产生。在国家制度方面，新中国初期建立起的国家集体主义制度塑造了国营单位办社会的功能，改革开放政府主导开启独特的制度变迁推动了包括福利工厂在内的中国各类正式组织不断变革和创新。[②] 在市场发育方面，由于企业家精神被禁锢将近 30 年才得以恢复发展，市场与企业组织在中国出现的时间也并不算长[③]，但是企业家精神总是引领着他们自身不断关注新的社会问题，将社会问题解决当作新的机会。在社会领域，市民社会一度被国家吞没，即使到如今国家仍然分类审慎地对待社会组织的发展，社会自治化与自我调节能力仍然处于发育与成长阶段。[④] 市民社会的崛起为中国社会企业的产生奠定了新组织形态产生的强大合法性基础。另一方面，以企事业单位为代表的正式组织的演进始终处于中国社会大规模制度演进的核心位置。[⑤] 为适应不同历史时期国家、社会和市场结构变化及其对企业组织的期待变化，组织存在的目标、运营活动以及组织特征也随着社会结构变迁而不断调整和演变，这为中国社会企业在今天的产生提供了可行的制度变动空间和现实基础。社会企业在中国先后经历了国营单位、社会福利企业、非营利组织、企业社会责任和当代社会企业等不同历史阶段。近年来，受益于市民社会的发育，出现了个体创建社会企业和非营利组织向社会企业转型的新现象。而市场经济的不断深化也直接推动了部分商业企业向社会企业的转型。社会企业历史生成演变过程的内在逻辑与中国儒家文化、国家制度、市场经济发育以及社会结构变迁密切相关，四者结合分析才是理解中国社会企业产生过程及其本质特征的关键所在。本文遵循组织演化视角与“国家—社会—市场—儒家文化”调整过程相结合，将有助于系统理解中国社会企业产生的合理化和合意性过程。

① 任继愈. 论儒教的形成[J]. 中国社会科学，1980(1).
② 周雪光，赵伟. 英文文献中的中国组织现象研究[J]. 社会学研究，2009(6).
③ 戴维·兰德斯，乔尔·莫克，威廉·鲍莫尔. 历史上的企业家精神：从古代美索不达米亚到现代[M]. 姜井勇译. 北京：中信出版社，2016：562.
④ 康晓光，韩恒. 分类控制：当前中国大陆国家与社会关系研究[J]. 社会学研究，2005(1).
⑤ 同上。

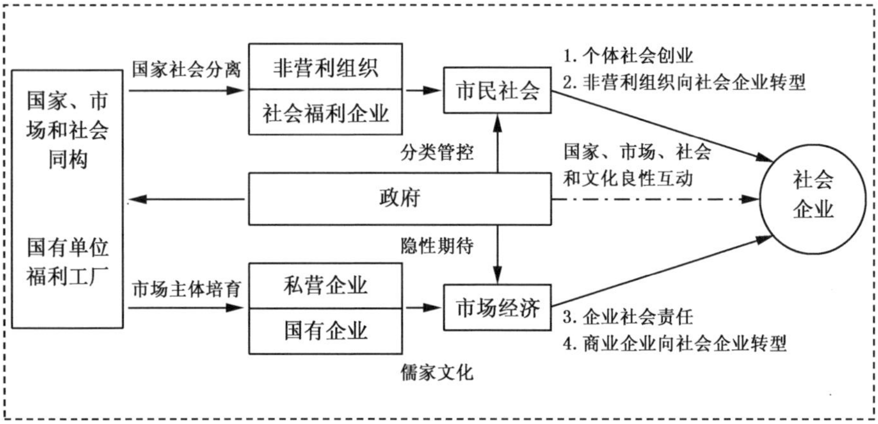

中国社会企业产生的历史脉络

二、儒家“义利平衡”观念与近代实业救国实践

社会企业是由社会企业家所创办的，这一群人在经营中往往崇尚义利兼顾的价值观和经营哲学，这也使其与以义为重的商人加以区别。[①] 追溯社会企业家义利兼顾思想，必须溯源中国儒家文化义利之辨传统。在《国语·晋语一》中就有“民之有君，以治义也。义以生利，利以丰民。”[②]即义与利两者相辅相成，并且当义利冲突时应当将义放在更重要的位置。以孔孟为代表的先秦儒家思想对传统商业领域的影响主要为两个方面：一是肯定了“利”是人性所在，“富与贵，是人之所欲也。”[③]肯定了道德和物质基础都是人类发展的必要条件。[④] 二是倡导义利统一，要“见利思义”，“见利思义，见危授命，久而不忘平生之言，亦可以为成人矣。”[⑤]即道德高尚的人在个人私利面前要考虑到这种利益是否符合社会公众的道德准则和社会整体利益。持有义利兼顾思想的先秦时期的代表人物包括儒商始祖子贡、“商圣”范蠡、“治生者祖”白圭等。义利兼顾的实践典型经常被提及的是北宋义田制度。北宋名臣范仲淹是义田发展的积极倡导者和推行者，鉴于当时的贫富差距加大，由贫入仕的士大夫通过兴办义田资

① 杜洁，张兰英，温铁军. 社会企业与社会治理的本土化：以卢作孚的民生公司和北碚建设为例[J]. 探索，2017(3).
② 徐元诰. 国语集解[M]. 北京：中华书局，2002：256.
③ 朱熹. 四书章句集注[M]. 北京：中华书局，1983：65.
④ 谭风雷. 先秦儒家义利观辨析[J]. 学术月刊，1989(11).
⑤ 杨伯峻. 论语译注[M]. 北京：中华书局，2006：168.

助义学以及修建家族公共事业。义田制度从宋代一直持续到清朝，不仅迎合了家族观念，也一定程度上克服了贫富差距的社会问题。① 明朝时期一度出现的“士商”融合趋势，在商业中进一步传播了儒家义利平衡的思想理念。鸦片战争后，在外国势力入侵与帝国危机的背景下，以李鸿章、张之洞、盛宣怀为代表的晚清洋务派官僚力图通过引进西方现代技术和管理方法来实现“自强”，直接催生了一系列官督商办或官商合办新式企业产生，以唐廷枢等为代表的买办则推动了这些近现代企业的发展，商人阶层的社会地位首次出现了显著质变，士大夫和商人之间已经日趋融合。当士大夫对儒家文化中崇高道德标准和高度社会责任感的追求与现代企业家对经济效率的追求这两种精神理念能够在商业领域融为一体，商业利益能够同国家与社会利益内在统一起来时，商业领域中“义利统一”价值观念的生成已经成为一种必然现实。这种“义利统一”社会价值观念随后体现在近代民族企业产生与发展的具体实践中。

甲午战争后，在不同程度上接受过传统儒学教育和儒家文化影响的爱国工商实业家先驱力图通过创办实业挽救民族危亡而登上历史舞台。② 这促使他们从传统商业精神脱胎而出，超越个人利益追求和企业商业利益本位，将实业根本目的同整个国家与民族命运联系起来。

迷你案例

近代社会企业家

以张謇为代表的民族企业家开启了近代民族工商企业的大时代，在《马关条约》签订的极大刺激下，他充分认识到“国非富不强，富非实业不张”，将实业救国视为士大夫不容推卸的责任，怀着“言商仍向儒”的崇高道德理想先后创办了以大生纱厂为中心的数十家现代企业。实业的成功使得张謇拥有资金贯彻“教育求国”，实践“父教育而母实业”救国主张，先后创立各类学校达数百所，在其家乡南通进行大胆的社会改革并大获成功，这些活动所需资金则主要来自大生企业集团的经营利润分配。这期间，清政府于 1904 年颁布的中国近现代首部公司法，解决了工商业企业主的出资安全担忧，首次从法律形式上确定了“股份有限

① 王日根.宋以来义田发展述略[J].中国经济史研究，1992(4).
② 朱震宗.解读儒商风范，重塑民企形象[J].图书馆杂志，2005(1).

公司”的企业组织形式，客观上为像张謇这样的爱国仁人义士通过振兴实业救国提供了制度保障，促进了爱国工商业者创办公司热潮。①

民国时期，中国“重化工之父”范旭东几乎在一无所有的基础上创立了永利化学工业公司，其创立企业目的更是站在了国家和民族利益的高度。范旭东幼年受过传统儒学教育，早年在日本学医转学与创业时期在欧洲考察的经历极大地促进其民族自尊。范旭东在日记中写道：“我国先有纯碱、烧碱，这只能说有了一翼；现在又有合成氨、硫酸、硝酸，才算有了另一翼。有了两翼，我国化学工业就可以展翅腾飞了。”②

同期，卢作孚于1925年在交通运输行业创立了民生实业公司，并在泸州进行大胆的文化与教育社会改革实验。卢作孚在其《超个人成功的事业，超赚钱主义的生意》一文表明了自己创建企业的目的：“我们做生产事业的目的，不是纯为赚钱，更不是分赃式地把赚的钱完全分掉，乃是要将它运用到社会上去，扩大帮助社会的范围”。

中国近代资本主义企业产生过程中蕴含着社会企业义利融合概念的最初雏形，众多中国近代企业的存在并非以营利为首要或者唯一目的，而是作为承载近代企业家群体爱国热情和民族情感的载体。

李屾在《论中国近代企业家的特点》一文中认为，近代企业家通常“具有强烈的民族情绪和爱国热情”，以及实业救国理想同高度的社会责任感相结合这两个特点。这种旨在富强国家和推动社会进步而非受个人私利和商业利润最大化所驱动的企业创办目的在随后涌现的几代近代企业家群体中均得以一直延续。③

民族企业家义利融合思想在中国近代的产生是一个概念逐步生成的过程。第一，在社会价值观念上，表现为近代士大夫崇高道德理想与现代企业家创新创业精神的逐步融合；第二，在企业运作方式上，实现了从“商业”到“实业”的转变，包括股份公司制度推广及其法律地位的确立，重视工业生产，积极引进西方先进的技术设备与管理方法，充分展示出企业家的竞争意识、冒险和创新精神；第三，在企业发展目标上，近代企业组织实现了以单一企业利润为中心向以富强国家和服务社会为目标的转

① 张忠民.清末民国公司法变迁史[J].管理学家:实践版,2013(11).
② 全国政协文史资料研究委员会.化工先导范旭东[M].北京:文史资料出版社,1987:114.
③ 李屾.论中国近代企业家的特点[J].中国经济史研究,1994(3).

变，国家和社会利益成为企业诞生和经营活动的首要目标和根本驱动力，完整地诠释和实践了义利统一的内涵。

近代典型民族企业家

代表人物	张謇（1853—1926）	范旭东（1883—1945）	卢作孚（1893—1952）
代表公司	大生企业集团	永利化学工业公司	民生实业股份有限公司
企业使命	“通州之设纱厂，为通州民生计，即为中国利源计。”①	“（一）我们在原则上绝对的相信科学；（二）我们在事业上积极的发展实业；（三）我们在行动上宁愿牺牲个人顾全团体；（四）我们在精神上以能服务社会为最大光荣。”②	“服务社会，便利人群，开发产业，富强国家。”
企业家创办企业的定位	“时局至此，若专谋个人之私利，虽坐拥巨万，又何益哉！”③	“创办当初，大家有个信念，就是……我们无不注重国家利益，竭诚贡献，绝不为一家私业稍留后手。”	“民生公司最后的意义绝不是帮助本身，而是帮助社会。”④

三、单位办社会体制与当代福利企业产生

国家、社会关系的根本性重组直接影响了组织的演变。新中国成立后建立起了适应当时中国国情的中央集权体制、单体社会管理体制以及单一公有制与计划经济体制。国家集体主义制度成为儒家文化之后主导组织生成与演变的强制性力量，塑造了国有企业单位的社会功能属性，也直接推动了当代福利企业的产生。国营单位也是最接近“社会企业”原型的最早组织形态。

（一）单位办社会体制的形成

公私合营作为中国近现代企业制度的重大历史转折，标志着以公有制为基础的公有企业制度全面确立的开始。⑤ 诞生于近代时期的大生集团的张敬礼、荣氏集团的荣毅仁以及新民化工厂的毕鸣歧等近现代民族工商实业者在公私合营时期积极主动适应社会改造，以国家和社会利益为重，放弃私人企业控制权转而投身社会公益事业。与近代受儒家文化影响的爱国实业家主动通过兴办企业来富强国家和投资教育

① 张謇．张謇全集：第3卷[M]．江苏：江苏古籍出版社，1994：17.
② 本团体信条．海王，1934－09－20.
③ 张謇．张謇全集：第4卷[M]．江苏：江苏古籍出版社，1994：112.
④ 凌耀伦，熊甫．卢作孚文集：增订本[M]．北京：北京大学出版社，2012：319＋187－188.
⑤ 张忠民．“公私合营”研究（1949 — 1956）：以上海工业企业为中心的分析[M]．上海：上海社会科学院出版社，2016.

不同，后期在强国家、弱社会和市场缺失的宏观社会结构下，国营单位组织成为适应单位体制而被允许合法存在的集政治、社会和经济三种功能于一体的一种“国家单位”，国家利益和社会集体利益取代商业利益成为其存在的首要目标。首先，除了早期的极少数公私合营企业外，现代企业家基本被具有行政级别的单位经营者所取代，后者由上级指定的行政官员担任并且执行上级指派的包括资源生产与分配的各类命令，从而能够更好地服从国家意志。其次，由于国家推行强制优先发展工业的“强制性经济增长战略”①，在私营经济被压制的状态下，城市服务业几乎陷入停滞，单位解决社会问题成为其存在的必要功能，即单位办社会。

刘建军在《单位中国：社会调控体系重构的人、组织与国家》写道，“单位组织直接承担着汇聚资源和提供公共产品的功能，国家通过各类单位完成资源的再分配，提供社会成员自身生存和发展的必要资源，导致个体高度依赖单位组织。”②国营单位不仅是一个经济单位，俨然还是一个“社会单位”，需要提供单位集体所需要的各类社会保障、医疗与社会服务。日本学者山本恒人在其著作《工业化与中国社会主义的形成：现代中国的变革》中对当时著名的重庆钢铁公司的描述从微观企业组织层面印证了国营单位的社会属性：“以重庆钢铁公司为例，其拥有职工5万名、幼儿园15所、小学17所、中学7所、高中3所、职工住宅25 436套，除中心医院以外，在工厂的17个生活区还有3个医疗站，照顾着17 000人的退休职工。”③可以说，单位几乎等同于企业和社区的综合，是单位雇员从“摇篮到坟墓”全方位社会义务的承担者。

最后，国有企业单位自主权被严格局限在经营管理层面，但仍然存在着国有单位经营者优化管理制度的组织创新。鞍钢宪法作为国家推动的国营单位组织创新的制度，在当时是重要的社会创新，扩大了企业经济民主，促进了内部群体协作，提升了企业经营效率，实际上突破了早期单位制中模仿苏联强调厂长个人权威的“一长制”管理模式，一定程度上提高了社会生产力和社会资源利用效率。

总之，作为一种高度的制度化组织，国有单位办社会是单位体制下的一种必然的制度安排结果，通过计划手段和单位“小社会”构建也直接解决了很多社会问题，这也是其被认为是“社会企业”原型的原因所在。但是除了鞍钢等少数企业，国有企业单

① 科尔奈.社会主义体制：共产主义政治经济学[M].张安译.北京：中央编译出版社，2007：118.
② 刘建军.单位中国：社会调控体系重构的人、组织与国家[M].天津：天津人民出版社，2000.
③ 山本恒人.工业化与中国社会主义的形成：现代中国的变革[M].日本：世界思想社，1994.

位过度依赖计划与制度资源导致无法激活组织的内部活力效率，也影响了其社会事务功能的进一步发挥。随着改革开放催生了市场机制，国有企业单位开始弱化“单位化”的国家行政控制，并且逐步剥离“企业办社会”的社会功能，加速向纯粹的市场化运作的经济组织转型。

（二）福利工厂及其转型

迷你案例

福利工厂

在社会民生领域，20 世纪 50 年代初期国家就鼓励创办旨在专门解决残障人士等社会弱势群体就业问题而设的工厂。1956 年后，民政部逐渐把一部分自救性生产单位调整为专门安置残疾人的福利工厂，即为后来的社会福利企业。[①] 1978 年民政部成立后不久便将安置盲、聋、哑、残人员单位收回管辖。1981 年 5 月国家开始出台政策文件保护和支持社会福利工厂的发展。次年年底，由民政部门举办的县级以上的社会福利工厂数量已经有 1 602 个，拥有 18 万多的职工，其中有 6.4 万多的盲聋哑残职工人员。[②] 为了解决福利工厂长期亏损无法可持续运作的难题，1985 年初各地民政部门开始将市场机制引入社会福利领域，陆续推动福利工厂实行政企分开，鼓励企业化运作，一些地方比如天津、辽宁等开始实行厂长负责制试点工作和试行经营承包责任制。由此，推动了社会福利工厂向社会福利企业的转型，激活了组织活力与效率，带来了较快增长。1985 年民政部对社会福利工厂作了属性定位，社会福利工厂本质上属于“企业”范畴，需要坚持走企业化管理的方向，将提高经济效益视为发展和巩固社会效益的前提。[③] 此后在市场取向改革全面展开阶段（1985—1992 年），社会福利企业发展迅速，全国从 1986 年共有社会福利企业 19 865 个，职工 88.6 万人增加到 1991 年末的 43 758 家，职工 170.2 万人，创造了更多的就业岗位的同时经济效率显著提升，年总产值也由 68.7 亿元翻了将近 5 倍到 412.6 亿元。[④]

① 时立荣，徐美美，贾效伟. 1949 年以来我国社会企业的产生和发展模式[J]. 东岳论丛，2011(9).
② 崔乃夫. 当代中国民政[M]. 北京：当代中国出版社，1994：312.
③ 北京市崇文区民政局课题调研组. 社会福利企业发展的政策研究，2008－08－07.
④ 数据来源于民政部《民政事业发展统计公报》(1986 年和 1991 年)。

社会福利企业的产生是国家尝试借助市场的力量来承担部分政府责任，即实现解决残障人士就业的社会公益目标的结果。社会福利企业的组织特征表现为在社会使命上延续了“企业办社会”的历史传统和组织印记，在企业运作上逐步引入市场效率机制实现从行政化向市场化运营管理模式转变，作为独立的市场主体参与市场竞争，能够将帮助弱势群体就业同提高市场效率有机结合起来。在强国家、弱社会向国家与社会分离转型的过程中，社会福利企业虽然逐步引入市场运作方式，兼具经济性和社会性，但是仍然缺少企业家精神引领下的内生驱动力，这为后续社会力量借助社会企业进入社会福利领域提供了现实空间。

四、企业社会责任与社会企业涌现

改革开放后中国开始逐步走向政治民主化、经济市场化与社会自治化的现代化。面对失衡的经济和社会问题，政府对企业承担社会责任始终抱有隐性期待；市民社会发育为社会企业产生奠定了社会参与基础，出现了非营利组织向社会企业的转型现象；社会创业的相继出现更是提供了社会企业产生的直接市场条件。

（一）企业参与社会与政府隐性期待

1988 年国家层面对私营经济出台了《私营企业暂行条例》等一系列政策，促进了城市具有独立产权的个体经营户和私营企业的发展。至此，起源于近代的中国现代企业家精神在禁锢近 30 年之后得以较快恢复、发展和壮大。1992 年 10 月，中共十四大明确建立社会主义市场经济体制的改革目标，市场取向改革提速。国有企业在市场与制度变迁下加快剥离“企业办社会”的历史包袱，努力实现市场化导向运作。私营企业作为市场经济的重要市场主体也开始高速增长，从 1992 年的 13.9 万家增加到 2017 年的 2 726.3 万家。企业家作为社会的一个阶层已经整体出现，企业家精神的觉醒是中国商业社会的形成与发展的驱动力，引领市场经济不断向纵深发展。然而，在“全面市场化”逻辑指导下，企业作为市场微观主体过度追逐利润也给社会带来诸多问题，甚至一度出现社会问题的持续塌陷，如医疗教育不公平、贫富差距、生态环境恶化以及食品安全等问题。同时，1994 年开始实施的分税制改革使得地方政府考核指标发生变化，地方官员晋升“锦标赛”使其将经济目标置于首要目标。[①] 地方政府

① 周黎安.晋升博弈中政府官员的激励与合作:兼论我国地方保护主义和重复建设问题长期存在的原因[J].经济研究,2004(6).

注重追逐经济增速而弱化了社会公平与生态环境等社会公共产品供给激励,社会公平与生态环境等社会问题持续恶化。[①]政府从社会福利责任的退出以及对社会体系培育的不足导致社会公共品供给不足都加剧了社会与经济发展的失调。[②]

面对过度市场化导致的社会失序,政府越来越希望通过引导企业参与部分解决社会问题,通过规范和完善现代市场体系来克服市场失灵,实现社会包容发展。2005年新《公司法》第一次对企业履行社会责任进行了法律规定并且正式施行。2006年中共十六届六中全会将企业社会责任写入报告,明确要"着眼于增强公民、企业以及各种组织的社会责任"。这些表明了政府对企业承担更多社会义务具有隐性的期待。从企业视角出发,企业也需要从所处的社会经济环境中获取资源,与政府保持良好关系也就显得尤为重要。由于政府在公共资源配置上拥有的自由裁量权,企业和企业家也愿意将履行企业社会责任视为一种公司政治策略来迎合政府以获取非市场体系资源[③]和正当性[④]。例如,"5·12"汶川大地震后,具有政治关联的上市公司更加积极地参与灾后慈善捐款,捐款水平也更高。[⑤] 对国有企业而言,其性质与目标使得企业承担社会责任不仅作为迎合政治任务的需要,也满足了社会对国有企业行为的客观期待,以克服过度逐利冲动对企业自身和社会经济发展带来的负面影响。[⑥] 在政府引导下,"光彩行动"成为企业家参与社会问题解决并联结政府和社会的一种高度策略性的适应结果。根据国务院扶贫办披露的数据,截至2018年底,参与"万企帮万村"扶贫行动的民营企业超过了5万家,精准帮助6万多个村庄脱贫,产业投入近600亿元,安置就业超过50万人。同年,1 170家上市公司披露了扶贫信息,扶贫投入552亿元。

企业是社会的器官,不仅是为了满足某种特定的市场需求,也需要承担对社会的责任。[⑦] 20世纪90年代对过度市场化的全球反思,引发了西方企业社会责任运动。这样的思潮随经济全球化进入中国后,中国企业家很快将西方企业社会责任实践与中国儒家"义利统一"的商业伦理结合起来。这些企业家主动通过完善公司治理水平

① 练宏.弱排名激励的社会学分析:以环保部门为例[J].中国社会科学,2016(1).
② 徐月宾,张秀兰.中国政府在社会福利中的角色重建[J].中国社会科学,2005(5).
③ 李四海.新政治经济学视域下的企业社会责任:一个分析性框架[J].社会学评论,2018(3).
④ Marquis C, Qian C. Corporate social responsibility reporting in China: symbol or substance? [J]. *Organization science*, 2013, 25(1):127-148.
⑤ 贾明,张吉吉.高管的政治关联影响公司慈善行为吗?[J].管理世界,2010(4).
⑥ 黄速建,余菁.国有企业的性质、目标与社会责任[J].中国工业经济,2006(2).
⑦ 彼得·德鲁克.管理的使命、责任、实务(使命篇)[M].北京:机械工业出版社,2006.

来促进企业社会责任行为,[①]将承担社会责任视为一种符合企业长远利益和赢得社会声誉的公司行为。

由此,政府和企业在经济发展过程中逐渐形成了另一种互相促进、互融共荣的新型关系。企业在追逐商业机会和市场效率方面要携手政府共同推动经济高质量发展;在社会方面要通过公共部门与私营部门合作进入部分社会公共领域或者通过企业服务社会来迎合政府期待,促进市场完善和社会进步。这一时期在企业服务社会问题上,政府虽然由强制转为隐性期待,但仍为中国社会企业的产生奠定了制度基础。

(二)市民社会发育与非营利组织转型

市民社会的发育为社会企业在中国的诞生奠定了社会参与基础。自 1988 年中国恢复社会组织登记起,社会组织数量从 4 446 个增加到 1992 年的 82 814 个。但社会部门发育和市民社会自治化与市场经济的发展程度相比仍然相当落后。面对"单位社会"向市场社会转变之后出现的"社会失灵",2006 年国家正式提出社会主义和谐社会建设,旨在通过发展社会组织和培育自治意识的公民来促进社会部门的发育。民非组织从 2000 年的 2.3 万家增长到 2007 年的 17.2 万家,涉及教育研究、社会服务与卫生保健等社会领域。[②] 2008 年汶川地震救灾和灾后重建过程中直接催生了一批民间公益组织。2012 年底非公募基金会占基金会比例已经超过一半。这些方面都壮大了个体和企业公民参与解决社会问题的组织力量,但总体上中国非营利组织在独立性方面仍然深受政府影响,在自主性方面呈现"依附式自主"的特征。[③]

在审慎监管大背景下,社会组织解决社会问题的活力没有办法得到有效激发,社会自我调节能力不足。社会领域中一些受儒家精神影响的知识分子开始自主探求解决社会问题的社会实验。1994 年中国社会科学院研究员杜晓山在河北省易县率先引进社会企业格莱珉银行模式,创立了"扶贫经济合作社",为农民提供小额贷款服务。这期间,西方社会企业概念传播至中国也为公民参与社会建设提供了新的方案。北京大学医学院刘纪同教授 2004 年首次将"社会企业"概念引入中国。[④] 2006 年格

① Low K C P, Ang S L. Confucian ethics, governance and corporate social responsibility[J]. *International journal of business and management*, 2013, 8(1):30-43.

② 赵立波.民办非企业单位:现状、问题及发展[J].中国行政管理,2008(9).

③ 王诗宗,宋程成.独立抑或自主:中国社会组织特征问题重思[J].中国社会科学,2013(5).

④ 刘纪同.中国社会工作研究:第二辑[M].北京:社会科学文献出版社,2004.

莱珉银行创始人尤努斯在获得诺贝尔奖当年就受邀访问中国,推动了社会企业概念在中国的大规模推广。2008—2016 年,英国大使馆文化教育处(BC)在中国开展的“社会企业家技能项目”,进一步推动了社会创业理念的扩散。社会企业相比民办非企业单位具有“自我造血”市场运作功能,相对官办社团具有自主自治活力,这些都使得其成为更多公民变通参与社会的优先选择。很多非营利组织开始筹划向社会企业转型,例如上海浦东恩派公益发展中心逐渐发展为一家资助型社会企业。

社会企业是公民自下而上变通参与社会和理性社会行动的新型组织形态,能够将市场运作方式与公民权利发育有机融合起来,借助社会创新活动可持续地解决社会问题,促进社会公平和市场机制完善。随着国家为市民社会自治化进一步释放了制度空间,更多非营利组织自我转型成为社会企业,越来越多自治意识觉醒的公民自发地加入社会企业的创建中,形成良好的社会创新文化与社会参与基础,这为中国社会企业的产生奠定了新组织产生的强大合法性基础。

(三)社会企业大规模涌现

社会企业的大规模涌现更是与社会企业家群体的崛起有关,他们创造性地将尚未解决的社会问题当成新的商业机会,从而更加能动和积极参与社会问题的解决,这些普遍的社会创业活动不仅催生了社会企业这种新的组织现象的大规模存在,也间接推动了新的社会市场的产生。企业可以基于盈利前景而非单纯的企业社会责任活动来解决社会弱势群体的社会问题,即通过社会创新使得企业在帮助社会解决贫困问题的同时也能够获得丰厚的市场回报。① 通过激发低收入弱势群体巨大市场的潜能,利用破坏性创新商业模式将低收入群体纳入市场体系,从而形成以 BOP(Bottom of Pyramid)市场为主体的社会市场。②③ 社会市场是一个新的蓝海,社会企业可以从该市场获得市场回报,BOP 群体等受益对象也可以参与分享收益。④ 这种 BOP 模式还可以迁移到高端市场或者服务于其他商业市场,从而为企业提供了更大市场范围的竞争优势。

近年来,在包容发展大背景下,社会企业家创新精神驱动的社会创业活动已经成

① Prahalad C K, Hart S L. The fortune at the bottom of the pyramid[J]. *Strategy and business*, 2002: 54 - 54.

② Hart S L, Christensen C M. The great leap: driving innovation from the base of the pyramid[J]. *MIT Sloan management review*, 2002, 44(1): 51 - 56.

③ Hart S L. Innovation, creative destruction and sustainability[J]. *Research-technology management*, 2005, 48(5): 21 - 27.

④ 仝允桓,周江华,邢小强. 面向低收入群体(BOP)的创新理论:述评和展望[J]. 科学学研究,2010(2).

为解决中国社会问题的新生力量。中国社会企业现阶段发展的重要特征有:(1)社会企业家群体逐渐崛起。中国社会企业家主要以中青年为主,学历较高,过半有商业履历。值得注意的是,女性社会创业者占比不低,女性创业者以自己独特的优势和方式积极地参与解决社会问题。① 这些富有创新精神和变革勇气的企业家将特定社会问题当作社会市场,并且鼓励和号召更多社会力量投身改造社会的商业活动中。(2)社会企业数量不断增加。尽管中国社会企业大多仍处于初创或者成长阶段,超过 50%的社会企业是在过去 5 年内建立,但是这些企业增速较快,正在成为解决中国实际社会问题的新兴力量。截至 2018 年,四届中国慈善会社会企业认证累计有 1 351 家机构申报认证,其中有 234 家社会企业获得认证。(3)社会创业生态网络初步形成。公益创投、社区、研究中心、商业企业、慈善组织等社会企业支持力量交流与合作网络正在形成,推动在全球范围内产生可行解决方案。

社会企业基于机会导向和社会创新的组织特征,使其能够创造性地将社会价值和长期市场回报结合,有机融合了市场与社会的传统边界,是链接商业和社会弱势群体的一座桥梁,回应了企业家"致良知"的道德需求与市民社会包容发展的迫切需求,是政府创新社会治理的天然伙伴。社会企业对社会公共品的有效补充与社会治理的协调功能为其赢得了中国地方政府的认可和支持。2011 年,北京市首次提出要积极扶持社会企业发展。② 2018 年,四川省成都市发布了关于《成都市人民政府办公厅关于培育社会企业促进社区发展治理的意见》《关于发挥工商行政管理职能培育社会企业发展的实施意见》等系列文件,这些文件一定程度上肯定了社会企业作为新型组织形态的合法性。如今,企业家精神引领下的社会创业活动日益成为一种同商业创业同样重要的创业活动,社会创业的大规模普及推动了社会企业这种新组织的扩张。

五、结语

(一)社会企业产生是国家、市场、社会和儒家文化四者关系不断调整的结果

在中国独特情境中,社会企业生成是组织逐步演进的过程,本质上是市场经济完善、市民社会发育、政府调控和儒家思想文化共同推动的结果。首先,儒家义利兼顾思想是中国社会企业产生的思想根基。无论是近代民族企业家实业救国实践还是现

① 刘志阳,李斌.中国社会创业发展现状及对策建议[N].光明日报,2018-09-24.
② 中共北京市委关于加强和创新社会管理全面推进社会建设的意见[N].北京日报,2011-06-08.

代企业家主动践行社会责任的儒商担当,儒家"义利统一"观念始终伴随着中国企业家的安身立命和企业组织的历史演变,这也为社会企业这类新型组织现象的产生奠定了价值观基础。其次,国家集体主义制度和政府隐性期待是社会企业产生的制度基础。在政府社会高度同构下,国营单位和社会福利工厂承担了单位办社会的职能,尽管缺乏企业家精神的驱动,但可以说是"社会企业"的最早原型。在市场机制的推动下社会福利工厂转型为社会福利企业,其追求经济效率的组织特征得到进一步强化,更加接近现代意义上的"社会企业"。随着政社、政企的进一步分离,企业逐步成为独立的市场主体,但企业仍然需要承担社会义务来回应政府的制度压力或者隐性期待,中国社会企业的产生正是高度契合和适应这种制度压力的结果。再次,市民社会发育为中国社会企业产生奠定了参与基础。受益于国家提供的制度空间和市场经济提供的资本支持,社会建设加速了市民社会的发育,公民自治意识和理性行动能力得到了长足发展。具有创新精神和自治意识的公民主动通过社会创业活动变通参与解决社会问题,这种广泛的社会参与扩充了社会企业家的队列,增加了社会自治化的组织力量,正向促进市场机制完善,协助政府提升社会公共品供给效率,为市民社会带来美好变革。最后,社会创业活动的普及是社会企业产生的市场条件。伴随西方社会企业理念的引入,部分企业家基于机会导向,主动识别、开发和利用潜藏在社会市场中的社会机会,通过社会创新推动社会问题解决,社会企业由此开始成为企业家社会创业的主动结果。在政府的支持下,非营利组织开始谋求向社会企业转型,部分商业企业也在企业内部进行社会创业试验,社会创业开始成为一种有潜力的蓝海市场。综上可见,中国社会企业不仅是有效解决社会问题的理性化工具,也是社会结构调整塑造的合意性结果,其产生更是"国家—社会—市场—儒家文化"范式渐进变迁的结果。

(二)中国社会企业区别于西方社会企业的本质特征

中国社会企业的产生既有西方社会启蒙的影响,但更多是基于中国特殊的土壤产生的,在其生成过程中具备了有别于西方社会企业的本质特征:(1)义利兼顾。义利观是先秦儒家文化的核心思想之一,对中国本土社会的影响深远。以张謇为代表的民族企业家将儒家文化中天下为公的崇高道德理想追求和社会责任感与现代新式企业组织形式结合起来,赋予了现代社会企业义利兼顾的精神理念,这也是激励无数当代中国社会企业家追求义利平衡的核心理念。相比较,西方社会企业的产生更多是国家福利制度转型背景下非营利组织的一种被动变革。他们强调的社会价值和经济价值的统一大多也是基于组织可持续发展的物质需要。而中国社会企业家普遍相信"天人合一",他们更多将企业作为安身立命之本,社会企业是其家国情怀的外化结果,因而"义利统一"这种内嵌的社会企业核心理念是具有儒家文化传统基因的中国社会企业家的主动精神结晶。(2)机会导向。社会企业家将社会问题当作机会,通过社会创业推动社会价值和商业价值创造。从这一点看,中国社会企业似乎并未迥异于西方社会企业,两者都遵循机会导向的逻辑。但由于中国经济发展阶段、社会结构和面临的问题不同,中国社会企业面临的机会也会存在差异,在进行社会创新、合法性构建与资源获取等机会开发过程中也有着与西方社会企业不同的情境和规律。(3)企业家变通参与。改革开放后社会结构转为"国家、市场和社会"的三元结构,但政府仍然是市场和社会背后最为重要的资源管控者和分配者,政府对社会领域制度生产风险和社会组织发展整体较为审慎。社会企业的发展一定程度上也是政府默许下公民变通参与社会问题解决和促进社会自治化的实用性组织创新。① 区别于西方社会企业家强调基于社会创新和大规模社会动员等制度创业推动制度变革,中国社会企业家往往更加关注具体社会问题的解决并且有意弱化整体制度性变革,更加注重响应地方政府的号召以此来获取政府的信任和制度保障支持。

(三)企业家精神视角下的中国社会企业政策走向

本文从组织生成视角对中国社会企业这一新型社会组织生成的内在机制及其背后的国家、社会和市场关系的历史变迁进行了系统考察和总结,为未来制定促进社会企业健康发展政策以及实现社会经济可持续发展提供了理论基础和政策指引。一是积极倡导以实现社会目标为使命的社会企业家精神,为社会企业家群体健康成长创造良好的社会环境。2017 年 9 月《中共中央国务院关于营造企业家健康成长环境,弘扬优秀企业家精神,更好发挥企业家作用的意见》高度概括了优秀企业家精神的内涵,即创新发展、敢于担当、专注品质、追求卓越、诚信守约、履行责任、艰苦奋斗、爱国敬业、服务社会。这表明新时代企业家既要推动经济发展,更应主动承担社会责任,而社会企业正是这两者的高度统一。倡导社会企业家精神在社会民生领域的应用,既是新的机会所在,而且也是推动社会包容性发展的战略举措。二是加强社会企业法律法规制度建设,为社会企业发展提供制度空间,保障社会创业的合法性。尽管一

① 王名,朱晓红.社会组织发展与社会创新[J].经济社会体制比较,2009(7).

些地方出台了社会企业发展条例，但是在全国范围内实施的《公司法》或《慈善法》内并没有明确规定，这也使得社会企业这种新的组织类型的发展处处受限，未来建议出台针对社会企业发展的独立金融、税收、劳动人事等相关制度政策和法律法规。三是加大社会企业培育和孵化力度，切实采取有效政策鼓励现有非营利组织和商业企业向社会企业转型。有效整合政府、社会和市场多方力量，健全包括公益创投、中介组织和社企孵化器在内的完整社会创业生态网络。

（原文由刘志阳、王陆峰发表于《学术月刊》，2019 年 10 期）

从企业社会责任到公司社会创业

一、企业社会责任的盲区

2020年达沃斯冬季论坛有一个分论坛是利益相关者理念创造长期价值。认为企业社会责任应当切实的解决社会问题，企业社会责任的本质是企业制度的重塑，利益相关者是企业创造长期价值的关键，企业社会责任理应成为企业的战略。上述论述是基于对股东资本主义的反思，强调应该超越股东利益，把更多利益相关者考虑在里面，基于此提出了推动企业全球公民意识和CSR标准实施的一些建议。

事实发展真是如此吗？联合国全球契约组织同步发表了一个相关报告：在行动十年中团结企业。报告发现现实当中企业社会责任并不乐观，履行社会责任承诺和行动差异很大：第一，企业对履行社会责任的认知有限。尽管很多人都同意可持续发展至关重要，但是迄今为止只有48%的CEO表示，在他们的行动中已经开展了企业的社会责任，已经把可持续发展目标纳入企业的目标当中。对于中国的多数企业来讲，认为尽企业社会责任就是做一点捐赠，因而并没有把尽企业社会责任和企业长远的发展战略融合在一起。第二，企业社会责任履行过程缺乏和企业战略有机的融合。对多数人来讲，尽管大家认可企业社会责任对企业有帮助，但是在实践中，企业的战略发展过程中，实际上大家没有一个明确的想法，也并没有把企业社会责任作为企业发展重要的方向或者重要的机会。尤其在战略上，很多CEO表示做企业社会责任时缺乏跨业务职能的合作和实施的相关战略，有人表示缺乏相应财务支撑，有人认为在企业发展战略中实际上并没有把优先级考虑得这么高，当然也有很多人表示他们受到了投资等的影响。

创业小贴士
START-UP TIPS

联合国全球契约组织十项原则

联合国全球契约组织是世界上最大的推进企业可持续发展的国际组织，拥有来自160多个国家的一万多家企业和其他利益相关方会员。这些会员承诺履行以联合国公约为基础的，涵盖人权、劳工标准、环境和反腐败领域的全球契约十项原则并每年报告进展。

领域	全球契约十项原则
人权	原则一：企业应该尊重和维护国际公认的各项人权 原则二：企业决不参与（"同谋"）任何漠视与践踏人权的行为
劳工标准	原则三：企业应该维护结社自由，承认劳资集体谈判的权利 原则四：企业应该消除各种形式的强迫性劳动 原则五：企业应该支持消灭童工制 原则六：企业应该杜绝任何在用工与职业方面的歧视行为
环境	原则七：企业应对环境挑战未雨绸缪 原则八：企业应该主动增加对环保所承担的责任 原则九：企业应该鼓励开发和推广环境友好型技术
反腐败	原则十：企业应反对各种形式的贪污，包括敲诈勒索和行贿受贿

联合国全球契约组织持续帮助企业将全球契约十项原则整合到其战略和运营中去，通过合作与伙伴关系共同推进更广泛的联合国目标的实现，例如联合国可持续发展目标（SDGs）。

这就是企业社会责任的现实状况。从长远看，只有将社会责任和公司使命、价值观、核心能力、发展战略和价值输出积极相融，企业社会责任才能内化为企业长期的行为，这最终依靠于对商业机会和企业价值的重新认识。我们也看到了这样的一些行动。

创业小贴士
START-UP TIPS

残友社会创业模式

深圳市残友软件有限公司于2007年成立，是国际上唯一一家全部由残疾人软件技术精英组成的高科技软件企业，公司目前有1 207名员工，其中75%以上都是残疾人士。

残友集团整合自身力量及社会资源，形成一个较为固定的发展模式（社会创业模式），即基金会、社会企业以及公益机构共同构成内部运行的三位一体架构，推进残友这一社会创业模式的发展。

基金会指深圳市郑卫宁慈善基金会，是一家非公募基金；公益机构包括中华残疾人服务网、深圳市信息无障碍研究会、深圳市残友社工服务社及中华残疾人服务网义工队；福利企业即社会企业，包括深圳市残友软件有限公司等。

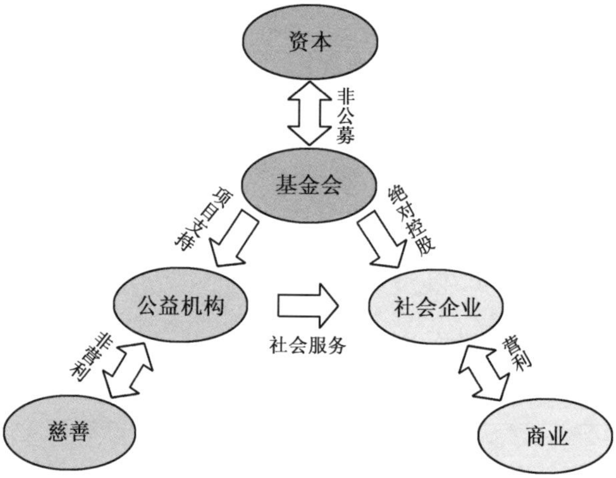

资料来源：康蕾，徐月芳，何荷．中国社会企业战略发展的思考：以深圳残友模式为例[J]．广东财经职业学院学报，2012(2)．

广东残友创造了一个残友基金会、公益机构和残友企业“三位一体”的模式；郑卫宁把残疾人就业问题变成了一个可以持续化运行的商业模式。以社会为导向，以商业运行为方式，多方参与的并可持续发展的模式，实际上让企业在做好事的同时变得更可持续。这其实就是社会创业行为。

二、从社会创业到公司社会创业

所谓的社会创业就是以更可持续性、创新性的方式来探索和开发,满足社会需求机会的过程。社会创业具有过程性,它的结果不仅有社会企业创建,还包括公司社会创业,包含各种新型的公益及各类社会创新的项目。厉以宁先生认为,社会企业就是服务于社会利益、采取企业化经营的企业。社会创业跟我们传统意义上所理解的非营利组织或商业企业,在导向上是不一致的。商业企业更多是市场导向,非营利组织是社会导向、使命驱动,但是社会创业是混合动机,混合逻辑驱动,混合价值创造。我们知道商业和社会两大部门正在逐步融合,这意味着混合价值创造是共同趋势。**总结起来,社会创业有四个特征:第一,社会创业是混合逻辑驱动和混合价值导向的;第二,社会创业具有整体创新性,它不仅仅体现商业创新和社会创新,也包含技术创新和制度创新;第三,社会创业是跨部门合作的;第四,社会创业具有一定的历史阶段性。**社会企业是“桥”,即社会企业家要把大家忽略的社会问题通过可见的、清晰的商业模式创造出来,创造完之后就应该从这一社会市场让渡出来,把它交给企业经营。

社会创业有三个作用:第一,从个体角度来说,对社会企业家、社会创新者来说,作为社会变革的推动者和发动机,社会创业彰显了每一个人自身全面的作用,经济在发展,我们每个人都希望更高贵;第二,从企业层面来说,社会创新克服了一定程度上的市场失灵、政府失灵、慈善失灵,部分解决了这类问题;第三,从生态系统角度来讲,社会创业降低了结构失衡的风险,有利于社会整体的发展。这不是说社会创业就是万能的,过度地夸大反而不利于发展。

公司社会创业是大型企业内部孵化社会企业或社会项目的行为,它的主要目标在于汇集企业当前关键利益相关者之外的群体,是更有力地承担企业社会责任的过程。公司社会创业在履行企业社会责任方面有以下三个方面的趋势:第一,潜在的社会需求的剧增创造了大量的解决社会问题的商业机会,所以社会问题解决可以变成一个蓝海。第二,企业核心能力与资源的重新整合可以帮助企业自身改善它的绩效。第三,公司社会创业具有三个非常有效的特点:更高的运营效率。调动更多利益相关者参与,更高的社会使命清晰度。因而,公司社会创业是企业规模化、商业化去实现社会责任的方式,但它也是一种把创业精神融入商业运行的方式,所以战略管理强调战略创业。

希特所讲的“战略创业”，既是大公司的内部创业，也包含大公司的社会创业。

公司社会创业和社会责任有什么区别？至少有五个方面的区别。第一，公司社会创业把解决社会问题当作新的机会对待，它不是当作一个项目对待，不是当作履行责任来对待。第二，公司社会创业的过程中体现了各种各样的创新。第三，公司社会创业采取市场化运作的方式。第四，公司社会创业是基于企业自身核心能力的延展，并且和企业的战略是高度相关的。第五，相比企业履行社会责任，公司社会创业是长期的社会价值输出，而不是一次性的。

这五个方面让公司社会创业和社会责任相互区别。

三、如何开创公司社会创业蓝海

社会创业大规模出现是有中国自己的土壤。第一，儒家义利兼顾的思想是中国社会企业、社会创业产生的思想根基。第二，政府的隐性期待是非常有力的制度基础。第三，中国市民社会发育也奠定了参与基础。第四，社会创业大规模涌现和回报率的提高是直接市场条件。

迷你案例

丹寨万达旅游小镇

丹寨万达旅游小镇由万达集团投入 13 亿元建设，建筑风格苗侗特色，配套建设四星级酒店、会议中心、锦秀剧场、多厅电影院、儿童娱乐等设施，引入丹寨特色的民族手工艺、苗侗美食、苗医苗药等内容，打造一站式苗侗文化体验。2020 年游客超 2 080 万人次，带动全县旅游收入超 37 亿元，帮助 1.28 万贫困人口增收。创造了万达文旅项目史上首个“投资少见效快”的奇迹。该项目的成功开发为万达在县域的整体开发和乡村文旅行业的业务拓展打下基础。

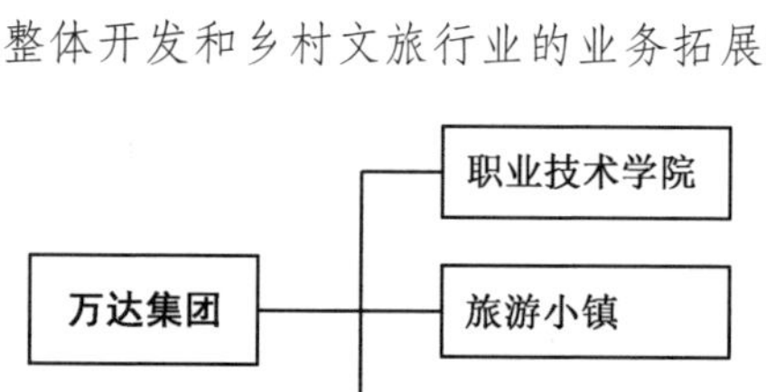

> 丹寨万达旅游小镇是一个典型公司社会创业案例。第一，它是新的商业机会，万达并不是贸然的，花了一年多的时间才决定把它作为乡村文旅市场拓展新的机会；第二，它融合了非常多的创新，小镇打造为吃住行游购娱一体的文旅小镇，其间有非常多创新的想法；第三，它是高度市场化运作的；第四，它是基于核心能力和企业战略相融的，小镇的开发体现了万达推进的跨界融合，是相关多元化的有效战略。这个案例实际上可以给我们更多的思考，因为大公司如果结合自己的战略、基于自己的核心能力来解决社会问题，更有可能推动社会的改变。

总的来讲，是时候超越企业社会责任固有的传统认识了，社会创业将是更加负责任的一个商业行为，也是推动社会改变更可持续性的力量。

（本文为作者在《21世纪经济报道》发起的“17届企业公民论坛”上的主题演讲）

04

第四讲

公益创投

新金融的上场

相较于慈善投资和商业创投，公益创投既追求社会影响力最大化，也考虑一定的财务回报。与一般性的企业投资方式相比，公益创投在选择企业或项目之前，就已将改善社会和环境作为投资标准。公益创投应该成为社会创业的主要融资方式。

公益创投是社会创业主要融资方式

公益创投是指借鉴商业创投运行机制，对社会创业和社会创新给予持续金融支持并参与其能力建设的社会资本形态，其投资领域非常广泛，包括农业、教育、能源、环境、金融服务（尤其对于弱势群体）、健康、住房、饮用水等。相较于慈善投资和商业创投，公益创投既追求社会影响力最大化，也考虑一定的财务回报。与一般性的企业投资方式相比，公益创投在选择企业或项目之前，就已将改善社会和环境作为投资标准。我们认为，当前时代背景下，公益创投应成为社会创业的主要融资方式。

一、解决社会组织资金不足和企业能力缺乏问题的有效途径

公益创投的兴起有其内在背景。

首先，其兴起与传统社会组织发展过程碰到的诸多障碍有关。早期传统社会组织的运作资金来源主要是私人捐赠和部分政府组织的支持，但捐赠或政府资助具有一定的不确定性，数额往往有限。传统社会组织缺乏外部监督、缺乏专业运作人才等已有的运作模式，已不能适应经济社会发展的新背景。这些事实说明，传统的救济慈善需要升级到产业慈善，以适应不断涌现的社会问题。由此，市场机制和企业家精神成为解决问题的新思路。2014 年年底召开的国务院常务会议提

出，发展慈善事业，必须创新机制。地方政府和社会力量可通过公益创投等方式，为初创期慈善组织提供支持。积极探索金融支持慈善发展的政策。公益创投作为应运而生的一种金融工具，有效解决了传统社会组织资金不足和社会企业能力缺乏的问题。

迷你案例

Impetus

Impetus 是由两家机构 2013 年合并组成。Impetus Trust 成立于 2002 年，是英国首家采用“公益创投”模式的组织。The Private Equity Foundation (PEF)成立于 2006 年，由一群以 Ramez Sousou 为首的私募股权行业领导人成立。两者都采用“公益创投”模式通过为其他高素质的慈善机构和社会企业提供核心资金、专业知识和世界一流的公益网络来帮助他们成为更强大的组织，改变他们所服务的年轻人生活方式。在 Impetus Trust 与 PEF 合并之前，他们一共同 45 家慈善机构建立合作，并为其提供价值 5 860 万英镑的资助，包括 2 450 万英镑的资金补助、价值 2 270 万英镑的专业知识提供和价值 1 140 万英镑来自专业人士的管理支持。

两者合并后，截至 2018 年年底，Impetus 成功投资了 137 家慈善组织，提供了超过 4 730 万英镑的资助。截至 2019 年年底，通过 Impetus 及其伙伴帮助获得成功的年轻人从 850 人上升至 41 000 人。

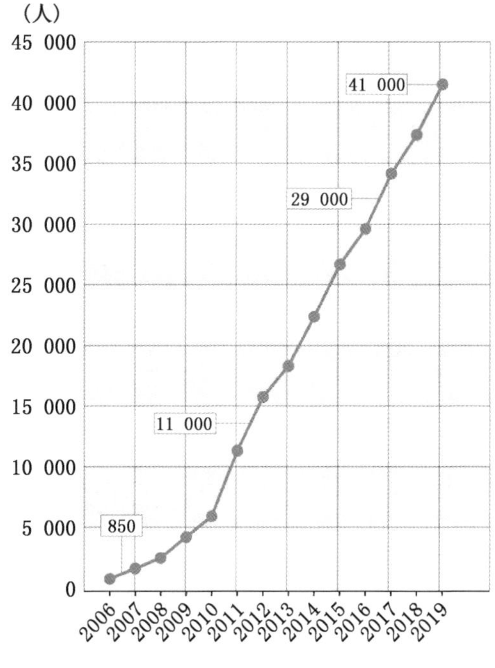

资料来源：impetus 网站，www.impetus-pef.org.uk.

其次,发端于20世纪90年代的企业社会责任运动也在改变着大企业、PE和VC等商业机构的投资行为和功能性质。部分机构开始把社会价值纳入自身发展框架,为公益创投的发展提供资金和社会网络资源,有效推动了公益创投机构自身的发展。

摩根大通银行和洛克菲勒基金会预计,2020年公益创投可以达到4 000亿~10 000亿美元。作为主流投资机构先行者,瑞士信贷银行筹集5亿美元在非洲开发农业,德意志银行出资1 500万美元设立眼科医疗基金。2006年迄今,我国已有54家注册成立的民间公益创投,除岚山基金、新公益伙伴、恩派等规模较大外,其他都是小型基金或项目组织。许多地方民政机构运用政府公益招投标和政府购买方式大力发展公益创投。联想、海航、腾讯等大企业也通过举办公益创投大赛加入公益创投队伍。我国公益创投事业初步形成了政府主导、民间补充和大公司参与的局面,市场潜力巨大。然而整体上,与全部投资规模相比,当前公益创投的资金量不大,主要由于公益创投生态系统尚处于早期且破碎状态,大多数投资机构仍持观望态度。

二、诸多短板影响孵化企业质量

市场化运行机制缺失制约了民间公益创投的参与热情。为了有效孵化社会企业并延长支持时间,真正市场化运行的公益创投,在项目筛选中往往会强调社会企业的可持续发展,在项目投资中通常会结合股权、债权或可转换优先股等多种投资工具,在项目退出中往往具有清晰完善的退出计划。而实践中,我国地方政府公益创投活动普遍采取无偿的现金资助方式,缺乏对其他社会投资工具的使用,更没有建立起以价值为基础的合理收益分配方式和相应的退出机制。这使得公益创投在获得社会影响力之外,很难真正得到回报,导致民间公益创投活力不足。

政府、企业和社会组织的新型公益伙伴关系缺乏,影响了公益创投的依法自治和自我发展。在各地进行的公益创投活动中,除部分由基金会、企业和个人开展的公益创投外,更多的是地方政府主导。尽管多数地方政府在进行公益创投时一般是委托社会组织或与社会组织共同开展,但行政主导依然过强。并且政府参与公益创投的资金主要来源于各级民政部门的福利彩票公益金,其使用相关规定导致公益创投的资金投向、使用范围、使用方式严格受限。这种闭锁性使得政府必须把公益创投纳入自己的掌控范围,对公益创投自我发展无疑具有较大障碍。

公益创投自身经验不足、人员素质不高,限制了公益创投对社会企业核心能力提升的最大支持。公益创投对社会企业的支持除了资金注入外，更重要的是在战略规划、公司治理、人力资源管理、项目管理、财务管理、志愿者管理、信息技术等方面对社会企业进行全方位的辅导。上述辅导作用既受到现实中公益创投合同的约束，也离不开公益创投团队的实际执行。因受到公益创投自身发展历史不长、人员素质不高的制约，实践中我国公益创投很难对社会企业起到应有的管理参与和监督作用。

三、完善市场机制建立新型公益伙伴关系

第一，完善公益创投市场化运行机制。从项目筛选看，公益创投应强化市场细分。未来只有依靠更专业的公益创投才能准确衡量社会企业的社会价值，以此作为投资依据。从投资看，公益创投要完善多种投资方式，建立以价值为基础的收益分配方式和估值机制。应改变现有主要以捐赠为主的投资方式，在法律允许的范围内引进债权、股权和可转换优先股等方式。改变以往社会组织营利不分配的做法，允许公益投资者在法律范围内按照股权适度参与社会企业的收益分配。从退出看，要探索建立社会企业交易所，鼓励社会企业之间的并购，为公益创投退出提供有效渠道。

第二，创新政府、社会组织和企业的新型公益伙伴关系。在新型公益伙伴关系中，社会组织最终应发挥主体角色，政府要起到引导作用，企业应该起到参谋和补充作用，三者缺一不可。政府要建立公益创投“母基金”，引导社会资金投入公益创投。“母基金”的角色不仅可以大力引导社会基金注入创投事业，而且可以避免传统慈善基金和政府主导所面临的管理无效等缺点。例如，英国政府注资 1.25 亿英镑建立了英格兰未来建设者基金，为社会企业获得新技术和市场提供种子基金和学习基金。当前，可仿照《科技型中小企业创业投资引导基金管理暂行办法》，建立公益创投“母基金”，给予早期公益创投基金阶段参股、跟随投资、风险补助和投资保障四种支持方式。政府要降低法律注册门槛，支持公益创投的设立。“民办非企业”规定出资人不享有任何财产权利、不能分红、缺乏银行贷款资格、不得免税、不准设立分支机构的“五不”政策，阻碍了民间资本参与公益创投的动力。政府要综合运用政策优惠手段，鼓励更多的创投基金、慈善基金转型为公益创投。对于尚未营利的公益创投不应征税，对于已经营利但是尚未实现财务平衡的公益创投要减免征税。对于已有慈善基金转型，可考虑给予专项的财政补助和利率优惠。公益创投要重视与慈善基金、商业创投的联合投资，这种联合投资不仅有利于扩大公益创投的基金规模，而且能够在项

目筛选上节约成本和精力,并且有利于对社会企业提供高效的增值服务。

第三,提高公益创投人员素质,健全社会企业孵化机制。提高公益创投人员素质,可借鉴期权、股份等方式吸引更高素质人员加入,以求更高程度的专业化。对于现有团队,要强化人员在职培训,分流部分不合格人员。要健全社会企业孵化机制。中国多数社会企业成立时间短暂,缺乏一定社会网络支持和专业运作经验,因而迫切需要公益创投给予全方位帮助。在社会企业成立初期,最重要的支持是帮助其获得更多资金,接触更多的融资渠道,达成一定的投资意向。在社会企业发展过程中,公益创投的孵化功能要逐步从资金提供者角色转向帮助社会企业完善企业治理结构,建立有效的激励约束机制。在社会企业发展后期,公益创投的孵化功能体现在帮助社会企业建立可持续经营的能力。上述孵化功能的实现,需要公益创投整合各方平台力量,也有赖于自身专业素质的提高。

(原文发表于《光明日报》,2016 年 11 月 13 日)

欧洲公益创投的发展与运行

公益创业投资基金（venture philanthropy，VP），简称公益创投，也可翻译为慈善创投、社会创投。有别于传统慈善基金与商业创业投资基金，公益创投以支持社会目标组织（SPO）[①]发展为前提，同时追求一定财务收益，是社会目标组织发展过程中新兴的市场化支持工具。

创业小贴士
START-UP TIPS

国内外公益创投发展情况

公益创投产生于美国，美国当前约有近 40 家成熟的机构运用公益创投手段进行投资活动，以新汉普郡慈善基金会、半岛社区基金会为代表的混合型基金会，既参与传统的捐赠活动，也参与公益创投；以企业家基金会、21 世纪教育创始基金为代表的公益创投，则完全追求社会回报；以新利润公司、硅谷社区创投基金为代表的公益创投，同时追求社会回报与经济回报。

欧洲公益投资的发展大有后来者居上的趋势。2002 年，第一只公益创投基金 Impetus Trust 在英国成立，意大利第一只标准意义上的 VP 基金 Fondazione Oltre 也于当年成立。

① “社会目标组织”一词广泛用于描述主要目的是创造社会价值，通常不依赖政府或商业部门的组织。这些组织可指慈善团体、社会企业、非营利组织、不以营利为目的的组织和第三部门组织。

2004 年，作为首个促进 VP 发展的推动机构——欧洲公益创业投资协会（EVPA）成立，代表着欧洲公益创投进入了快速发展的时期。截至 2021 年，EVPA 已经拥有来自欧洲、美洲和亚洲 30 多个国家和地区的 320 多个成员从事公益创投活动（EVPA，2021），先后与 300 多家社会目标组织达成协议，投入资金并提供相应的增值服务，有效推动欧洲社会目标组织的孵化与可持续发展。

自 2006 年起，美国和欧洲以外的国家对公益创投的兴趣稳步增长。印度、新加坡、日本、韩国、中国纷纷开始公益创投理论和实践探索。公益创投概念进入中国形成了一定的本土实践，但基金数目仍较少。截至 2012 年，仅有岚山基金、新公益伙伴（NPP）、恩派（NPI）、南都基金会、友成企业家扶贫基金会等 6 家，其中，岚山基金是国内首个 VP。2012 年，北京乐朗乐读成为国内第一个获得公益创投的社会企业。除了独立 VP 外，大企业也开始关注公益创投，联想、海航、腾讯分别举办公益创投大赛，有力推动了社会企业的发展。

总体而言，相较于欧洲公益创投的快速发展，中国公益创投仍处于起步期，深入研究欧洲公益创投的成熟经验和运作机制对我国公益创投和社会企业发展具有不可忽视的借鉴意义。

一、公益创投内涵

公益创投概念，最早由美国慈善家约翰·洛克菲勒三世于 1969 年提出，原意是“一种用于解决特殊社会痼疾的具有一定风险的资助形式”。1984 年，美国半岛社区基金会首次用“Venture Philanthropy”来表达商业创投和资助行为的结合。公益创投的出现引发了学术界的关注。莱特等（Letts 等，1997）在《哈佛商业评论》刊发文章《道德资本：慈善基金会如何借鉴创业投资？》，指出慈善基金会可以借用创业投资的方法，并提出用赞助型基金会的模式对非营利组织进行支持。波特等（Porter M. E. 等，1999）在《哈佛商业评论》发表《慈善的新议题：创造价值》，建议慈善基金会改变将私人资金低效率投资于受捐助机构的被动角色，以创造更大的价值。EVPA（2004）把公益创投看作是各种投资主体以寻求社会收益为目的而投资在善举上的创业资本和人力资源。EVPA 认为公益创投具备六大基本特征：高度参与性，量体裁衣的金融安排,长期资金支持,非资金支持,组织能力建设和绩效评估。越来越多的学者呼吁增加对公益创投的研究(Randjelovic 等,2003;Austin,2006; Certo 等,2008),研究更集中于公益创投投资组合筛选(Jegen,1998; Pepin,2005),强调应综合考虑投资对象的社会价值与财务价值并对其分别设定决策标准(Toyah L. Miller 等,2010),也有研究认为不进行利润分配的约束机制能够减少道德风险与信息不对称(Scarlata 等,2010)。我国的研究主要还是停留在概念的普及和 VP 功能的介绍。

迄今为止,公益创投在实践中仍是有争议的概念。一些人认为,VP 是又一种针对慈善活动的资助方式。但是,更多的人认为它和资助行为有根本不同,其本质上是对社会问题解决方案的投资,其核心特征是将私募股权投资(PE)或商业创业投资(VC)的方法运用到社会事业(赵萌,2010)。VP 是否考虑财务回报也有争论。有些人认为,社会回报不是必需的,更多人则认为 VP 本身就是社会目标组织,如果失去财务考量,自身的持续性都有问题。

结合上述文献,本文认为,**“公益创投”是指借鉴商业创业投资的运行机制,对社会目标组织(SPO,包括各类公益组织与社会企业)给予持续金融支持并参与其管理的资本形态,它既追求社会价值最大化也考虑一定的财务回报。**其投资流程依次经过筹资、投资、退出三个阶段。为了投资 SPO,VP 自身先要募资,募资结束后 VP 对 SPO 进行筛选和谨慎调查;然后选定 SPO 作为投资对象,投入资金并帮助进行管理服务,VP 依据投入资金享有 SPO 的股权或债权;当 SPO 具有一定的可持续发展能力时,VP 选择退出,其所获得的回报作为下一次进行公益创投的资金来源。

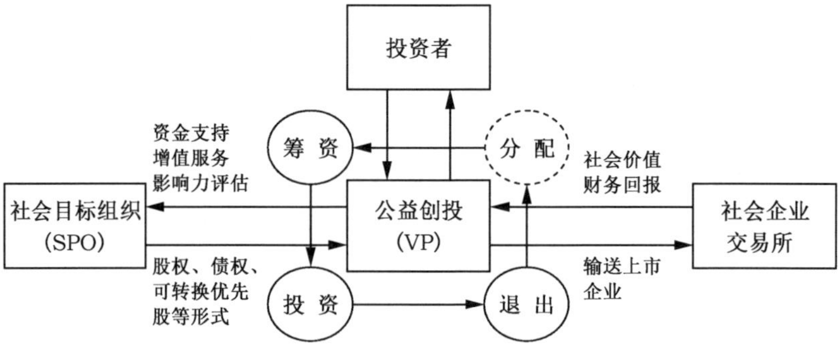

公益创投基金的投资流程

公益创投作为新兴的社会融资工具，与商业创投、慈善投资相比，在投资对象、投资目标、参与关系等方面都具有自身鲜明特点。

非营利组织：依靠捐赠	非营利组织：依靠捐赠与部分交易收入维持生存	社会企业：潜在可持续性，<75%的交易收入	社会企业：盈亏平衡	社会企业：可营利，但营利仅限于再投资	社会企业：商业驱动，并且进行利润分配	社会责任型企业：分配一定利润进行CSR	一般性企业：常规的主流商业企业

← 慈善投资 →　　← 公益创业投资 →　　← 商业创业投资 →

投资目标	社会回报最大化	最大化社会回报+非必须财务回报	财务回报最大化
投资对象	非营利组织	社会目标组织	商业企业
投资项目和金额	不确定项目数量，小额资金，非持续	项目数量少，较大额资金，长期持续的“耐心资本”	项目数量相对较多，大额资金，长期持续
参与关系	低参与度	高度参与，参与运营决策	高度参与
社会网络	相对弱化	社会部门、商业部门、政府等多方关系网络	较强网络
风险	风险最小化	对财务风险承受能力大	对财务风险承受能力小
激励约束	无	激励以社会回报为主，道德风险与信息不对称少，监督成本小	激励以财务回报协议为主，道德风险与信息不对称多，监督成本大
绩效测量	缺乏严谨透明的测量指标	社会影响力评测+财务回报评估	财务投资收益率
退出时机	项目结束退出	被投资者财务持续且组织稳定时退出	被投资者财务最大化时退出

公益创投、商业创投与慈善投资比较

首先，公益创投的投资对象为社会目标组织，主要是社会企业和少部分非营利组织。社会企业属于以商业手段解决社会问题的新兴经济体，兼具社会目的与经济目的。非营利组织分成两类，一类完全依赖捐赠维持组织生存，另一类具有一定交易收入以维持生存，后者是 VP 投资对象。慈善投资对象主要是所有非营利组织，商业创投对象则是商业型创业企业。

其次，公益创投的投资目的是社会价值优先，兼顾一定财务回报。其本质是采用商业创业投资的方法，实现对社会问题的一揽子解决方案。相比较而言，商业创投只重视经济价值，慈善投资只重视社会价值。所以，公益创投与商业创业投资及传统慈善投资一起，恰好构成“社会价值优先”“经济价值优先”“只重视社会价值”三类目标组织对应的投资方式。

最后，公益创投的管理参与度相对较高。牛津大学赛义德商学院斯科尔社会企业研究中心教授罗伯·约翰(2010)认为，公益创投与商业创投一样，在战略和执行层面与其所投资的对象关系紧密，在资金支持之外同时为社会目标组织提供各项增值服务。公益创投对 SPO 的发展具有高参与度，甚至进入董事会参与经营管理，并且持续很长一段时间；而慈善投资几乎完全不参与所投资对象的运营。

综上，公益创投结合市场化的方式，在能够保证自身可持续性的前提下，相比传统的慈善投资，具备孵化作用更好、外部监督激励更强、增值服务更到位的优势，能够更好地迎合社会目标组织规模扩张及组织管理建设的需求。岚山基金创始人肖晗在 2011 年社会创新国际论坛中就强调指出，公益创投就是要解决“那些商业风险投资资金不会眷顾，利润不高但是有社会效应的这些企业融资的空白”。因而，公益创投是对商业创投和慈善投资的有效补充，三者结合，通过适当的资源配置，能够最大化社会福利水平(汪忠等，2010)。

二、公益创投的兴起背景和欧洲发展现状

(一)公益创投兴起的社会背景

公益创投发源于 20 世纪 90 年代中期的美国，同时期引入英国并迅速扩散至整个欧洲大陆，21 世纪公益创投开始在亚洲国家出现。公益创投的兴起有其必然性。

1. VP 的兴起是社会目标组织高涨的结果

20 世纪 80 年代后期，发端于美国的社会运动导致了一大批包括非营利组织、社会企业等在内的社会目标组织的产生。这些 SPO，在发展过程中面临越来越严峻的可持续发展问题。早期 SPO 的运作资金主要来自私人捐赠和部分政府组织的支持，但捐赠或政府资助具有一定的不确定性，且数目往往有限。尤其在经济不景气时，SPO 的发展和运作缺乏有效的资金援助，急需解决自身的可持续性发展问题。公益创投就是应运

而生的一种金融工具,其存在有效解决了 SPO 资金不足的问题。越来越多的证据说明,公益创投对于社会目标组织的创建和持续发展起到了积极的作用。以欧洲第一家公益创投 Impetus 为例,其已成功投资包括 Beat、Camfed International、Speaking Up 等 22 家社会目标组织,截至 2012 年底,其投资组合的可持续资金收入从 3 200 万美元增长至 5 200 万美元,帮助的社会人群从 89 262 人增长至 380 187 人。[①]

2. VP 的兴起与传统社会目标组织发展过程碰到诸多障碍有关

第一,由于缺乏外部监督,社会目标组织面临着信息不透明和效率低下问题。第二,由于缺乏专业的运作人才,很多社会目标组织面临管理能力缺失的问题。第三,社会目标组织对社会的贡献价值难以量化,也影响了新资金的注入。上述事实说明,社会目标组织已有的商业模式运作不能适应欧洲经济社会发展的新背景,社会目标组织发展到一个阶段,传统的救济慈善需要升级到产业慈善以适应不断涌现的社会问题。由此,市场机制和企业家精神成为解决问题的新思路,这也就使得 VP 的发展有了现实的土壤。

3. 发端于 20 世纪 90 年代的企业社会责任运动(CSR)改变大企业、PE 和 VC 等商业机构的投资行为和功能性质

部分大企业、PE 和 VC 也把社会价值纳入自身发展框架,加入社会创投的队伍,为社会创投的发展提供资金和社会网络资源,有效推动社会创投机构自身的发展。

(二)欧洲公益创投的发展现状

1. 周期波动趋势

据 EVPA 统计,自 2000 年后公益创投机构的成立数量呈周期性波动趋势。截至 2012 年年底,经过调查访谈,欧洲公益创投基金达到 61 家,投资存续期平均为 4～6 年。欧洲公益创投成立数量与欧洲整体宏观经济紧密相关。2005 年、2007 年,公益创投机构当年成立数量达到峰值;伴随 2008 年全球金融危机及欧债危机的拖累,欧洲整体宏观经济不景气,2009 年、2010 年公益创投成立数量明显放慢了步伐。

① 数据来自 Impetus Trust Impact Report(2011－2012).

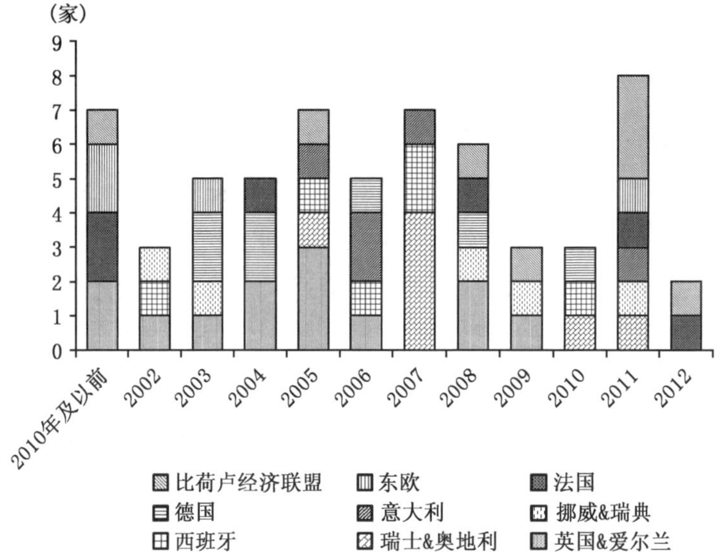

数据来源:EVPA.

欧洲公益创投成立分布

2. 区域集中趋势

英、德、法是欧洲社会创投的集中区域,占据欧洲公益创投总数的18%、11%、10%。以Impetus、Venturesome、UnLtd、Sutton Trust、Can-Breakthrough、Ashoka Europe为代表的公益创投机构总部都设于英国。一方面,区域集中的现象与投资对象的地理位置具有一定相关性,公益创投在提供资金资助的同时需要提供参与性的非资金增值服务支持,这使地理位置成为一个重要因素。另一方面,基于公益创投普遍资金规模较小的特点,集中的趋势将便于联合投资的便利性,有助于扩大投资的整体影响力。

3. 投资目标并重趋势

不同公益创投对社会回报与财务回报的目标定位不同,在最大化社会回报的前提下,追求财务回报的社会企业逐渐成为欧洲公益创投的重点关注领域,2011年对社会回报与财务回报要求并重的创投机构比上年增长15个百分点。据统计,欧洲公益创投的投资对象成立年限短期化趋势明显,成立期限在2年以内及5年以内的分别占31%与71%,这使公益创投的财务风险大大增加。因此,对财务回报的要求也成为维持自身可持续发展的必然要求。

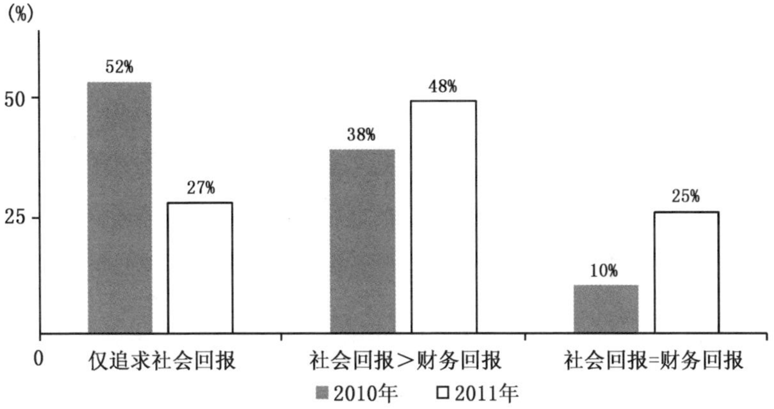

数据来源：EVPA.

欧洲公益创投的投资目标

4. 投资领域细分趋势

公益创投一般将关注对象锁定于 4～5 个行业领域。缩小目标投资领域，关注细分市场成为发展的主流趋势。专注以地区、目标人群、行业等划分的细分市场，不仅有利于公益创投协调组织资源，为投资对象提供到位的增值服务，并且能够为衡量最终的投资影响力提供便利性。按照国际非营利组织划分标准（ICNO），教育成为欧洲公益创投的最关注领域，其次是社会发展、医疗健康与环境。欧洲拥有以 Bonventure 为代表重点关注德语国家生态与社会问题的公益创投，以 d. o. b 为代表重点关注非洲低收入人群的公益创投，以 Impetus 为代表重点关注贫穷人群的公益创投，以 i4c（Invest for children）为代表重点关注残疾儿童成长的公益创投等。①

① 与欧洲相似，美国拥有以聪明人基金（Acumen Fund）、罗宾汉基金（The Robin Hood Foundation）、红杉工程（Project Redwood）为代表致力于解决贫穷的公益创投，以老年痴呆药物发掘基金（Alzheimer's Drug Discovery Foundation）、癌症免疫疗法基金（The Cancer Vaccine Acceleration Fund）为代表致力于解决医疗健康的公益创投，以新学校创业基金（New Schools venture Fund）为代表致力于改变低收入家庭儿童教育问题的公益创投等。

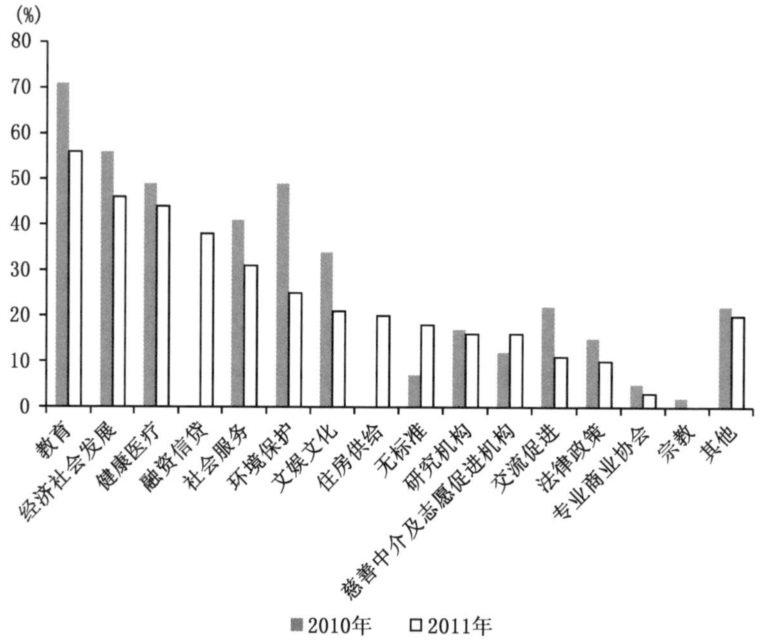

数据来源:EVPA.

欧洲公益创投目标投资领域关注度分布

三、公益创投的运行:来自欧洲的经验

与商业创投类似,欧洲公益创投的运行由筹资、投资、退出三个阶段构成,但又凸显自己的特点。

公益创投与商业创投的运行机制比较

		公益创投	商业创投
筹资来源		包括个人、机构投资者、基金会、政府、私募基金等,其中捐赠基金占比高	包括机构投资者、政府、银行、养老基金等,各个国家比重有所不同
投资过程	筛选	全面的潜在社会效应分析,要求一定的经济回报;长期的尽职调查,重视管理团队、模式的可复制性,以及社会效应的深度与广度	全面的潜在财务回报分析;长期的尽职调查,重视管理团队、市场规模,以及技术的可靠性
	评估	利用 SROI、PPI、BACO 等工具进行社会价值评估	利用成本法、市场比较法、净现值法等工具进行财务价值评估

续表

		公益创投	商业创投
投资过程	投资工具	捐赠、股权、低息债权、夹层融资等，关键问题在于对社会回报与财务回报的权重配比，以及投资对象的现金流充足程度	股权、债权、优先股、可转债、附认股权债等，关键问题是投资的变现和投资风险防范，以及对创业企业的控制
	增值服务	深入投资对象的运营过程，大量运用外部力量，通过战略咨询、社会网络、组织建设等方式协助投资对象达到社会价值最大化	为投资对象的运营提供意见，通过战略咨询、法律帮助、引进其他融资等方式，协助投资对象达到经济价值最大化
退出机制		投资对象现金流可持续与管理稳定是最佳退出时机，退出方式包括引入新投资者、股权出售、转移给公共部门、IPO 上市（较少）等	自身利益最大化是退出最佳时机，退出方式包括出售、并购、IPO 等
分配机制		投资回报一般用于再投资，以创造更多的社会价值，基本不存在分配问题	根据委托代理关系，在投资人与基金管理人之间寻求恰当的分配比例

（一）筹资来源社会化，管理资金规模小，管理人员专业化

欧洲公益创投的筹资来源十分广泛，按照比重分别是其他（21%）、创投基金（17%）、个人（16%）、政府（15%）、公司（14%）、捐赠基金（11%）、基金会（6%）和机构投资者（1%）。从欧洲内部来看，公益创投筹资来源渠道有所差异，越发达的地区，筹资渠道越广泛。例如，英国的公益创投机构平均运用 11 种方式进行筹资，而公益创投刚起步的比荷卢经济联盟地区的筹资方式仅为 4 种。

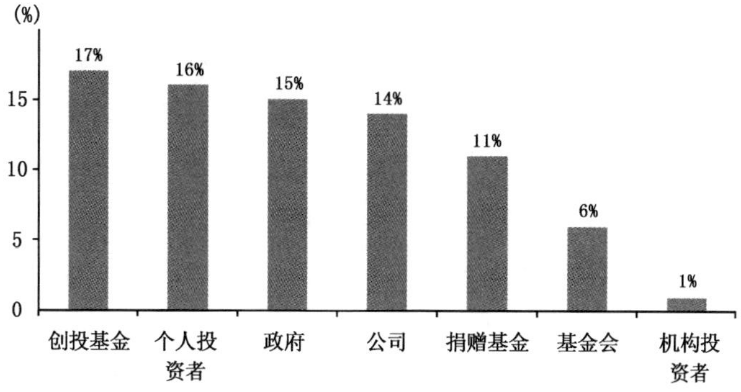

数据来源：EVPA。

欧洲公益创投资金来源分布

特别说明的是，政府是公益创投早期发展的主要推动力。以 Adventure Capital Fund 为代表的机构由英国内政部出资成立，主要向社区企业提供金融安排和商务指导。英国桥梁社区创业投资成立于 2002 年，是私募股权公司和政府的合资企业，它将 4 000 万英镑作为用于投资低收入社区的金融商业。随着公益创投模式不断成熟，个人投资者及私募股权等社会化筹资渠道开始扮演越来越重要的角色。Sutton Trust（英国）、Demeter Foundation（法国）、Fondazione Oltre（意大利）、Invest for Children（西班牙）、Noaber Group（荷兰）等公益创投的主要资金来源就是商业企业家与个人投资者（John Rob，2006）。

欧洲大量的公益创投机构处于生存阶段，管理资金规模普遍不大，年可用资本受到很大约束。据 EVPA 统计，管理基金低于 250 万欧元的公益创投机构高达 61%，高于 1 000 万欧元的公益创业投资机构仅有 20%。

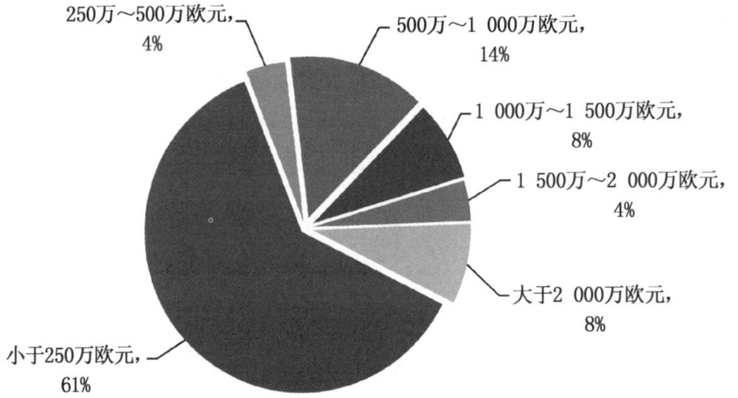

数据来源：EVPA。

2011 年欧洲公益创投投资金额

公益创投追求社会目标的特殊性及高度参与投资对象运营过程的特点，决定了其需要更强大的社会网络体，管理人员要更多借助公益与外部力量。在当前的欧洲公益创投基金中，共拥有全职内部员工 753 人，外部员工 192 人，公益贡献者 617 人，以及志愿者 634 人，平均内部管理人数为 13 人。

（二）筛选过程主动化，投资方式多元化，增值服务权重大

公益创投与商业创业投资相比，有更复杂的投资过程。

1. 项目筛选过程的主动性

进行有效的投资对象选取,是公益创投活动的重点(Mariarosa Scarlata 和 Luisa Alemany,2009),而项目筛选作为对社会目标组织的首要检测,其过程本身也是创造社会价值的一种来源(Porter 和 Kramer,1999)。在成熟的投资模式下,利用自身的组织能力与社会网络进行项目筛选成为趋势。在欧洲,89%的公益创投通过现有投资组合网络、案头研究搜索、各类组织会议、商业计划大赛、社交网络等多种方式主动进行对象挖掘。[①] 据 EVPA 统计,2011 年,每一家公益创投平均对 89 家社会目标组织进行初步筛选,在此基础上对其中的 17 家进行尽职调查,最终确定 5～6 家 SPO 进行投资。

2. 项目评估内容的综合性

公益创投在项目评估上的独特性在于其必须兼顾投资对象的财务可持续性与社会价值增长性。欧美的公益创投不断发掘量身定做的评估工具,如 SROI(social return on investment)、PPI(the progress out of poverty index)、BACO(best available charitable option)、QOL(quality on life)等。近年来发展的 IRIS 工具从某种程度上为综合评估设定了通用的标准,能够用统一的度量标准描述一个组织的社会表现、环境表现及财务表现,使不同社会目标组织之间具备可比性。财务价值与社会价值的综合性评估一般建立在量化社会价值的基础上,其计算公式为:

$$\begin{aligned}\text{社会目标组织投资回报率} &= \frac{\text{社会回报金额}+\text{财务回报金额}}{\text{投资成本}} \\ &= \frac{\text{社会深度}\times\text{社会广度}+\text{财务回报}}{\text{资金支持成本}+\text{非资金支持成本}} \\ &= \frac{\text{单位受助者收益}\times\text{受助人数}+\text{财务回报金额}}{\text{资金支持成本}+\text{非资金支持成本}}\end{aligned}$$

3. 投资工具选择的多样性

公益创投早期以捐赠作为主要投资方式的格局正在逐渐发生变化。在 2011 年,50%以上的公益创投在投资过程中使用股权、债权和捐赠三种投资工具。担保、可转换贷款、夹层融资、可转换捐赠等方式也成为欧洲公益创投广泛使用的投资工具。基于对资金可持续性的要求,多元化投资工具的选择成为发展的主流。这意味着在兼顾社会价值的同时,公益创投将剔除偏离市场价值规律的企业,对社会企业债权投资

① 在美国,以硅谷社会创投基金(Silicon Valley Social Venture Fund)为代表的机构不接受项目的自发申请,社会创投依靠自身及社会网络进行项目挖掘比重偏大。

的利息设定遵照行业平均水平。投资工具的选择灵活性具有地域性的差异，在法国除捐赠外的各投资方式并不受官方的公开支持(Rob John，2006)，而在英国则能够灵活运用债权与股权工具，并主动帮助投资对象进行风险控制。

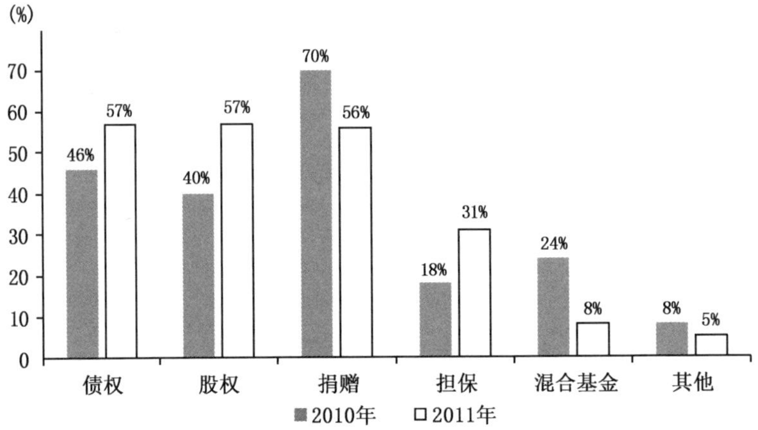

数据来源：EVPA。

欧洲公益创投的投资工具

4. 项目联合投资的趋势性

据统计，82%的欧洲公益创投进行了联合投资。在合作对象选择过程中，传统基金会、其他公益创投、商业创投、私募股权成为联合投资的重点伙伴，占近70%。除此以外，银行、小额信贷等金融机构也成为联合投资的重要组成部分。一方面，通过共享资源与网络提高了对有潜力的社会目标企业筛选的效率，相对分散了投资风险；另一方面，联合投资也为欧洲公益创投机构多样化的增值服务提供了便利性。

5. 增值服务提供的复合性

除了合理的资金投资，非资金的增值服务在对SPO投资过程中尤其重要。据EVPA统计，欧洲公益创投为投资对象提供的增值服务包括战略咨询、社会网络、筹资及营利策略、公司治理、财务管理、市场营销、运营管理、法律合规、人力资源、IT支持等。以英国第一只公益创投基金Impetus为例，在其已成功退出的Speaking Up项目中，不仅提供63万美元的资金支持，其增值服务还表现在：帮助Speaking Up获得当地政府的服务提供合同，保证其可持续的收入来源；帮助Speaking Up扩充人力资源，构建合适的组织架构；协助进行战略规划，包括管理层专业化，品牌重塑等；通过引入其他投资者为 Speaking Up 提供退出后的持续资金来源;重塑 IT 系统,使 Speaking Up 的组织信息化得以完善。

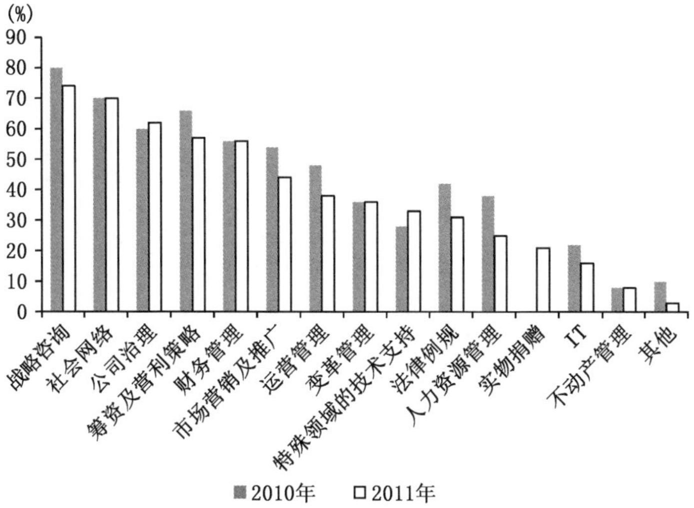

数据来源:EVPA。

欧洲公益创投增值服务方式

(三)退出过程弹性化,以投资对象可持续发展为基准

与商业创业投资不同,公益创投退出并非完全追求自身利益最大化。公益创投的退出机制分为两类:一是对于以捐赠方式进行的公益投资,投资对象的组织稳定与资金可持续性是公益创投选择退出的主要评判标准,资金的可持续性可以是帮助投资对象创造可观的收入模式,为其寻找潜在的投资者,或是引入公共部门的支持;二是对于以股权与债权等方式进行的社会目标组织投资,公益创投采用出售股权、管理层回购、并购、IPO 上市等多种退出策略。在债权到期时,公益创投需要对其高度的管理参与及各类增值服务做出是否退出的决策。在出售股权时,一方面,公益创投需要耗费一定成本对股权购买者进行资质考察与选取,以保证其认同该社会目标组织的使命;另一方面,股权出售的时机选择应当是在对社会目标组织的边际贡献无法增加时,而非追求自身利益最大化。当前,欧洲的公益创投还未出现利用 IPO 上市作为退出策略的案例,但英国社会企业交易所的筹备使得该工具成为未来退出策略的选择趋势。

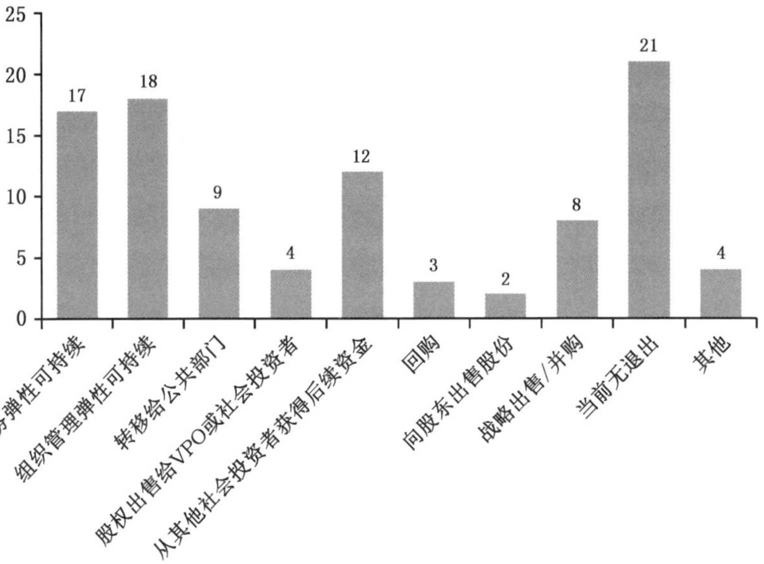

注：从左往右代表退出方式商业化程度加深。

数据来源：EVPA。

2010年欧洲公益创投退出方式

四、对中国公益创投发展的启示与借鉴

与欧洲成功经验相比，我国社会事业发展总体处于起步阶段，不管是社会目标组织的发展还是公益创投机构的发展，与欧美国家都存在着明显差距。我国社会目标组织发展也存在着部分问题。一是资金募集困难。我国SPO以政府为主，民间慈善组织和社会企业发展面临严峻的资金募集困境。据麦肯锡统计，我国800家官方慈善机构占有80%的慈善资金，民间15万家慈善公益机构仅占有20%的慈善资金来源。二是信息不透明。据统计，2011年仅有8%的公众对公益慈善组织的信息公开状况表示满意。① 三是运作不规范，缺乏有效的监督机制。“郭美美事件”“尚德诈捐门”等事件充分暴露了我国传统社会目标组织在规范化管理上的显著不足。四是缺失专业管理人员。2010年有44.8%的公益组织的专职人员在3人以下，其中10%没

① 数据来自中民慈善捐助信息中心编．2011年中国慈善透明报告．

有专职人员，而专职人员超过10人的不到20%。[①] 上述社会目标组织面临的困境迫切要求我们要打开思路，尽可能采用市场化的手段来解决诸多社会现实问题。与社会目标组织发展存在的问题相对应的是我国较少的公益创投机构。因此，大力发展我国的公益创投机构，使之成为孵化社会目标组织的有效工具就成为社会发展的一种必然选择。欧洲实践表明，公益创投机制是一种有效撬动社会目标组织发展的投资工具（Austin等，2006；Certo和Miller，2008），借鉴欧洲公益创投成熟经验和运行机制是当下发展我国公益创投事业的一个迫切任务。

（一）从政府看，要出台相关法律和产业政策，支持我国公益创投的大力发展

1. 法律法规对于公益创投的运行具有重大影响作用

国家对公益组织、社会目标组织成立和运行的相关规定将直接影响公益创投的投资行为与投资方式。公益创投本身也是社会目标组织的一种，欧洲公益创投事业的发展得益于欧洲对社会目标组织在注册、发展过程中的宽松备案制。宽松而非严格的限制准入制，大大提升了欧洲社会事业的整体发展。我国应当效仿欧洲，建立和健全法律法规，肯定公益创投的地位、作用，支持多元化SPO的建立。在公益创投注册审批上，政府应给予优先待遇，降低注册门槛。当前，制约我国公益创投发展的主要法律法规是《民办非企业单位登记管理暂行条例》，国家对“民办非企业”[②]的规定对公益创投的积极性产生了阻碍作用，尤其是出资人不享有任何财产权利、不能分红、缺乏银行贷款资格、不得免税、不准设立分支机构的“五不”政策阻碍了民间资本的社会投资动力，这些限制性条款需要得到逐步改进。

2. 对公益领域从业人员的酬劳规定将影响公益创投领域的整体素质

我国“十二五”规划提出了《关于加强社会工作专业人才队伍建设的意见》，提出完善社会工作专业人才队伍薪酬设计，此类政策的不断完善将促进公益创投的不断发展。

3. 税收、利率、股权等法律条款将对公益创投进行捐赠、债权、股权投资的选择及权重配比产生影响

因此，要综合运用政策优惠、减免税收、专项奖励等手段，鼓励更多的企业、创业

① 数据来自2010年中国公益人才发展现状及需求调研报告.

② 1998年10月，国务院颁布了《民办非企业单位登记管理暂行条例》，将民办非企业单位界定为：企业事业单位、社会团体和其他社会力量以及公民个人利用非国有资产举办的、从事非营利性社会服务活动的社会组织。

投资基金、慈善基金会转型为公益创投。具体来说,对于尚未营利的公益创投基金不应征税,对于已经营利但是尚未实现财务平衡的公益创投要减免征税。对于已有慈善基金转型的,可以给予专项的政府财政补助和国家利率优惠政策。

4. 政府在公益创业投资发展初期,要扮演公益创投基金的"母基金"角色,通过一定比例的资金划拨进入公益创投,以引导多样化的资金投入公益创投机构

英国政府为促使社会部门参与提供公共服务,注资1.25亿英镑建立了英格兰未来建设者基金(Future Builders England),致力于社会目标组织的能力建设,为社会企业获得新技术和市场提供投资、种子基金和学习基金。"母基金"的角色不仅可以大力引导社会基金注入创投事业,而且可以避免传统的救济慈善基金所面临的行政无效等缺点。具体来说,可以参照《科技型中小企业创业投资引导基金管理暂行办法》的规定,建立"公益创业投资引导基金",对我国VP发展给予四种支持方式:一是阶段参股,即引导基金对VP参股,并按事先约定的条件,在一定期限内退出;二是跟随投资,即引导基金与VP共同投资于初创期SPO;三是风险补助,即对已投资于初创期SPO的VP予以一定的补助,增强VP抵御风险的能力;四是投资保障,即VP挑选出潜在投资价值较大但投资风险也很大的初创期SPO,由引导基金对这些企业先期予以资助,同时由VP向这些SPO提供无偿的创业辅导,辅导期结束后VP对这些SPO进行股权投资,引导基金对该部分SPO再给予第二期补助。

5. 政府要为公益创业投资的退出提供有效通道

英国于2007年,德国于2008年,南非与葡萄牙于2009年,新加坡于2010年,分别成立或开始筹备社会企业交易所,形成了基于市场机制进行交换股权的场所,这为公益创投的退出机制提供了强有力的出口。随着中国公益创业投资和社会企业的兴起,中国迫切需要成立专门的社会企业交易所,为公益创投的资本运作提供新的出路。

(二)从公益创投机构自身看,要努力完善我国公益创业投资的运行机制

1. 从筹资看,要增强资金来源的社会化与人力资源的专业化

随着经济发展及公众社会意识的提高,充分利用多元化与社会化的筹资渠道不仅有利于扩大公益创投的基金规模,而且能有效增强公益创投自身的社会影响力。多元化资金来源应成为中国公益创投筹资的未来趋势。此外,在组建公益创投基金过程中,要考虑专业人才团队的建设。当前社会目标组织缺乏专业管理的现实,对中国公益创投的人力资源专业化提出了更迫切的要求。借鉴欧洲公益创投的人力资源

构成,公益创投机构应恰当安排内部与外部工作人员配比,以求更低的成本与更高的专业化。

2. 从基金定位与项目筛选看,要完善对公益创投市场的细分

社会目标组织的使命与目标不同,对资源的需求各异,反过来对我国公益创投形成细分市场提出了更高的要求。对投资对象进行市场细分,一方面,能够使大量资源集中于单一领域,社会目标组织之间可形成优势互补的网络构造,打破竞争局面;另一方面,在投资过程中能够更好地优化资源配置,更高度地参与投资对象管理过程。同时,公益创投市场的细化将对社会效应的评估产生巨大帮助。由于投资对象的领域不同,社会目标组织的社会影响力评估具有很大难度,不同领域的社会效应仍难以用统一标准合并。投入与产出的可比性,对于公益创投的发展具有重大作用。

3. 从投资过程看,要重视与慈善基金、商业创业投资的联合投资

欧洲最大的私募股权并购基金之一的帕米拉(Permira)与英国社会企业资助组织合作创立了“社区行动网络突破”基金，这是一只帮助社会企业达到一定发展规模的公益创投基金。作为包含200家基金会成员的欧洲基金会中心(EFC)专门召开关于公益创投的研讨会,为公益创投与更多的传统投资者(慈善基金)进行合作提供了机会。这些事实说明,在社会事业投资中,公益创投基金与传统慈善基金会、商业创业投资并非竞争关系,机构的联合投资将形成协同效应。现有慈善基金会在慈善领域具有丰富的社会资源和待投资社会项目,商业创业投资近十年业已探索出有效的基金运作模式。通过和上述机构的联合投资,公益创投不仅能够在项目筛选上节约成本和精力,同时也可以借鉴完善自身的治理机构,并对社会目标组织提供高效的增值服务。

4. 从增值服务提供看,要重视对社会目标组织的孵化

欧洲经验表明,对于社会目标组织的孵化帮助,其价值甚至大于提供资金本身。在中国,很多的社会目标组织成立时间短暂,不仅缺乏一定的社会网络支持,本身也缺乏专业的运作经验,因而迫切需要公益创投机构给予全方位的帮助。在社会目标组织成立初期,最重要的支持是帮助其获得更多资金,帮助其接触更多的融资渠道,达成一定的投资意向。在社会目标组织发展过程中,要逐步帮助其完善企业治理结构,建立有效的激励约束机制。在社会目标组织发展的后期,要帮助其建立可持续经营的能力。

5. 从投资工具选择看,要重视多元化投资工具选择

中国公益创投应当改变慈善基金会捐赠为主的投资方式,在法律允许的范围内加强引进债权、股权和可转换优先股方式。上述金融工具选择,不仅可以解决已有投资方式所导致的资金不可持续的问题,还可对投资对象实现更高效的监督激励。

6. 从退出看,要完善退出方式选择和社会效应评估体系

传统基金会由于捐赠性质,根本不存在退出方式的考虑。借鉴商业创投退出方式和欧洲公益创投经验,中国公益创投可以采取出售股份、社会目标组织管理层回购等方式实现退出。从退出时机选择看,如何衡量社会目标组织的影响力价值和财务价值,涉及复杂的评估问题。中国公益创投机构需要根据自身发展过程的定位问题,结合 SROI、平衡计分卡、关键绩效指标体系在内的各类社会影响力评估方案,设定基金不同发展阶段对于目标对象的不同价值评估体系。总体来说,对于目标对象资金的退出不仅要获得一定的财务回报以保证自身资金运作的可持续,更要考虑社会的影响力回报最大化。

(原文由刘志阳、邱舒敏发表于《经济社会体制比较》,2014 年第 2 期)

公益创投网络及其治理

作为社会创业的重要推动力量，公益创投（venture philanthropy，VP）网络的发展与全球社会企业（social enterprises，SEs）的繁荣具有密切联系。公益创投在促进社会创业发展的过程中，与各类公益伙伴（包括政府、国际慈善机构、其他公益创投机构、倾向企业社会责任的金融企业和商业企业、数量众多的志愿服务机构和中介组织等）形成了相对稳定且合作共赢的网络。公益创投网络是以公益创投为核心，通过联合投资或者战略合作形成的以信任和互利为基础的网络，其目的在于最大程度促进社会企业发展。在过去二十年中，越来越多的慈善资本被配置给有成功潜力的社会企业，这些社企得益于公益创投网络的综合支持，战略性地实现了社会影响力的规模化。由于不同历史、文化和社会因素，发达国家公益创投已经演化出不同模式，形成了众多有影响力的公益创投网络（如 Impact Hub、Social Venture Partners 等），不同生态位的公益创投对整体网络价值的影响机制也不同。相比之下，尽管公益创投的概念进入中国公众视野已经有 12 年左右时间，但中国公益创投网络仍然处于早期发展阶段，目前仅有 NPI 社会创投基金、南都公益基金会、友成企业家扶贫基金会等少数机构，面临着公益创投机构数量少、高素质专业人才不足和过度依赖政府力量推动等问题。公益创投生态链缺乏自我支持、自我运作和自我发展（王名，2014），对社会创业的促进作用也十分有限。如何构建良好的公益创投网络以更好地适应蓬勃兴起的社会企业发展需求是亟须解决的迫切问题,也关系着公益创投行业的长远发展。

目前国内外有关公益创投的研究历史并不长,研究成果仍然较少。已有研究主要围绕着公益创投的概念、现状及国际比较,VP 的运行机制及具体环节等方面。新近的研究关注公益创投网络①,但总体上研究公益创投网络的较少,且缺乏一个合适的理论分析框架。VP 网络构成要素和生态价值是什么?存在哪些不同网络类型?它们的治理机制及独特性分别是什么?对社会企业部门影响如何?上述基础性问题还未得到回应,理论严重滞后于实践。

基于此,本文首先概括分析公益创投的生态内涵;其次,根据公益创投的网络主导性及公益伙伴多样性两个维度将公益创投网络划分为四种不同类型;再遵循"网络结构—治理机制—生态绩效"的逻辑链,进一步对四种不同 VP 网络在不同环节上的特征进行深入分析;最后针对我国公益创投网络发展现状提出政策建议。

一、公益创投网络的内涵

(一)公益创投网络的关键要素

公益创投追求实现社会使命和经济价值的双重目标,拥有更广泛的利益相关方。在由社会创业家、公益创投者、社会投资者、国际发展组织和国家政府等构成的生态中,VP 通过网络中的合作伙伴和战略联盟聚集关键资源以促进社会改善,网络关系对 VP 如何利用投资机会以及配置网络资源至关重要。而且,作为市场化运作方式的投资机构,VP 必然需要在"筹、投、管、退"等各个环节中与社会各方力量协同合作,才能高效率实现最大化社会回报和非必须财务回报的双重目标。

根据 EVPA 在 2016 年的报告,欧洲公益创投网络的核心构成要素中包含公民、PE/VC 机构、基金会、社会企业、政府部门和商业企业。此外,公益创投网络通常还应包含专门服务于公益创投和社会目标组织的律师事务所、会计师事务所和公益投资银行等第三方中介机构。作为公益创投退出环节最有效的退出通道,公益创投网络还可能涉及社会证券交易所、社会投资者和社会交易所监管层等。

① Grossman(2013)在题为"公益创投:演化与未来"的文章中强调了 VP 生态在社会创业中的重要作用,认为应当构建适应社会企业不同发展阶段的公益创投网络。

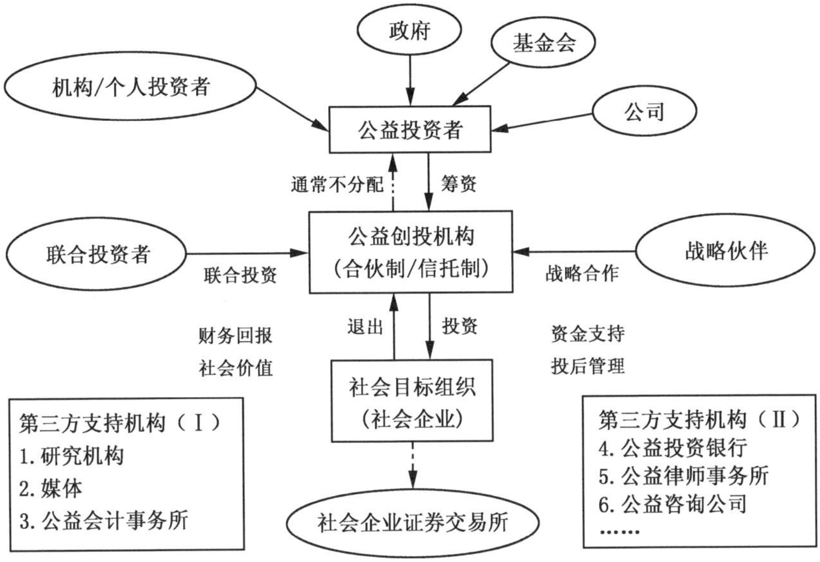

公益创投网络关键构成要素

(1)公益投资者。公益投资者是公益创投网络的资金提供者,包括个人投资者、基金会、大公司和政府部门等。根据美国哈德逊研究所(Hudson Institute)全球振兴中心(center for global prosperity)发布的2016年度《全球慈善性捐款与汇款指数》,私人资本参与公益慈善事业已达84%,政府部门占16%。在欧洲,政府、自有资金和信托、投资回收、个人投资者在资金提供方面扮演最重要的角色,分别达到24%、23%、19%和18%。越发达的地区,公益创投的投资者结构更多元化,资金筹集来源也更社会化。

(2)公益创投机构。公益创投机构(venture philanthropy organizations,VPOs)是整个公益创投网络的核心中枢。70%的公益创投为非营利性的,组织形式包括独立基金会形式(38%)、商业公司注册形式(19%)、非营利性组织(16%)、公司基金(10%)、基金管理公司(8%)等。公益创投将传统慈善中基金会与受益人简单的资金资助关系转变成"伙伴关系"。公益创投通过"高参与性"为社会目标组织提供组织支持、能力建设、战略咨询等非财务支持,涵盖资金、信息、隐性知识等多种资源,以帮助后者扩大社会影响力、建设组织韧性和财务可持续性能力。

(3)社会目标组织。根据欧洲公益创投协会(EVPA)的定义,社会目标组织(social purpose organizations,SPOs)以取得可衡量的社会与环境影响为首要目标,包括慈善组织、非营利组织和社会企业。社会企业以实现最大社会价值创造并兼具财务回报可持续性为目标,通常涉及环境、健康、减贫等领域,受益对象主要为以儿童、中年妇女、贫困群体、残疾人等为主的 BOP 市场群体。社会企业是公益创投网络中的受助方,大多数自身没有销售收入,盈利不足以接入传统金融市场。

(4)政府。政府是解决社会问题和提供公共服务最重要的一方,是公益创投网络中最重要的要素之一。在中国,政府主导多方合作的公益创投运营模式中,政府作为投资方通过福利彩票基金和政府财政拨款为公益创投提供资金支持与政策支持、税收优惠等非财务方式的形式参与管理社会创新,政府也通过"政府购买服务"的方式促进了社会福利项目和社会企业的培育。在欧洲,政府部门始终是公益创投网络发展与扩散的支持者和倡导者。

(5)第三方支持机构。公益创投在实际运行中采用商业创投的手段,需要经历筛选投资项目、进行投资决策、社会价值绩效评估、选择合理渠道退出等关键环节。由于公益创投自身人力资本和专业经验难以覆盖投资的全过程,需要以提升非营利组织绩效为目标的专业机构提供高质量的服务,使得整个投资过程变得顺利。这些第三方机构包括公益投资银行(如 Sea Chang Capital 等)、公益智库(如 Faster Cures)、绩效测量评估研究机构(如美国的 Mathematica Policy Research 和 MDRC)、致力于提升非营利组织绩效的咨询组织(如 The Bridgespan Group 等)、律师事务所(如上海复恩社会组织法律服务中心等)、会计师事务所(如具有社会组织评估专项审计资质的安永华明会计师事务所上海分所)、权威资格认证机构(如 B-Corporation 等)。除了专门的第三方机构外,大型商业咨询公司(如麦肯锡、波士顿咨询)也能够为公益创投提供特定专业服务。大学研究中心(如上海财经大学中国社会创业研究中心)、公共研究机构(如亚洲公益创投联盟)、商业竞赛(如 Hult Prize)、知名媒体等,对于生态中的 VP 人才供给、筛选有潜力的社会创新项目、社会影响力规模化等方面都十分重要。

(二)公益创投网络价值

公益创投的网络价值具体表现在三个方面。第一,由于社会问题的复杂性,社会企业采用特定社会创新方式和商业模式解决社会问题的绩效具有很高的不确定性。联合投资作为 VP 行业投资战略的关键组成部分,在有效率的 VP 生态中,VP 通过联合投资网络发现、筛选和优化投资选择,将资金配置给有潜力的交易流,降低了信息搜寻成本。同时，联合投资网络也有助于 VP 分散投资风险，提高自身的战略绩效，有利于实现自我持续发展和扩张。第二，社会企业在解决社会与环境问题时面临着比商业企业更强的资源约束条件，更复杂的任务环境。公益创投网络有机融合公益伙伴网络，通过建立互惠、稳定、互利的长期合作伙伴关系，降低了复杂关系和任务环境带来的不确定性，同时，通过整合关键资源帮助社会企业利用社会创业机会，帮助其长期能力建设和绩效提升。VP 生态内的互补性资源、特定关系投资和非正式治理机制都有利于 VP 生态的价值共创。第三，单一 VP 聚焦于行业和阶段以获得竞争优势，能够提供的资金和服务能力有限。VP 的生态优势能够为采用破坏性创新的社会企业孵化培育、成长、成熟等发展的不同阶段提供风险—收益—期限特征匹配的资金组合与多元价值增值服务，既有利于 VP 专注实现自身的社会使命，也有利于最大程度激发生态内的社会创新活力，更系统性地解决社会问题与推动社会改善。

二、公益创投网络的类型

公益创投网络是以实现最大化社会影响力和经济可持续为价值主张的复杂系统，其具有两个重要特征：一是公益创投连接的公益伙伴的多样性；二是由于公益创投在生态网络中所处的生态位不同，其与公益伙伴彼此之间的关系主导程度存在差异。前者决定了 VP 生态中资源的异质性和丰富度，后者则影响了公益创投整合社会网络资源配置给社会企业的能力。为了更好地研究不同公益创投网络，根据 VP 与公益伙伴的相对主导性及公益伙伴的多样性这两个维度对公益创投网络分类是必要的，可以划分为四种类型。

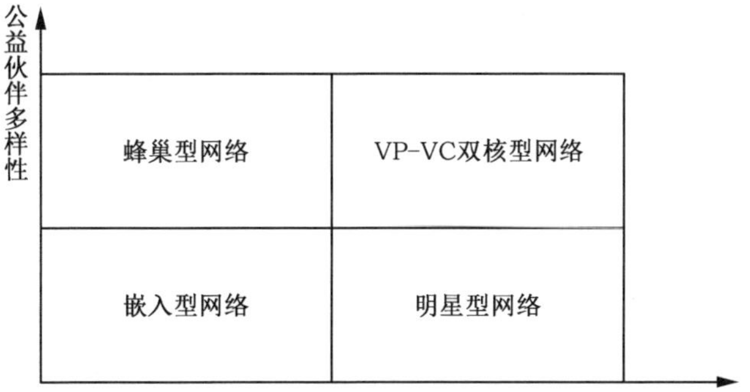

公益创投网络分类

(一)嵌入型网络

嵌入型网络,是指 VP 网络形成仍处于早期阶段,嵌入于社会部门中并受政府影响较大,政府及传统慈善基金会在非营利部门的强主导性。在嵌入型生态中,公益创投的网络主导性弱,具有独立运营能力和专业化团队的公益创投占据生态中的利基位置。公益伙伴种类较少,主要包括政府、商业企业、传统慈善基金会和少数跨国集团等。由于社会创业运动刚刚兴起,缺乏符合投资标准的社会创新项目,合作机会和频率有限,那些少数成功的社会企业主导性强。在嵌入型网络中,VP 面临的挑战包括:高绩效的社会企业供给不足;搜寻社会企业的成本高(已有的社会企业规模较小,且碎片化地嵌入于多个社会领域);需要自己构建孵化器助推社会创业者开创社会企业组织;政府干预性强,缺乏独立性,自身能力建设不足等。目前,中国多数公益创投网络是典型的嵌入式网络。

(二)蜂巢型网络

蜂巢型网络,是指公益创投、社会企业、全球 NGOs、政府、慈善基金会、跨国公司与当地社区网络组合成蜂巢协作系统,公益伙伴种类众多且通常各自拥有以自身为核心的社会网络,彼此相对独立且平等。公益伙伴通常在同领域中具有广泛的声誉和影响力,成员彼此之间能够密切合作,信任程度较高,政府的参与也有助于建设性地改善社会问题。具有跨文化背景的投资团队和跨国运营经验的公益创投是蜂巢型生态的关键物种,其与公益伙伴分享共同社会使命和互补性资源,使得协作网络保持了较高的灵活性。这些公益伙伴主要包含:在当地具有专业服务能力和经验的 NGOs;在领域内拥有良好声誉的全球性慈善基金会。在蜂巢型网络中,VP 面临的挑战是:对社会企业本身介入不深,需要依赖于信任的合作伙伴。同时,随着地理边界的扩张,时空约束增强,缺乏对社会企业社会价值实现过程的高度参与式监督,需要更多采用正式手段和规则制度以协调和控制社会创业家的行为,交易成本较高。

(三)VP-VC 双核型网络

VP-VC 双核型网络,是指公益创投和商业创投彼此平衡,协同社会中介伙伴、社会股票交易所等种类多样的公益伙伴共同形成了开放生态。联合投资网络的两端连接着社会证券交易所和社会企业,社会证券交易所扮演重要的利基角色,包括独立的社会企业交易所和商业证券交易所。采用破坏性创新范式解决社会问题的社会企业基于在不同组织发展阶段对于外部资金需求和风险收益特征的差异形成了联合投资生态,双核型网络位于这个生态的中心环节。当社会企业处于较小规模阶段,不确定性高财务回报较少,“VP+社会天使”是有效的支持模式;当社会企业商业模式得到目标客户群体的认可,能够产生符合预期的财务回报时,构建“VP+VC”或者“VP+VP”的联合投资网络可以进一步释放成长潜力,提升组织绩效和规模化能力;当社会企业需要大规模复制商业模式时,政府与慈善基金的长期资金介入是合适的。在VP-VC双核型网络中,VP面临的挑战是:避免由于VC介入过分注重财务回报而导致社会企业使命漂移,特别是当被投企业虽然拥有高的社会绩效但是无法产生可持续的财务绩效时,联合投资双方对社会与经济价值目标实现的侧重不同导致的过高的协调成本。

(四)明星型网络

明星型网络,是指公益创投在生态中具有中心主导性,其内核部分的公益伙伴是数量众多的社会企业,外环部分是其他具有相似社会使命的基金会等,公益伙伴种类较少。VP的资源动员能力强,在当地社区拥有丰富经验和长时间品牌积淀因而享有广泛的声誉。成长潜力优质的社会企业基于对公益创投的社会使命、服务能力及伙伴网络的认同自主地参与生态中,并吸引了更优质的后来者。双向学习和价值共创成为明星型生态的动力机制,有利于进行长时间的社会改善,系统性解决社区各领域社会问题。VP作为生态中信息与资源交换的平台枢纽,将社会企业伙伴网络的捐赠和志愿者服务高效地转化为社区影响力。公益创投以丰富的知识和社区领导者网络指导社会企业精准识别当地社区的挑战和潜在的解决方案,帮助其构建高效的决策和治理机构,制定差异化的战略以提升组织建设能力,同时赋予了社会企业在实际运营时的较高自主性。在明星型网络中,VP面临的挑战是:保持良好声誉,对社会企业伙伴网络进行精细化管理,保持社区问题敏锐性和服务能力,激励社区问题导向的社会创新设计与有效的商业模式实践。

三、公益创投网络的治理

在公益创投网络中, VP作为追求最大化社会价值兼顾财务回报双重使命的行动者,治理机制表现为基于特定网络结构对复杂的利益相关者的协调与控制。不同网络中VP需要战略性地采取适合的治理机制将社会资源有效配置给高绩效的社会企业以最大化生态的社会影响力。因此，本文遵循“网络结构（structure）—治理机制（governance）—生态绩效（performance）”的逻辑链，进一步分析不同类型的公益创投网络的治理特征及其绩效。

在传统风险投资网络治理中，风险投资公司战略性地选择联合投资者，负责管理联合投资合约以协调联合投资者和被投企业的关系，通过正式契约对被投企业的现金流权、董事会投票权、投票权、清算权和其他控制权进行分配以降低不同情境下被投企业的潜在的道德风险和信息不对称程度。

在公共网络中，随着非营利部门的力量在解决社会问题领域日益增长，公共网络更多被视为一种松散耦合网络的复杂适应系统。协调和监督参与者行为实现公共利益目标的社会机制在公共治理中具有更加中心的位置。民主决策、透明、问责制和社会包容性等是公共治理的基本原理，信任机制在公共网络治理中扮演着重要角色。

相比公司治理模型，对于非营利组织的治理更强调社区参与、程序正义、管家精神。公益创投网络治理兼具传统风险投资网络和公共网络治理的双重特征，需要针对公益伙伴的多样性情况和公益创投主导性等生态特征综合考虑公司治理模型对于经济利益关系的协调与公共网络中慈善模型对社会利益关系的协调两个方面的因素。

公益创投网络结构与治理

类型	网络结构	网络特征	治理机制	网络绩效
嵌入型网络	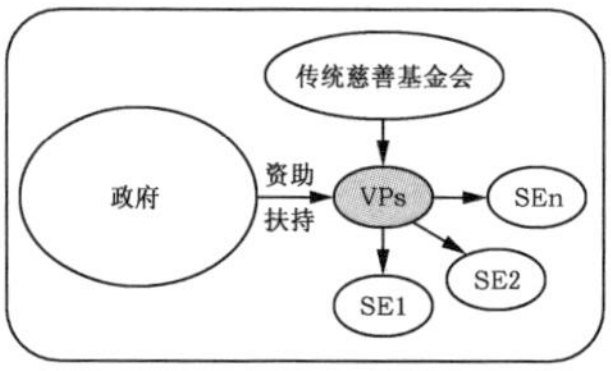	公益伙伴多样性低，VP 主导性弱	自适应 （通过建立协同联盟和战略聚焦两种方式逐渐完善生态）	社会价值创造能力弱，社会问题局部改善
蜂巢型网络	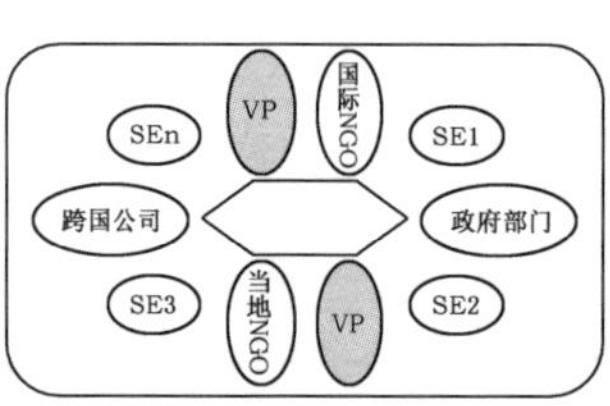	公益伙伴多样性高，VP 主导性弱，彼此相对独立	信任 （在信任和声誉机制共同作用下，彼此之间通过加强沟通及时协调冲突）	社会价值创造能力较强，同领域社会问题的跨区域改善

续表

类型	网络结构	网络特征	治理机制	网络绩效
VP-VC双核型网络	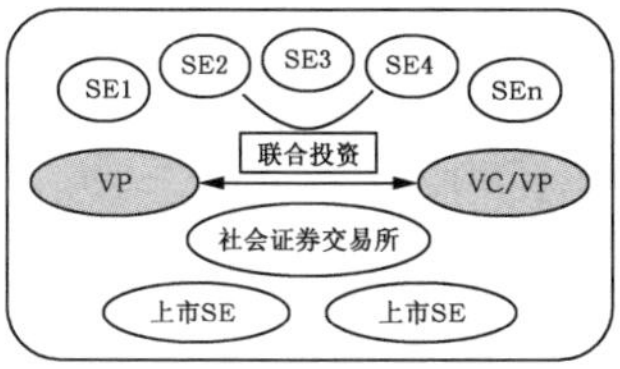	公益伙伴多样性高,VP主导性较强	正式契约 (通过正式的契约明确双方权利与义务,特别注重决策平衡和利益分配协调)	社会价值创造能力较强,同一地区的跨领域持续社会改善
明星型网络	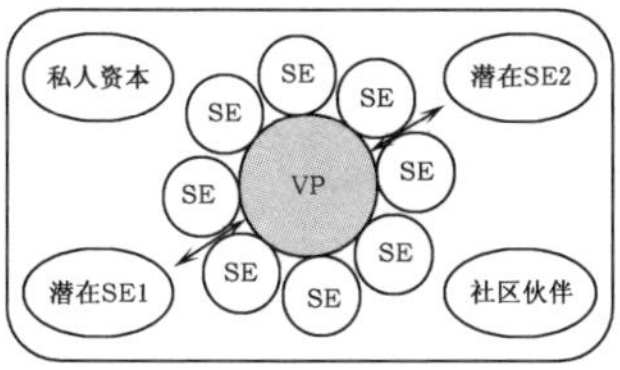	公益伙伴多样性低,VP在生态中主导性强	共同愿景 (各方拥有清晰的共同愿景和目标,强调以合作文化为基础的社区治理)	社会价值创造能力强,同一地区系统性的社会改善

在嵌入型网络中,公益创投的合作伙伴很多是首次与公益创投这类特殊资本合作,传统慈善基金在解决社会问题中占据主导作用。VP适合采用"自适应"治理机制以帮助公益伙伴认识自身的角色,彼此建立合理的预期,逐步构建和完善生态体系。在此基础上,VP一方面通过管理团队的关系网络和所投资的社会创新项目加强与慈善基金会、商业企业等公益伙伴的沟通与交流,逐渐建立起相互信任的关系治理机制,战略性地将知名公益伙伴纳入网络以提高网络的合法性和伙伴多样性。另一方面,聚焦投资头部社会创新项目是早期公益创投的重要战略,优质的社会企业更具引领性,能够产生更大的社会影响力,其成功退出有利于VP在早期形成投资声誉,进一步提升VP在公益伙伴中的可信任程度和主导性。同时,尽管地理邻近优势增加了VP与社会企业的信息交换频率,但由于双方先前的合作经验较少,适宜采用正式契约和正式互动为主,监督社会企业的社会价值实现过程。在网络绩效方面,VP网络能够在一定程度上推进社会企业发展,帮助解决相应社会问题。但相比其他公益创投网络,VP的公益资源配置效率不高,整体网络社会影响力也较弱。

在蜂巢型网络中,公益伙伴种类众多并且通常是拥有良好声誉、有一定合作基础的跨国非营利组织和政府组织,信任机制在治理上发挥了基础性作用。为了有效整合各自核心的社会网络资源,公益创投与公益伙伴需要建立正式与非正式的沟通机制以交换社会企业的社会价值实现过程和影响力评估结果的实时信息。这主要是由于生态中社会企业分布在不同的国家和地区,时空条件与资金投入的约束降低了公益创投与社会企业的信息交换频率,不得不更多依赖公益合作伙伴的资源与知识网络的支持,沟通机制的建立有利于及时交换和更新双方拥有的信息。第三方社会价值评估报告等正式监督手段是有益的补充,提高了合作的有效性。在网络绩效方面,VP 网络能够促进社会企业部门跨区域地改善同一领域社会问题,社会影响力较强。

在 VP-VC 双核型网络中,公益创投主导性有所平衡,VC 作为联合投资者为生态带来市场化运作的知识和资金。联合投资双方在投资理念和投后治理的契合程度决定了网络的成功。为了避免搭便车行为,公益创投倾向选择有先前良好合作经验联合投资者合作,降低机会主义者风险。另外,VC 对财务回报的追求会促使其对被投企业的商业模式、战略方向、产品与服务市场策略施加影响,增加社会企业过分追逐财务回报的潜在道德风险。为了降低社会与经济利益分配失衡带来的过高协调成本,基于正式契约的决策平衡机制在关系治理中发挥了关键作用。在双核型网络中,社会企业的盈利能力高因而更像商业企业,VP 利用包括分阶段投资、设立监督委员会、拥有决策投票权、取消或者延长合作关系的权利等多种正式契约机制达到协同治理的目标。在网络绩效方面,VP 网络能够促进社会企业部门持续地对多领域的社会问题进行优化,社会影响力较强。

在明星型生态中,公益创投主导性强,社会企业既是网络中的受助者也是 VP 的主要公益伙伴。VP 与社会企业享有共同愿景,社会企业基于对 VP 社会使命与服务能力的认同而集聚,VP 积累有丰富的社区网络资源,了解当地社区的主要矛盾和社会问题,帮助社会企业利用社会创业机会和成长(Reddy,2015),而成功成长的社会企业又反过来成为 VP 的公益伙伴,为初创期的社会企业提供后续基金和志愿者时长,构成了良性的当地战略联盟。合作文化是明星型生态的基础,显著降低了 VP 与公益伙伴之间的沟通和交易成本,信任作为非正式治理机制代替了正式契约手段。VP 侧重基于管家关系监督社会创业者的社会价值创造过程,其赋予社会企业的管家权利水平高,社会企业具有较强的自主性,在绩效评估方面较多使用与管理相关的会计信息而非正式会计估值手段。明星型生态中公益创投筹资来源多元化,对于联合投资网络依赖性低,对于社会企业的治理更加强调低成本的社区治理和管家精神方式。在网络绩效方面,VP 自我发展能力强,拥有更加多元的发展策略,VP 网络能够促进社会企业部门持续地系统性地解决社会问题,推动社区全面改善,社会影响力创造能力强。

四、案例分析

(一)嵌入型网络

迷你案例

上海恩派公益创投网络

上海恩派(NPI Foundation)公益创投网络是典型的嵌入型生态,其由政府赞助设立以便利政治合法性日益增强的社会创业活动。成立于2015年的NPI Foundation是恩派公益旗下新设立的社会创投基金,起步晚主导性弱,并且面临符合条件的早期社会创新项目稀缺的问题,良好的社会创业的氛围和生态尚未形成,对于社会创业发展的影响力较小。

NPI Foundation采用“适应”的机制逐步构建和整合碎片化的生态要素,致力于构建聚焦中国本土社会情境的公益创投网络。一方面,NPI Foundation依托社会创业事业群和公益孵化器独立孵化社会企业,聚焦投资优质的社会创新项目,NPI Foundation正致力于构建一个共赢、开放的公益孵化器2.0;另一方面,通过战略联盟方式与世界银行集团、中国青少年基金、联想集团等建立广泛的战略伙伴网络,促进行业内部资源提供者与战略伙伴的深度对话和实质合作,携手社会创业者以实现对非营利部门的更大的贡献。

在网络绩效方面,恩派公益已成为中国最大的支持型公益机构,孵化了超过600家公益机构和社会企业,在全国30多个城市为数千家优秀的公益机构和社会企业提供综合支持服务,但是NPI社会创投基金的整体社会影响力小。

(二)蜂巢型网络

迷你案例

英国儿童投资基金公益创投网络

英国儿童投资基金(CIFF)公益创投网络以改善发展中国家或地区处于贫困状态儿童的生活为社会使命,目前是同领域世界上最大的基金会。CIFF 在全球不同地区与全球性专业慈善组织展开项目合作,形成了松散耦合的协同网络,CIFF 在其中更多扮演早期的协调者和资金支持者角色。

例如在印度,CIFF 作为资金提供者与印度政府、印度最富有影响力的 NGO“拯救儿童行动组织(BBA)”合作,赋能以 BBA 为核心的当地社会网络帮助印度当地受奴役的儿童捍卫法律权利;在尼日利亚,作为项目协调者联合反饥饿联盟(AAF)、欧盟、联合国儿童基金会和尼日利亚政府解决尼日利亚北部儿童严重的营养不良问题。

由于公益伙伴在帮助贫困儿童方面具有全球的声誉和良好运作经验,相互信任的治理机制有效降低了彼此合作的成本,也为后续的潜在合作提供基础。但是,为了整合不同的优势资源,协同网络各方在项目操作上具有明确的分工,通过正式和非正式的沟通机制解决时空上的约束,及时解决由于信息不对称带来的冲突。

在网络绩效方面,CIFF 生态创造了巨大的社会影响力。例如,在抗击埃博拉病毒期间为国际无国界医生组织培训 925 个员工,而后者则为 19 484 个人提供了医疗诊断,并确认了 86 名可疑病例;帮助联合国儿童基金会培训了 9 715 个社区健康工作者,并建立了 2 400 个临时点。

(三)VP－VC 双核型网络

迷你案例

中国青云创投网络

中国青云创投(Tsing Capital)是中国绿色产业股权投资领域的开创者和领先者,率先将 ESG 管理与审计纳入投资决策与投后管理流程,体现了极强的社会与环境效益,其网络更像是风险投资网络。青云创投的联合投资伙伴种类众多,既包括华盈凯鹏、祥峰投资、香港水木投资、ABB 瑞士公司、三星资本和住友商事等国际知名 VC,也包括高领资本、线性资本、真格基金等国内知名 VC。被投企业包括中盛光电、创业集团、爱优特、乐健集团等数十家初创企业覆盖了能源与环保技术、清洁技术和可持续发展技术三大领域的公司,其中众多项目由青云创投领投。青云创投在联合投资网络关系治理中主要采用正式的契约机制以协调自身、联合投资者和被投企业等各方关系。在网络绩效方面,联合投资网络的被投企业从商业证券交易所上市的有东江环保(A 股上市)、百川科技(新三板挂牌)等,众多项目以股权转让方式退出,社会影响力较大。

(四)明星型网络

迷你案例

美国硅谷社会创投基金网络

美国硅谷社会创投基金(SV2)拥有超过 200 个伙伴网络,以撬动硅谷社区关键资源支持旧金山湾区具有潜力的社会创新组织为共同愿景,致力于创造和扩散有意义的社区影响力。SV2 的伙伴网络结构主要分为两部分,同心圆内核部分主要由个人与家庭、社会企业构成,更像是一个公民驱动的社区自组织网络;在同心圆的外环部分,合作伙伴和战略联盟主要是旧金山湾区的各类具有共同愿景的公益基金会与中介机构, 包括斯坦福校友咨询团队为非营利组织提供咨询服务、斯坦福慈善与公民社会研究中心、硅谷社区基金(SVCF)、旧金山基金会等。SV2公益创投网络共享明确的共同愿景,并在促进社会创业过程中发展出鲜明的合作文化,以SV2为核心构成了一个以社区参与和管家精神为主要互动模式的高度信任社区,形成了自我强化的高效创造社会影响力的系统。在生态绩效方面,公益伙伴在最近的一个年度为社会企业投资了超过100万美元和超过1 000个小时的志愿者服务。过去五年中每一美元的SV2投资额撬动了30倍的效率,并帮助社会企业筹集到3 000万美元的后续投资。目前,SV2生态已经成功投资和退出了湾区区域的49个社会企业项目,还有17个项目尚未退出,涉及教育、环境、青年人发展、经济机会等众多领域,创造了巨大的社会影响力。

五、结论与对策

公益创投在促进社会创业发展的过程中,各类公益伙伴起到重要的协同作用,彼此链接与互动形成了良好协作的公益创投网络。已有的研究基于现象驱动主要聚焦在公益创投过程,对于公益创投网络缺乏深入的理论研究。本文基于已有研究,根据公益创投的网络主导性及其公益伙伴多样性两个维度的特征,首次将公益创投网络划分为嵌入型、蜂巢型、明星型和VP-VC双核型四种基本类型;遵循“网络结构—治理机制—生态绩效”的思路,对不同类型网络的治理特征进行深入的剖析,研究发现为了协调社会与商业利益,公益创投网络治理具有公司治理和非营利组织治理双重特征,其常见的治理机制采用包括共同愿景、信任、正式契约和自适应等治理机制,不同类型网络的治理机制具有不同的网络整体社会影响力。本文研究是对公益创投网络理论的一次探索性尝试,也为后续促进公益创投网络的演化研究指明了方向。从实践看,如何构建开放、合作、共生、多赢的VP网络是我国公益创投行业和社会创业发展的迫切任务。鉴于此,本文提出如下政策建议:

第一,政府要推动以公益创投为核心的公益创投网络发展,提升社会创业活力。现阶段随着“双创”浪潮涌现,我国产生了数量众多、致力于解决各种社会民生问题的公益创业项目。政府应当逐渐从领导者、组织者和管理者向监督者和引导者转变,创新社会团体管理机制,探索多种激励社会创新的有效方式,推动有序的社会创业运动。政府可通过放宽注册、政府公益资本引导基金、公益人才导入、税收减免等多种激励措施，积极培育以公益创投为核心的 VP 网络，有效支持不同行业、不同成长阶段的社会创新项目的特定需求，促进社会创业发展。

第二，完善公益金融体系，探索建立从社会天使、公益创投到影响力投资的完整 VP 生态，促进公益资本市场发展；在现有商业企业交易所的基础上，探索建立社会企业证券交易平台，通过有公信力的政府机构或者独立的第三方评估机构对社会企业进行监督；进一步丰富公益创投网络主体，增加公益创投筹资、投资和退出渠道，激发社会资本参与推动公益创投网络发展的活力，形成良性的公益金融资本循环。

第三，公益创投自身要战略性地加强与公益伙伴紧密合作，VP 应当基于不同公益伙伴网络，推动生态要素和基础平台建设，共享社会资源与知识网络，增加彼此的沟通与信任。要采用适合的治理机制创新协调多方关系，促进资源与知识在生态内的共享与利用，做到社会资源有效配置给高绩效的社会企业。

（原文由刘志阳、王陆峰发表于《东南学术》，2018 年第 5 期）

从『开明的自利』看影响力投资①

影响力投资是公益慈善和资产投资事业的重大创新，有别于传统投资管理，其将投资利益与公益目的有机结合，在投资获利的同时，可以为社会和环境可持续发展提供强大支撑。影响力投资承认这样一个事实：这个社会上有的人愿意无偿捐赠，有的则希望至少可以回本，有的甚至希望可以多少还能有一些回报，哪怕是比市场水平更低的回报。

一、影响力投资内涵

影响力投资还属于一个新生事物，对其内涵认知还不统一，这其中国际金融公司（international finance corporation，IFC）和全球影响力投资网络（global impact investing network，GIIN）的定义逐步被全球广泛认可，其认为**影响力投资是机构或者企业除了获取财务收益，还会贡献可衡量的积极的社会或者环境影响的投资。**不是所有带有社会积极影响的投资就可称为影响力投资，GIIN 认为影响力投资的核心特征在于目的性、追求财务回报、覆盖多种资产和影响力可衡量；G8 社会影响力投资工作组（G8 social impact investment taskforce）认为影响力投资的特征是其在产生投资收益的同时

① 本文来自袁吉伟. 全球影响力投资的内涵、实践及发展挑战研究[R]. https://baijiahao.baidu.com/s?id=1703132498764675542&wfr=spider&for=pc. 作者在改编时略有变动。

明确追求设定的影响力目标和可衡量的成果;IFC 则将影响力投资的特定定义为目的性、贡献性和可衡量性。影响力投资最早起源于具有宗教主题的投资基金,为贯彻宗教组织的要求,此类基金会规避与宗教宗旨相悖的投资领域,诸如酒类企业、赌博企业等。此后,随着全球社会和环境问题的突出,各国政府越来越倡导可持续性和负责任性投资,投资机构逐步将社会因素、环境因素和企业治理因素等纳入投资决策考量范畴,也就是当下流行的 ESG(environment, social and governance)投资策略。为了追求更大的社会影响力,一些先进的机构通过投资管理更主动地参与到脱贫、环境保护等社会行动中。2007 年,洛克菲勒基金会首次提出了影响力投资(impact investing)概念,此后摩根大通认为影响力投资已经成为一种新的资产类别,影响力投资日渐吸引社会各界的关注,投资进入快速发展的新时期,尤其是最近十年参与影响力投资的金融机构明显增多,全球管理资产规模已近万亿美元。

二、全球影响力投资实践

影响力投资发展较快,管理资产规模呈现快速增长态势。不过,由于缺乏权威的统计数据基础,不同机构的估算数据存在一定差异,准确确定全球影响力投资规模较为困难。联合国负责任投资原则组织(UN PRI)调研数据认为,截至 2018 年全球与社会和环境目标有关的资产规模约为 1.3 万亿美元。根据 GIIN 统计数据,截至 2019 年末,根据 1 720 个影响力投资机构的测算,全球影响力投资规模达到 7 150 亿美元。IFC 统计数据显示,截至 2019 年末,全球影响力投资规模为 2.07 万亿美元,其中私募基金类影响力投资规模为 4 250 亿美元,开发性金融机构管理规模为 1.65 万亿美元。摩根大通预测到 2020 年全球影响力投资规模有望超过 1 万亿美元。PRI、摩根大通与 GIIN 的统计数据规模相对较为接近,而 IFC 统计数据最大,主要在于对于影响力投资口径的认定存在差异。这里面,PRI 统计口径最为宽泛,其中包括了绿色金融、ESG 投资等资产;而 IFC 统计数据中,包含了较大规模的开发金融类机构管理的影响力投资。不管怎样,现有数据可以清楚地显示出影响力投资规模呈现较快增长态势,并且已经达到了 1 万亿美元左右的量级。

创业小贴士
START-UP TIPS

全球影响力投资现状

全球影响力投资参与机构可以区分为资金供给机构以及影响力投资机构，前者主要是为影响力投资提供资金支持，而后者则是具体执行影响力投资。

资金供给机构方面，不论是个人投资者还是机构投资者，都越来越关注社会可持续发展，也积极参与社会变革，对于影响力投资热情逐步升高。根据GIIN 2020年调研数据，养老金、零售投资者和各类金融机构资金来源占比排名前三位，均超过了10%，其次为开发金融机构、保险机构，均为8%，其他资金来源占比相对较低。整体来看，当前影响力投资资金来源中以机构资金为核心，占比接近80%。从过去资金来源变化情况看，高净值客户、慈善基金会、家族办公室以及零售投资者资金增长最为显著，这意味着更多个人开始参与到影响力投资者中，未来机构资金和个人资金来源结构会更加均衡。

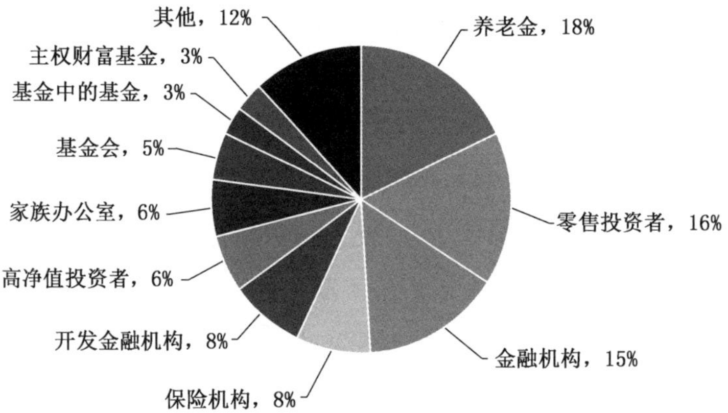

数据来源：GIIN.

全球影响力投资资金来源构成图

影响力投资机构方面，由于投资者的需求，各机构都开始逐步参与到影响力投资者中，尤其是黑石、KKR等全球知名机构均已设计相关产品，更是具有很强的示范效应。GIIN统计数据显示，当前全球有1 700余家机构从事影响力投资，其中70%为资产管理机构，17%为基金会，合计占比达到87%，成为影响力投资管理的核心力量。

从机构成立时间看,2006 年以来是影响力成立活跃期,每年均超过 10 家以上,部分 2014—2016 年均超过了 20 家以上,这个时期影响力投资已经从分散到理论上逐渐被主流机构认可,这为影响力投资市场快速发展注入了更多动力。

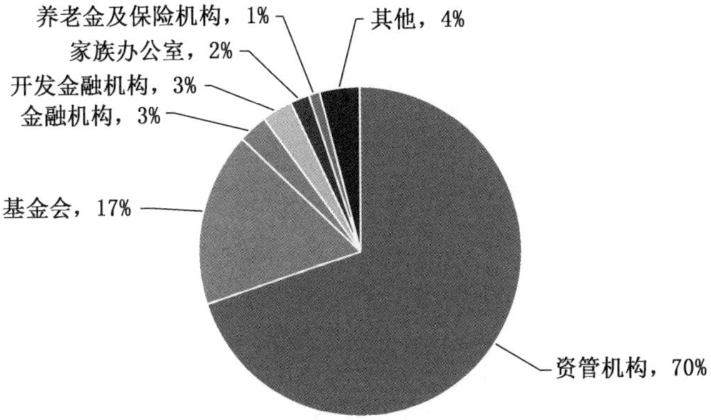

数据来源:GIIN.

影响力投资机构类别构成图

从行业领域分布看,根据 IFC 调研数据,影响力投资资金主要布局于能源、金融服务、森林、食品和农业、住房、健康等行业领域,其中金融服务、创新技术、农业、就业是各类机构都较为广泛关注的领域。不过不同区域的影响力机构对于参与行业的重点领域有所不同,发达国家影响力投资项目主要分布于绿色发展、教育、健康等领域,而发展中国家投资者则更为关注就业、新能源、金融服务和农业等领域,这体现了不同经济发展阶段的领域所需要的社会变革需求有一定差异,诸如发达国家金融服务相对较为发达,而发展中国家金融体系建设落后,更多农村和贫困人口无法获取金融服务,需要通过影响力投资来改变这一落后状况。

资料来源:袁吉伟.全球影响力投资的内涵、实践及发展挑战研究[R]. https://baijiahao.baidu.com/s?id=1703132498764675542&wfr=spider&for=pc.

三、影响力投资面临的挑战和对策

影响力投资最迫切的问题是生态的不完善,中国更是漫漫长路。需要借鉴欧美国家的成熟经验和运行机制来培育我国影响力投资市场。考虑到我国影响力投资还处在发展初期阶段，而且影响力投资的概念本身仍存在界定模糊不清的问题，政府应尽快加大影响力投资方面的知识普及，加大力度宣传社会企业家精神和社会责任感，加大对企业家慈善行为的报道，从而吸引更多企业家、机构、个人参与影响力投资事业，拓宽社会影响力投资的筹资渠道。政府应积极引导影响力投资中介服务机构的建立，大力完善社会企业认证制度，打通政府、商业、公益慈善的行业壁垒，促进社会影响力市场生态的构建。此外，在生态构建方面，还应该高度重视监管政策缺失这一现实难题。相较传统投资，需要根据影响力投资特点，建设符合其特点的受托责任、投资管理流程、信心披露等监管要求，指导参与机构更好地开展影响力投资，提高业务规范性。推动建立行业自律组织，建设行业统一平台，促进监管部门与行业之间的沟通和交流。

影响力投资面临的第二个问题是被投资的社会企业大多缺乏成型的商业模式，影响力投资者难以有效进行投资前筛选。社会企业普遍要解决的社会问题都很有挑战性，产生利润的时间会更长，相比投资一般企业投资，投资社会企业需要更多的耐心。与商业性的风险投资不同，影响力投资是典型的风险高、收益低和见效慢，造成大部分传统的投资机构都不愿意涉足这一领域。因此政府应在税费方面予以一定优惠，从而刺激影响力投资，引导更多的影响力投资的资本来源。

影响力投资面临的第三个问题是缺乏行业认可的评价标准。目前，我国还缺少一套可行的社会影响力的报告体系，使得影响力投资较难发展起来。我们应结合国外正在发展的行业标准与本国实践，构建影响力衡量体系和评估方法，为投资者提供一种能够衡量经营状况和获利能力的工具。

影响力投资面临的第四个问题是行业人才和核心竞争力的缺乏。影响力投资需要有社会发展、金融投资等方面的专业人才，需要进一步培养专业人才，在高校开设相关专业，鼓励更多专业人才参与影响力投资，奠定更加坚实的人才基础。影响力投资机构要努力提高自身的竞争力和经营能力。只有这样，影响力投资才能在我国真正形成规模，发挥它对社会和环境的正向效应，并给予投资者适当的投资回报，形成双赢的局面。

创业小贴士
START-UP TIPS

影响力投资十年开创性报告

自2007年洛克菲勒基金会提出“影响力投资”的创新概念,这一项新兴的投资活动已在全球范围内走过十年的探索之路,从全球发布过的开创性报告、评估和管理里程碑事件以及政策发展,可以窥探一丝脉络。

2009年摩立特研究院发布《社会和环境影响力投资:新兴产业的催化剂》,提供了发展影响力投资市场的路线图。

2010年JP摩根社会金融部、全球影响力投资网络(GIIN)以及洛克菲勒基金会发布《影响力投资:一种新兴的资产》,首次提供了对影响力投资行业的宏观分析。

2012年摩立特研究院和Acumen基金发布了《从概念化到规模化:以影响力投资中的慈善事业为例》,讨论了具有影响力的企业所面临的需求端挑战,以及慈善事业在推动影响力投资中的作用。

2013年世界经济论坛发布《从边缘到主流:影响力投资的评估方式和吸引主流投资者的机会》,讨论了主流投资者在进行价值投资和资本分配时面临的限制。

GIIN发布了《起催化作用的初次受损资本》(Catalytic First-Loss Capital),这份实践报告提出运用混合金融这一促进行业成长的重要工具。

2014年在G8峰会上,英国担任主席国并成立了社会影响力投资特别工作组。该工作组发布了首份报告《影响力投资:看不见的手——释放创业、创新和资本的潜能助力公益》,为政府和其他机构提供了发展影响力投资的参考建议。

经济合作组织(OECD)发布《解决社会和环境挑战的新兴投资方式》,该报告的第一篇关于影响力投资的文章为OECD成员国提供了影响力投资市场的概述,并强调了政策制定者在促进行业发展中所起到的作用。

2015年GIIN和剑桥协会发布了《影响力投资行业基准》,该报告重点关注私募股权基金,首次提供了影响力投资的总体财务业绩数据。

沃顿社会影响力倡议发布了《美好的预期:影响力投资的使命完成情况及其财务业绩》,进一步完善了私募股权下影响力投资的业绩数据。

2017年GIIN发布了《2017年度影响力投资者调查报告》第七版,这个调查提供了市场活动、市场趋势以及市场观念等领域的数据。

社会价值投资联盟发布了《发现中国“义利99”——A股上市公司社会价值评估报告(2017)》,该报告发布了全球首个上市公司社会价值评估模型,从经济、社会、环境综合贡献评估上市公司。

资料来源:《未来影响力投资路线图:重塑金融市场》(Roadmap for the Future of Impact Investing: Reshaping Financial Markets)报告,转引自社会价值投资联盟CASVI官网。

05

第五讲

数智创业

数智时代的破坏性力量

以可量化、实时化、可视化、可优化和智能化为特点的数智技术，在颠覆互联网时代创业要素的同时，也将成为引领全数智时代高质量发展的新引擎，成为助推创意阶层崛起和社会新范式形成的催化剂。

从数智创业到全数智时代

理解数智时代，需要长周期思维。在时间维度上，数智时代正处于第三次技术革命向第四次技术革命转化的交棒期。这一阶段，第三次技术革命的主导技术——互联网技术已经趋向成熟，市场已经趋向饱和。大量互联网企业基于交易和互动产生并累积了海量的数据、强大的算力和严密的算法，为人工智能预测消费者和生产者行为提供了多种可能性。上述互联网工业革命遗产酝酿并开启了一个更加崭新的数字化和智能化的时代（简称“数智时代”）。由传统互联网时代向数智时代迈进是一个创造性破坏的过程。数智时代并不仅仅是一场技术革命，更是一场产业革命、生活革命和人才革命，是一场涉及经济、社会、教育的深刻和系统的创造性破坏浪潮。经济和社会等诸多领域数智革命背后的根本性力量正是数智技术与创业力量高度耦合的作用。① 实践中数智创业的破坏性潜力正受到越来越多的重视和开发。与之相比，数智创业的理论研究非常匮乏，系统性的成果更是少见。目前学者更多是从社会学、经济学、哲学等学科视角探讨数智技术对人类经济社会生活的深刻影响②，但是有关数智技术发挥作用和数智

① 哈佛大学奥斯汀教授指出，创业是推动商业部门增长的引擎，也是社会部门快速扩张的驱动力。Austin, James, Howard Stevenson, Jane Wei-Skillern. Social and commercial entrepreneurship: same, different, or both? [J]. *Entrepreneurship theory and practice*, 2006, 30(1): 1-22.

② 例如，哲学领域主要探讨数智变革对人类自身的影响及其哲学效应（蓝江，2019），社会学领域主要探讨数智社会治理的重塑（王俊秀，2020），经济学领域探讨数智技术对经济增长方式的影响（张勋等，2019）。

时代演变的进程仍然是一个黑箱，有必要从创业学视角深入解构数智创业的要素构成及其扩散产生的革命性影响，如此才能深入诠释从互联网时代向数智时代演变过程的系统规律，才能正确引领数智创业由混乱“破坏”走向有序“创造”。

一、创造性破坏：数智创业核心内涵

数智创业是创业者利用并协同数智技术智能甄别创业机会，精准匹配创业资源，从而实现最优创业解决方案的过程。有别于传统互联网时代的数字技术，数智技术表现出可量化、实时化、可视化、可优化、智能化的核心特征。可量化意味着数智技术在数字技术的基础上实现功能升级，能够准确观测、估计和度量传统数字技术无法量化处理的数据和信息；实时化意味着数智技术能够借助云端服务器，对数据和信息进行动态的实时测量和监控；可视化意味着数智技术可以借助智能技术将实时采集的数据和信息映射为图形、图像或视频动画等形式，提升个体对数据指标交互分析的效率；可优化意味着数智技术能够响应和满足创业者在人机交互过程中的个性化、多样化需求，根据市场需求持续性地进行数据结构的优化迭代；智能化指的是数智技术可以对可能的解决方案进行筛选和比对，从而为决策者提供备选方案，同时可以在允许范围内替代自然人决策。可以说，数智技术已经具备拟人化、智能化的能力，不再是传统互联网时代的数字工具，而是数智时代的智能创业“伙伴”，这也从根本上颠覆了传统的人—机、人—人以及物—物关系。

数智创业不同于技术创业和数字创业，其概念是对技术创业和数字创业概念的深化和升级，在创业主体、创业机会、创业资源和创业制度等关键要素上与技术创业、数字创业既有共性又有区别。通过三者比对，可以更好地界定数智创业的概念并提炼数智创业的特征与功能。

数智创业与技术创业、数字创业

		技术创业	数字创业	数智创业
创业主体		人	人	人和机器
创业机会		机会发现	机会挖掘	机会甄别
创业资源	资源构成	以技术资源为主	以数据资源为主	以算法资源、心智资源和数智资本为主
	获取方式	资源动员	资源拼凑	资源编排

续表

		技术创业	数字创业	数智创业
创业制度	组织形式	科层制	扁平化	平台化和簇群化
	制度保障	强有力的知识产权制度	互联网法律	包容监管理念和数智文化护栏

第一，在创业主体方面，技术创业和数字创业是以人为主体的创业活动，数智创业则是人与机器的协同创业活动，人不再是唯一的创业主体，机器成为重要组成部分，因此数智创业过程中的人机协同是必不可少的重要议题；第二，在创业机会方面，技术创业强调创业者在机会发现中的主观能动作用，数字创业强调创业者通过数据挖掘发现创业机会，而数智创业则强调创业者与智能机器协同甄别、筛选和比对创业机会，进而选择最优的创业机会进行机会开发；第三，在创业资源方面，分为资源构成和资源获取方式。从创业资源构成方面，传统创业活动的创业资源主要由财务资源、人力资源、技术资源和物质资源等构成，这类资源具有价值性、稀缺性、难以模仿性和不可替代性的特点，资源的价值由其稀缺程度、难以模仿程度和不可替代程度决定，企业更注重从供应方视角进行价值获取和竞争优势构建；数智创业情境下，创业资源的组成成分和获取方式发生了根本改变，智能算法在创业资源构成中的比例显著提高，其价值被放大，成为数智创业活动的核心资源。尤其由于数智资源具有海量性、共享性和高速增长性等属性，其自身的价值在某种程度上由消费者所定义，因此企业更应从需求方角度关注与用户的价值共创。企业核心经营活动是获取消费者心智资源，捕获消费者内心深处对产品的认同和满足。一个成功的数智企业必须借助抢占消费者的心智资源，才能赋予产品更高的价值属性。从创业资源获取方式来看，资源拼凑和资源编排分别是技术创业和数字创业的主要资源利用方式，数智创业则强调采用资源调用方式实现创业机会和创业资源的精准匹配，从而降低创业资源的使用成本，提高资源利用效率；第四，在创业制度方面，技术创业往往采用传统科层制的组织架构，需要强有力的知识产权制度提供保障。数字创业打破了冗杂的科层结构，使组织架构走向扁平化，互联网法律和知识产权安排是其必要制度保障。在此基础上，数智技术进一步打破创业组织边界，推动创业组织的平台化和簇群化转型，亦需要相应的社会包容监管理念和数智文化护栏作为制度支持。

二、数智创业理论框架

传统创业过程理论认为机会、资源和创业者(团队)是创业过程的基本要素,创业过程的本质是创业者、创业机会、创业资源和创业环境相互作用并创造价值的动态过程。数智化作为新的创业情境对传统创业理论提出了新的挑战,理解上述要素组合在数智情境下的新变化,是理解数智时代创造性破坏力量的基本前提。数智技术对于创业过程而言不仅是一项新技术应用,更重要的是重构了创业要素的新组合,催生出数智机会、数智资本、数智阶层以及数智制度等。数智机会、数智资本和数智阶层的"新组合"是数智创业发生的内部构成要素,数智制度是数智创业发生的外部环境。数智机会、数智资本和数智阶层的多元组合和碰撞为数智制度的更新演化提供了内在活力,数智制度则为数智机会、数智资本和数智阶层的融合提供了制度保障和支持。数智创业内部构成要素和外部环境之间的双向影响和交互演进,是数智创业这种创造性破坏力量发生并扩散的驱动力。

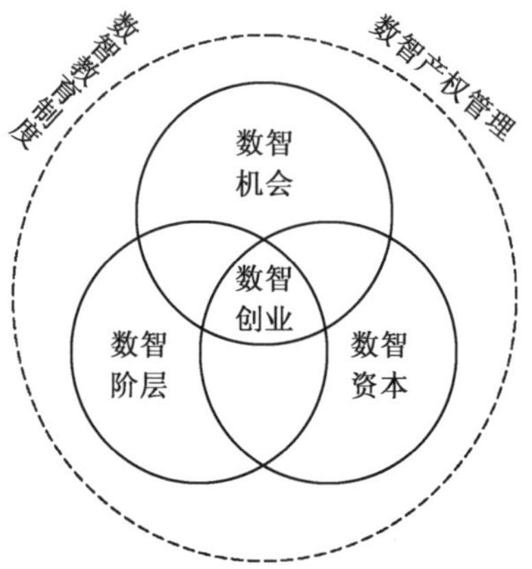

数智创业理论框架

1. 数智机会是数智创业的源头和归宿

数智机会是数智创业的核心,数智机会的甄别是数智创业的源头,数智机会的实现是数智创业的归宿。从机会生成的角度来看,数智机会是一个累积性的结果,是技术创业和数字创业缓慢进化的结果;从机会实现的角度来看,数智机会是一个突破性的过程,是满足以往数字创业未满足或无法满足的市场有效需求的结果。

数智时代改变了传统创业机会利用和开发的过程,数智机会呈现碎片化和瞬时化等核心特征。首先,传统创业学认为创业机会来源于个体先验经验、新技术、新知识与新市场的驱动,机会开发过程以创业者为中心。数智时代下创业机会更可能是由云计算和机器智能所甄别和驱动的,创始人的先决作用被大大降低。数智时代机会开发过程则是以消费者为中心,是消费者和团队、机器共同参与的过程。其次,数智时代的机会窗口被大量压缩,数智机会利用和开发过程大幅提速。以机器智能为主的分析判断将带来更高效、准确的机会甄别与评估,更容易形成集中且快速的决策。传统线性的创业机会开发过程由此转变为非线性的甚至指数增长型的过程。再次,数智技术和数据的生成积累性往往造成了机会迭代的路径锁定。企业拥有的数据类型、数据质量很大程度上决定着企业可能的迭代或演化方向。数智创业者需要根据不同的应用场景和时间维度,将不同的物理组件、数字组件与个体、组织和社会因素组合,引导数智技术识别数智机会并生成最优的解决方案。

迷你案例

青岛酷特

数智创业实践中,青岛酷特将数智技术融入大规模定制化生产中,由用户需求的大数据驱动工厂流水线,实现个性化柔性制造,建立了工商一体化的 C2M 商业模式。客户需求直达工厂,工厂通过个性化定制生产直接满足客户需求,从而重塑了制造端的源头价值。这种借助数智技术实现的"客户先付款、工厂后生产"的商业模式,一方面使青岛酷特的每一件产品在生产前均已销售,实现生产零库存,大大降低运营风险;另一方面使客户获得高性价比的定制产品和服务,实现了供需匹配和市场出清。数智化转型后的青岛酷特兼具工业化生产的效率和定制化生产的灵活,相比传统定制工厂一个月甚至更长的生产周期,青岛酷特只需 7 个工作日就可以实现个性化产品的交货。青岛酷特已不再是传统的制造企业,看似"相同产品"的背后,驱动的是无法用眼睛洞察的数智力量。

数智时代是人类有史以来影响最大的技术转型期,其创造的数智机会和影响力将是互联网迄今为止影响力的 5～10 倍。数智创业机会不仅指数智技术催生的新产品和新业务，更指传统产业的数智融合发展所引发的新形态和新模式。长期以来，在制造业和服务业谁更应该优先发展的问题上存在争议，数智时代这两者很大程度上将呈现融合发展之势，三次产业相互内置形成的新产业形态将成为趋势。智能制造系统依托于传感器、工业软件、网络通信系统，实现人、设备、产品、服务等要素和资源的相互识别、实时联通，促进生产制造和多种生产性服务紧密结合，其本质就是制造业和服务业两种业态的深度融合。这一规模空前的数智化浪潮带来数以万亿元的商机，企业家和创业者可以通过建构企业自身的数智创变能力，推动企业走向全领域、全流程和全方位的数智化经营。否则，即便是领先企业也可能在未来遭遇全数字化旋涡颠覆的可能。概括来说，有数智转型可能的企业需要具备三种核心能力：一是敏捷感知能力，即企业发现并监控环境变化的能力；二是智慧决策能力，即企业在具体情况具体条件下作出最佳决策的能力；三是快速执行能力，即企业快速高效地实施已制订计划的能力。上述数智创变能力是数智时代企业新型竞争力的基础。

2. 数智阶层是数智创业的实践主体

数智阶层是指从事数智创业活动的行为主体，他们是数智创业的劳动力要素，是数智创业的执行者和推动者，主要包括数智企业家、数智创意人士和智能簇群等。数智阶层在实践中检验和发展了作为新型创业形式的数智创业活动，数智创业活动在加速数智化转型过程中也直接扩大了数智阶层的数量和规模。

数智企业家是数智阶层的领导者，是指以捕获数智价值为目的，利用数智技术甄别数智机会、调用数智资源并开发商业模式的企业家或创业者。数智创业虽然架构了创业者、创业团队、用户、投资者及智能决策系统等多种参与者，但数智企业家仍是决定数智创业方向的关键主体。数智时代对数智企业家提出了很多新挑战和新要求。首先，数智企业家要善于感知变化。快速感知数智时代带来的实时挑战和环境变化是数智企业家的基本职能，数智企业家必须具备高强度的信息分析能力和数据演算能力。其次，数智企业家要乐于重塑战略。数智企业家不仅要意识到数智时代的变化，还要有据此做出改变的强烈意愿，从而引导企业进行战略重塑，包括更新价值主张、实现价值共创、达成价值共赢。因此，数智企业家要具备利用数智技术赋能和激发利益相关者创意创造的能力。再次，数智企业家要敢于领导变革。领导变革是感知变化和重塑战略的根本目的，也是数智企业家最重要的作用。为了有效领导数智变革，数智企业家要具备借助数智技术快速验证组织创意并达成战略目标的能力，从而实现数智商业飞轮的自转。

数智创意人士是数智阶层的主力军，和大工业时代的流水线工人不同，他们拥有更多的职业自主选择，他们更愿意利用平台数智技术从事创新创造工作，持续挖掘和激发个人潜能。理查德·佛罗里达在《创意阶层的崛起》一书中指出，我们今天所处的时代面临创意阶层的兴起，他们并不占有人和物质上的重要资产，他们的资产源于创新能力，通过从事钟爱的工作，开始有意义的新形式，进行终身制的创新创造。① 创新创意人士的求职选择并不局限在某个地区或某个行业，不再继续传统的就业方式成为一颗循规蹈矩的"螺丝钉"，而是根据自身的能力和偏好进行超越地理限制的择业、就业和创业。Fossen 和 Sorgner 还指出，数字化和人工智能的发展在一定程度上降低了创业成本，减少了各种进入壁垒，能够带来更多的创新创业者。而且，人工智能的存在也有利于识别创业机会，因此人工智能会在一定程度上改善人们关于"创业难"的看法。有鉴于此，可以预测未来数智创意人士将会成为真正意义上自由职业者，他们不再满足于、受雇于特定的组织或公司，有更多的择业、就业、创业的空间和灵活性。数智创意人士进行创新创造的诉求并非纯粹是经济价值，而更多是追求自我价值的实现。他们也将推动数智时代的创业活动从追求纯粹商业利益转变为追求包括社会福利在内的混合价值。

智能簇群是数智阶层的重要组成部分，主要是指数智平台中具有智能分析、决策和行动能力的机器人或算法系统。作为创业伙伴角色的智能簇群，显著区别于互联网时代机器系统的作用。在互联网创业中，机器和算法系统被视为创业工具或半智能系统，是创业者能力的延伸，属于劳动工具的范畴；在数智创业中，智能机器和算法系统作为创业者的智能"伙伴"，超越了一般创业工具的范畴，是对创业者能力的复刻和补充，一定意义上已经从劳动工具向劳动者的范畴转化。因此，应该重视智能簇群作为创业主体要素的作用。智能簇群将承担更多的计算和自动化流程工作，数据和算法已经成为创业决策分析的基本单元。其将会促使传统创业者个人特质价值的逐步下降，以智能机器和算法系统为代表的创业团队的价值将会得到大幅释放，这对数智创业过程提出了更多的要求和挑战。

数智企业家、数智创意人士以及智能簇群的有机协同，为数智创业团队提供了新能量，也表现出数智创业主体的新特点。多元异类的创业主体的价值共创，迫切要求

① 理查德·佛罗里达．创意阶层的崛起[M]．司徒爱勤译．北京：中信出版社，2010：77.

组织变革的快速响应。传统企业是以科层组织或个体为中心的网络组织,是一种串联工序和雇佣关系,而数智企业的创业组织形式更多地表现为网络簇群、虚拟团队和平台成员等,是一种并联工序和伙伴关系。互联网时代下的核心企业才是平台真正控制者和组织实施者,而数智时代下的创业组织架构在趋向平台化的同时,核心企业的作用在逐步消失,基于算法的智能运行规则的作用在不断抬升。随着任务的调整,组织边界加速模糊,参与单元也在瞬时调整,组织敏捷性、自适性乃至智能化都在不断提高。

3. 数智资本是投资数智创业的独立资本形态

正确理解和定义作为数智创业金融载体的数智资本,对于厘清数智创业的发展规律具有重要意义。数智资本不是一般意义上的新的投资方式,而是一种新的资本形态。毋庸置疑,资本在高科技创业和经济转型中发挥着至关重要的作用。投资方式一般是指资本作为一种要素的投入及组合方式。同一资本可以有多种不同的投资方式,不同资本也可以采取同一投资方式。投资方式的不同选择,往往影响既定投资目标的投资效率。所谓资本形态,主要是根据资本的用途划分的不同职能资本。随着市场经济的发展,资本的形态也在不断细分和发展,先后形成了商业资本、产业资本、金融资本等多种资本表现形态。判断其是否属于新的资本形态,需要回答三个问题:第一,它是否是一种独立化的职能资本;第二,它是否有独立化的运动目标、运动形式和运动特征;第三,它是否有独立的资本人格化代表。如果满足上述三个标准,就可以称为一种新的资本形态。① 人类生产服务过程的变革深刻地影响着资本形态的历史形式及其作用过程。

工业时代制造业的充分发展使产业资本成为最重要的一种资本形态。互联网时代网络经济的发展,使得创业资本成为与之相适应的一种新的资本形态。而随着数智技术应用广度和深度的日益提高,数智生产和服务活动也越来越显著地区别于传统生产服务和互联网生产服务活动,成为一种独特的生产服务方式,其作用从制造业价值增值的补充手段转变为直接驱动经济增长的关键动力。此时围绕着数智生产和服务升级的资本投入也将逐渐形成独立的资本形态,即数智资本。理解数智资本,可以参照《资本论》中商业资本从产业资本分离出来的逻辑来定义。马克思认为商业资本是产业资本的独立化形态,按照这样的推论,可以把数智资本定义为从产业资本中

① 刘志阳. 创业资本运动机理:一个马克思主义视角[J]. 南开学报,2005(3).

分离出来、专门执行企业数智生产阶段投资职能的一种独立资本形态。这个定义包含三点思考。第一,数智资本是专门执行企业数智生产阶段投资职能的资本。数智生产活动显著不同于传统制造业生产过程和互联网生产过程,是一种相对独立的价值创造过程。在数智生产方式出现后,传统生产过程就裂变成人工生产和数智生产两个过程,数智资本也就有了不同的职能作用。第二,数智资本作为独立化的职能资本,有其区别于产业资本的独特运动目标、运动形式以及运动特征。尤其是数智资本是由算法和数据挖掘驱动的,而非职业金融家团队驱动的,这点显著区别于产业资本或创业资本。与产业资本一样,数智资本也有其货币表现形式和实物存在形式,但相对于产业资本或互联网资本而言,数智资本不管在价值捕获方式、价值创造过程或是劳资关系上都有其自身独特性。第三,数智资本具有独立的资本人格化代表——数智资本家,他们和数智企业家共同设计商业模式并主导数智创业进程,共同瓜分数智劳动利润,有着明确的赢利目的。总之,数智资本是一种独立化的职能资本形态,而不仅仅是一种新的投资方式。

迷你案例

AI 财富管理

AI 财富管理不仅能帮助高净值的人如何保值、增值,也能针对不同资产阶层、不同时期的用户,依据用户的短、中、长期资产目标及风险偏好,结合用户和市场的整体情况,帮助用户对现有和预计的财富进行认知和规划,帮助用户保住或提升现有生活质量、实现资产目标。在条件满足时,AI 将具有比专业人员更广阔的知识维度和处理海量信息的绝对优势,算力代替人力打破了服务能力的壁垒,为更多普通用户提供个性化的财富管理服务。AI 赋能已成为资本管理行业的趋势。

Betterment 成立于 2008 年,是全球最早的一家智能投顾机构,其位于美国纽约,总融资金额为 2.05 亿美元。Betterment 的 CEO 兼创始人 Jon Stein 提道:“我们的独到之处,是投资策略以目标导向型为基础。”用户登录 Betterment 只需填写个人信息(如年龄、收入、是否退休)和投资的目的与期望。平台将自动生成一个适合该投资者科学、安全、有效、长期的股票、债权配置方案。Betterment 公布了截至

2016 年 6 月的投资组合历史表现，超过 30 500 期 Betterment 投资组合的表现优于人类投顾管理的组合 88%，可见 Betterment 具有良好的经营业绩。

美国公募巨头先锋集团和蚂蚁集团支持的智能投顾服务用户，2020 年已经达到 100 万的关键里程碑。先锋集团将其在中国的成功押注于合资企业——先锋领航投顾。据“天眼查”App 显示，先锋领航投顾成立于 2019 年 6 月，截至 2021 年 2 月底，其旗下核心业务——“帮你投”管理的资产较 2020 年年底跃升 60%，至 69 亿元人民币。公开资料显示，“帮你投”业务于 2020 年 4 月推出，提供全委托选基、配置、调仓等服务。在评估用户风险偏好和投资范围后，它会从 6 000 只公募基金中建议一个投资组合方案。

数智资本加快了数智技术的进步与革新，建立起数智世界中人与人之间既熟悉又陌生的新型社会关系，带动了劳动方式的变革，很大程度上促进了劳动者和传统生产资料的进一步分离。值得警惕的是，由于数智技术以数据和效率作为评价和测量的唯一标准，在决策分析的过程中可能忽视劳动者个体因素，因此数智技术和数智资本可能进一步加重对劳动力的剥削和人的异化。数智化外卖平台和外卖员之间的劳资矛盾就是数智资本加深人的异化的生动案例。一方面，在外卖系统中，外卖员被简化为系统中的编号或代码，基于算法计算的最优配送路径和配送时间，无视现实环境的变化情况和人的生理限制，提高任务完成的难度，迫使外卖员铤而走险，甚至违法违规，给社会造成了许多安全隐患和问题。另一方面，数智技术打破或改变了传统的劳资关系，外卖员虽然遵守外卖平台的劳动规则，在外卖平台完成工作、提供服务，但他们的劳动关系却经常被外包甚至缺失。外卖平台甚至不需要给外卖员提供基本的福利保障，《劳动法》在数智技术和数智资本的实际运作过程中被巧妙地规避，甚至形同虚设。有鉴于此，完善数智资本和数智技术的规制和治理显得尤为重要且紧迫。

4. 数智制度是数智创业扩散的根本保障

创业活动离不开制度的保障，数智制度是保障数智创业最优运行模式的基本秩序。在数智创业的创造性破坏过程中，数智创业活动所带来的社会新需求与传统创业活动背后的社会制度相互作用，催生出与数智创业相适配的新型制度范式。一方面，数智技术的广泛应用以规范化、模块化和数字化的方式加速“创业能力—创新成果”的转化过程，但传统技术的社会制度难以负荷高强度、高频率的社会创新现象，必然引起新型创业模式与传统社会制度的矛盾。另一方面，不断迭代的数智制度的逐步建立，也在逐渐取代传统社会制度，实现新旧制度的交替。可以说，数智制度与数智创业活动孪生，在数智创业活动的发展过程中，实现了自身的优化迭代，反过来又保障了内容更多元、层次更丰富、范围更广泛的数智创业活动的生成。

与互联网制度相比，数智制度表现出明显特征。第一，数智制度更注重包容性管理，给予创业活动更大空间的容错率，鼓励创新性的创业活动发生。数智制度通过平台化治理，也将使政府、企业、非营利组织和社会企业等不同组织相对公平地参与数智创业的活动。第二，数智制度促进数智技术与社会生产生活的深层融合，通过制度保障不同数智技术的有机嵌套，通过技术打破传统的组织边界和信息垄断，推动全数字技术—社会范式的形成。相较互联网时代而言，数智制度下预警管理更及时、科学，社会生活的数智化程度更高。当然，数智创业在有机运用人工智能、区块链、云计算等多种技术的过程中，必然会产生新的未知风险，可能在数智网络的传播下产生不可估量的风险。第三，数智化管理和人性化管理一定程度上实现了平衡。传统的数字技术缺少共情能力，容易产生情感误判，缺少对于人性的道德考量。但数智社会是数字技术的拟人化升级，通过人机交互有可能保证数字管理和人为管理的有效结合。

数智制度主要包括数智教育制度、数智产权管理和数智政府治理等。首先，数智教育是数智人才培养的摇篮。数智教育的根本目的就是要培养具备数智素养的数智时代人才。数智素养由数智知识、数智思维和数智能力组成。数智知识是个体正确认识数智时代的前提，数智思维是个体拥抱数智时代的基础，数智能力是个体创造数智时代的条件。数智时代教育者的关键使命就是将数智素养的培养融入教育和职业生涯全过程。具体来说，数智教育就是要帮助个体掌握甚至精通数智知识，引导个体建构数智思维，最重要的是创造条件让个体在实践中激发和锻炼数智能力，为充分释放个体创新创业创造动能。其次，数智知识产权管理是平衡数智时代知识产权保护与共享共创的治理安排。为了适应日益加快的产品迭代速度和技术更新周期，开放式创新成为数智时代企业创新的主导模式。开放式创新的悖论在于企业既要通过保护自身知识产权构建企业核心竞争力，又要设法利用其他企业的知识产权促进自身技术发展。数智知识产权管理的核心就是要解决开放式创新的悖论。数智知识产权管理一方面通过知识共享机制，促进知识跨部门、跨场景、跨时域的扩散和传播；另一方面通过知识加密机制，保护数智创新者的知识产权，有利于防范私人知识的泄露。

可以说,数智产权管理既兼顾了知识产权的开放性,也保障了知识产权的私密性。最后,数智政府治理是数智创业有序发展的根本保障。数智政府治理是一场全方位、系统性、协同式的治理创新和制度创新,涉及政治、经济、文化等诸多领域。数智政治治理不仅包括通过法律法规的制定确认和保护数智阶层应有的权利和义务,还包括为数智阶层提供高质量、精细化、个性化公共服务;数智经济治理就是要重视数智技术在经济发展中的作用,引导和鼓励数智产业的发展,为数智产业发展提供资源和资金支持;数智文化治理就是要鼓励和吸纳数智文化,提升社会对机器簇群的信任感,构建一个更加开放、共享和信任的社会文化氛围。

三、从数智创业到全数智时代

数智时代的构建并非一蹴而就。数智创业理论认为,应该创造性编排和组合数智机会、数智资本、数智阶层及数智制度等要素,将创业活动与数智技术进行全方位的有机耦合,这是互联网时代向数智时代转型的基本前提。具体来说,由互联网时代走向全数智时代大致需要经历三个阶段。一是后互联网时代,是由数智机会驱动的数智技术产业化的过程。这一时期数智机会大量涌现,传统互联网阶层和产业资本开始注意到数智机会的潜在价值和市场空间,在积极投入数智机会的开发和占有行动中,催生了数智创业活动的爆炸式增长,推动了以数智技术为核心的数智产业的形成,并成为一种新的产业形态。在这个过程中,一部分互联网阶层完成向数智阶层的初步转变,一部分产业资本开始分离出数智资本。但与此同时,传统社会制度无法适应和承载大量的数智创新活动,其与日益增长的数智创业活动矛盾不断加剧,社会对构建一整套全新的数智制度的需求愈加迫切。二是半数智时代,是由数智资本驱动的全行业数智化的过程。数智资本伴随着数智产业的成熟而快速增长,同时向经济各部门渗透和发展,带动数智阶层在其他经济部门挖掘和甄别数智机会,带动数智技术超越本产业领域向全行业的应用和扩散。数智资本驱动下的数智经济全面扩散并呈现爆炸式增长,催生了大量的“数智+传统产业”的创新活动,加速了全行业向数智化生产服务的转型,数智技术与经济各部门实现无缝跨界融合。数智创新创造动能在充分释放的同时,也使得数智制度逐步完善,社会制度与数智创业的矛盾在一定程度上得到缓解。三是全数智时代,是由数智阶层驱动的全社会数智化的过程。在数智制度保障下的数智阶层已不满足于经济领域的数智创业活动,开始寻求解决社会文化领域的数智机会,并引导和带动数智资本超越经济层面的投资,转向社会文化层面的价值创造。通过数智技术在经济、社会、文化层面的全面应用,数智制度得以全方位完善,实现了社会制度与数智创业的和谐共生,即新的技术—社会范式的形成,如此全数智时代最终到来。

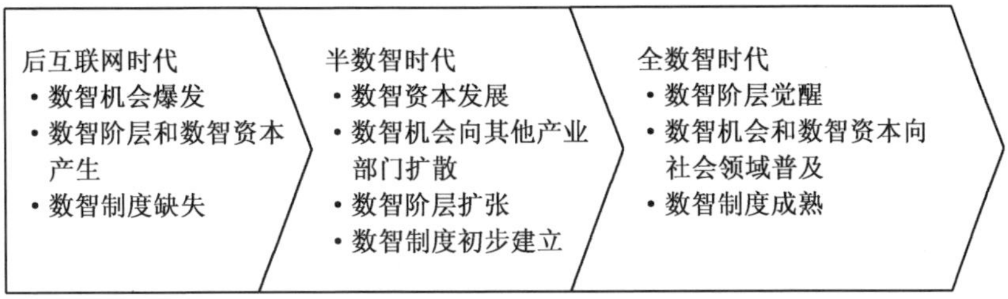

全数智时代构建过程

数智创业是传统互联网时代向数智时代演进的创造性破坏力量。

艾伦·格林斯潘在《繁荣与衰退》中指出,“创造与破坏是同一项工作不可或缺的共同组成部分:把社会资源投入生产力更高的社会活动,必然会导致旧工作岗位被摧毁,旧企业被关闭,但同时也会创造新的工作岗位,创造新的企业。创造性破坏是社会进步的核心机制。这股永不停歇的力量打破了社会中任何一种已经处于平衡的状态,也打乱了任何一种已经沉淀的社会结构”。[①]

与蒸汽时代、电气时代及互联网时代的创造性破坏力量相似,数智创业在推动互联网时代向全数智时代演化过程中也将带来三个重大社会问题。其一,数智创业造成的损失可能比其带来的收益更明显。创新性破坏造成的“破坏”往往即刻产生、显而易见且非常集中,但其产生的收益通常需要很长时间才能显现,且由于受益领域太广而不易察觉。其二,数智创业可能带来的全是破坏,没有创造。以逐利为导向的资本就是最具创造性也最具破坏性的力量。资本是流动性最强的生产要素,若产业资本快速地从传统产业抽离并转变为数智资本,可能导致传统产业在数智产业尚未成熟之前迅速瓦解,造成产业断层和生产停滞的后果。同时,急剧膨胀的数智资本在助推数智创业的同时,很可能引发资本狂热甚至资本泡沫现象,导致金融危机成为大概

① 艾伦·格林斯潘,阿德里安·伍尔德里奇. 繁荣与衰退[M]. 束宇译. 北京:中信出版社,2019:391-392.

率事件。其三，数智创业还可能变成一种自我否定的社会现象。数智创业的“破坏”越强烈，群众的不安感就越强烈，这导致即便是在健康的社会状况下，也很难使群众接受数智化的理念。这种不安情绪的蔓延还可能将“受害者”推向数智化转型的对立面——保护面临淘汰的岗位，挽救受到威胁的行业，并抵制新兴的数智产业——导致企业难以持续投资和研发数智技术，这事实上扼杀了经济增长的前景和潜力。上述问题已经超越了技术问题的一般范畴，成为更深层次、更广范围的经济、社会以及教育问题。

如何引导数智创业由混乱“破坏”走向有序“创造”，破题的关键在于发挥数智创业基本要素的根本性作用。首先，数智机会的价值创造和价值披露应同时进行。既要加倍珍惜和把握数智技术创造的窗口期和红利期，加快数智机会的开发速度，提高数智机会的利用效率，缩短数智产品和数智服务的迭代周期，又要善于利用数智技术量化数智创业“创造”和“破坏”的强度、广度和深度，披露和展现数智创业产生的经济价值、社会价值、环境价值等混合价值，为数智创业创造合法性和认同感。其次，数智资本从产业资本分离和转化，应该与数智产业的发展过程同步，既要保证经济社会生产的有效开展，又要保证产业更迭升级的有序进行。换句话说，数智资本的发展既不能操之过急，更不能迟滞落后。唯有合理规划和引导数智资本的发展，才能够构建一个充满活力的数智金融体系，才能够为代表先进生产力的数智产业发展注入能量，才能够打造出一个成功的数智时代。再次，数智阶层的培育要贯穿数智化转型始终。对于普通大众来说，数智创业要不断提供数智化产品和服务，切实提高大众生活水平和生活质量，特别是造福边缘群体和贫困人口，增强大众在数智化转型中的参与感、获得感和幸福感，逐步适应、包容和接纳数智化潮流，成为数智阶层的后备军和潜在力量。对于数智阶层来说，数智企业家、数智创意人士和数智簇群应该从一个无组织、以自我为中心的松散群体，转变为一个更有凝聚力且更负责任的团体。数智阶层必须认识到他们在经济发展中所发挥的作用和在时代变革中所肩负的责任，必须认识到他们在历史进程中所承担的使命，应该成为全数智时代当之无愧的领导者。

从来没有哪个时代拥有如此美好的前景，也没有哪个时代存在着如此巨大的风险。面对数智创业创造性破坏的冲击，个体和组织最大的敌人不是竞争对手，而是自己。**正如德鲁克所指出的，“在动荡的时代，最大的威胁不是动荡本身，而是延续过去的逻辑”。在数智时代，个体和组织最大的敌人是互联网时代成功的逻辑，是习惯性**

的思维方式与行为方式,是思维的固化与新思维的贫穷约束了个体和组织的数智化想象力与创新力。而在所有的传统思维的认知中,最关键的认知改变是对人、组织和社会的认知改变。没有对人、组织和社会的认知改变,我们将无法真正认识数智时代的核心,更无法从根本上适应数智时代对人类的新要求和新挑战。以可量化、实时化、可视化、可优化和智能化为特点的数智技术,在颠覆互联网时代创业要素的同时,也将成为引领全数智时代高质量发展的新引擎,成为助推创意阶层崛起和社会新范式形成的催化剂。展望未来,任何恐慌和质疑都解决不了现实问题,只有以更加包容和向前的眼光看待数智技术和数智创业,只有合理引导创造性破坏力量并精准施策,才能推动全数智时代的实现。

(原文由刘志阳、邱振宇发表于《探索与争鸣》,2020 年第 11 期)

人工智能赋能创业

人工智能(AI)以感知体系、思考体系和行动体系为核心架构,在促进新的主导技术范式出现的同时,将导致国家综合国力平衡的新变动(Horowitz 等,2018;Szalavetz,2019),是国际竞争的焦点。在全球人工智能发展的新变局下,各国新创企业的创建行为将普遍遭遇巨大挑战。如何利用人工智能力量加速创建进程,不仅关系企业自身利益,更关系国家经济安全。从人工智能赋能创业实践看,一方面,以谷歌、微软和阿里巴巴为代表的平台企业正努力争夺促进创业企业成长的人工智能关键技术(Townsend 和 Hunt,2019),目标不仅是帮助提升创业质量,更在于由此垄断早期创业的巨大蛋糕。另一方面,很多初创企业也在积极利用人工智能开展创业活动。

例如,Stitch Fix 是一家借助人工智能"用算法卖衣服"的国外初创企业,已经取得很好的业绩;灵析致力于通过设计、技术与数据力量,帮助公益组织解决筹款、传播、活动与数据管理等方面的问题,目前已支持超过 90 000 个注册用户持续积累公益数据,发掘数据背后的创业价值。

无论是从国家人工智能产业规划还是从微观创业实践来看,都应高度重视人工智能力量对创业过程的系统性影响。

与实践相比,人工智能赋能创业的理论研究更滞后。尽管学者们已经注意到人工智能作为数字技术的组成部分可能对创业理论和实践带来影响(余江等,2018;蔡莉等,2019),但至今研究仍然没有将人工智能赋能创业作为创业学的独立研究领域。与人工智能领域的创业不同,人工智能赋能创业是指创业者积极借助或协同人工智能共同创业的活动过程。人工智能赋能创业并不局限在人工智能领域,强调的是创业方式或(和)创业主体伴随人工智能引入的新变化。人工智能赋能创业不同于传统意义上的技术创业或数字创业。技术创业是指将技术带来的创业机会转化为市场上有价值的产品和技术应用,以满足现有或潜在市场需求的过程(Elia 等,2016)。技术革新是技术创业产生的前提和基础,但人工智能赋能创业并不依托技术变革产生的创业机会。数字创业是指数字创业主体通过识别和开发数字创业机会进入数字市场,创造数字产品与服务的创业活动(朱秀梅等,2020),但人工智能赋能创业则强调对传统创业活动的人工智能赋能,其应用的数字化技术虽然只有人工智能,但涵盖所有市场,也能够创造各种产品与服务。

近来,有关人工智能赋能创业意愿(Fossen 和 Sorgner,2019)、创业机会(Baron,2006;Brown,2017)、商业模式(Ehret 和 Wirtz,2017;Garbuio 和 Lin,2019)和创业团队(Wilson 等,2020;Jarrahi,2018)等相关内容开始出现一些零散研究(Kamishima 等,2018;Townsend 和 Hunt,2019)。但这些研究内容尚未形成明确的研究主题,更缺乏一个整合性的研究框架。本文利用系统文献法对这一前沿性问题展开文献检索,尝试构建人工智能赋能创业的整合性理论框架,并提出相关研究主题。本文贡献如下:(1)整合现阶段零散研究,搭建人工智能赋能创业的初代研究框架,对推动后续系统研究具有重要的理论意义;(2)基于人工智能内在化的视角,建构通用人工智能(AGI)赋能创业的内在一体化理论框架,指出通用人工智能可以内在加速创业偏好、创业资源、创业团队和商业模式的一体化实现,这也是人工智能时代创业新范式之于传统创业要素理论的革新意义;(3)在人工智能赋能创业应用过程中提出文化规范和政府监管两条护栏的重要实践价值。

一、文献述评和初代理论框架

作为一个新兴的研究领域,本文将通过系统文献法(SLR)系统性地识别和综合有关人工智能赋能创业的零散研究(Tranfield 等,2003;Fisch 和 Block,2018;Keding,2020)。

创业小贴士
START-UP TIPS

系统文献法及其应用

SLR(systematic literature review)包含四个步骤。第一步,经过几次试验性搜索和探索性阅读后,本文将“artificial intelligence”(或“AI”“machine learning”)和“entrepreneurship”(或“start-up”“venture”)作为关键词在EBSCO和scopus等数据库进行系统搜索,共确定文献307篇。第二步,本文排除了没有同行评议的学术期刊论文,以确保此次文献搜集的质量。为了涵盖该研究领域的全部文献,并呈现其不平衡的发展,对文献发表的时间段予以控制,即从1991年Martin首次研究人工智能在小型企业创立和发展中的作用开始,到2020年5月论文写作阶段,共确定122篇文献。第三步,对122篇文献的内容适宜性进行评估。一方面,考察文献的摘要和关键词能否反映“人工智能赋能创业”的研究主题,另一方面,如果文献标题和摘要没有透露文献主题,则对论文的整体内容进行分析,以确定是否符合SLR的要求。在此基础上,将JCR分区和VHB Jourqual 3排名作为文献选择过程的附加质量阈值,共精选文献37篇。第四步,在对精选的37篇文章进行深入审查的基础上,进一步缩小相关文献的数量,同时鉴于该研究领域的动态性,不断跟踪符合选择标准文献的相关参考文献,以符合SLR滚雪球的指导原则。最终,精选文献26篇。

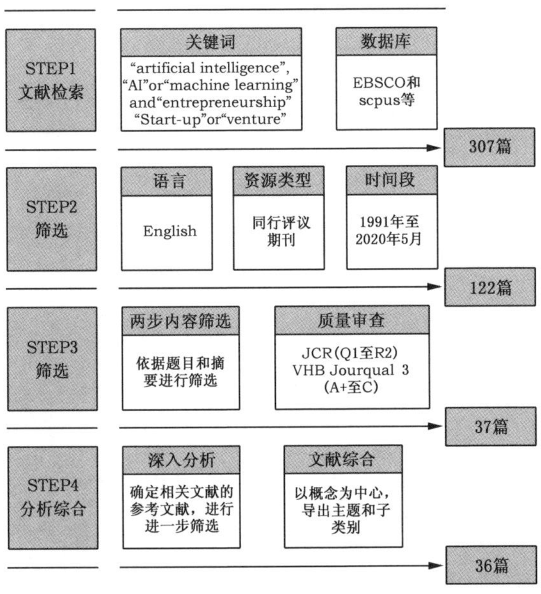

按照朱秀梅等（2020）的研究方法，将上述人工智能赋能创业文献的研究主题按照时间发展顺序进行梳理，同时依据文献反映的研究内容将人工智能赋能创业的文献分为 AI 赋能创业意愿形成、AI 赋能创业机会识别、AI 赋能商业模式构建和 AI 赋能创业团队成长四类。

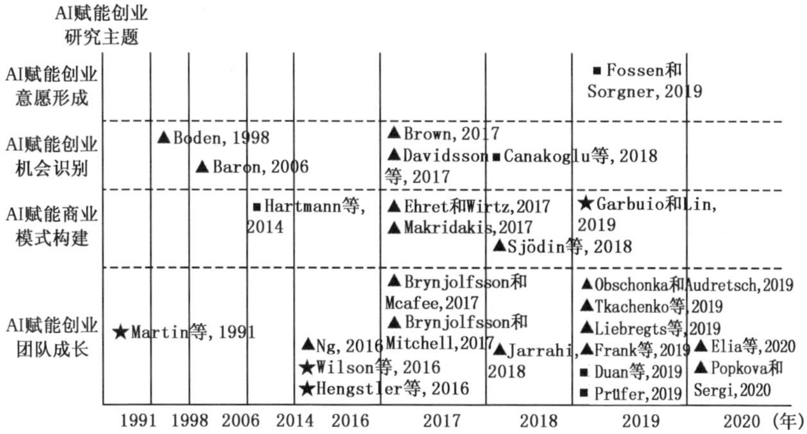

注：▲为理论研究，★为案例研究，■为实证研究。

现有 AI 赋能创业文献分析

（一）AI 赋能创业意愿形成

随着 AI 智能水平的不断提升，诸多学者发现人工智能不仅会对经济和一般经营管理活动产生影响（Dirican，2015；Brynjolfsson 等，2018），也会影响到创业活动。Bird（1988）指出，创业行为的本质是有意识选择和计划的活动，因而创业活动首要考虑的因素是创业者的创业意愿。基于创业计划行为理论，个体创业行为的发生取决于创业意愿，而创业者态度、主观规范和知觉行为控制三个因素会决定创业者的创业意愿（Ajzen，1991），人工智能赋能创业意愿形成的文献可以通过创业计划行为理论视角予以考察。

首先，就创业者创业态度而言，Fossen 和 Sorgner（2019）指出，数字化和人工智能的发展在一定程度上降低了创业者的创业成本，减少了各种进入壁垒，能够带来更多的创业者。而且，人工智能的存在也有利于创业者识别创业机会，因此人工智能会在一定程度上改善人们关于“创业难”的看法。其次，主观规范是指某类特定参考群体就个人是否采取某项特定行为的看法，以及看法给个人带来的压力（Ajzen，1991；

王季等,2020)。人工智能在改善创业态度的同时,也在改善企业孵化器、投资者等特定参考群体对个人创业的看法。Logg 等(2019)基于实证研究指出,外行对算法建议的信任程度高于对人类建议的信任,这就意味着人工智能赋能的创业活动将比专家推荐的创业领域和创业者独立开辟的创业领域更能被参考群体接受,更能获得天使投资的青睐。而且,基于这种更高水平的社会信任关系,创业者所感受到的创业看法的压力也会减弱。因此,人工智能不仅能够为创业提供技术支持,还会改善创业者的主观规范。最后,知觉行为控制是指创业者对其所从事的创业行为进行控制的感知程度,人工智能提供了有助于解决问题的精选信息(Martin 等,1991),加之其自身的计算分析能力扩展了人们的认知范围(Jarrahi,2018),人工智能赋能能够提升创业者的综合素质,从而增强人们对创业的知觉行为控制。

(二)AI 赋能创业机会识别

早在 1998 年,Boden 就曾指出,人工智能技术能够通过三种方式——产生熟悉想法的新组合、探索概念空间的潜力和进行以往不可能想法的转化——创造新想法,发现新机会。现如今,基于数字化的广度与深度,人工智能能够给创业者创造更多前沿的创业机会(Davidsson 等,2020)。Baron(2006)基于创业机会识别的关键环节认为,积极寻找机会、对机会的警觉和拥有某一行业或市场的先验知识在识别创业机会中发挥了重要作用。与创业者相比,人工智能不仅对创业机会更警觉,还通过机器学习拥有比人类更丰富的先验知识,据此人工智能能够通过先验的认知框架感知外部世界中看似无关事件或趋势之间的联系,从而促进创业机会的发觉。而且,Brown(2017)认为,包含人工智能在内的众包技术将成为创业机会的规则改变者,实现传统创业机会向数字化创业机会的转变,这将更加有利于人工智能挖掘数字创业机会,推动数字创业的实现。此外,实证研究方面,Agrawal 等(2017)和 Prüfer(2020)指出,人工智能通过机器学习能够克服不确定性,帮助数据驱动型创业者获得更好的商业机会洞察力,同时通过提供更精准的预测,促进创业机会的挖掘。

(三)AI 赋能商业模式构建

一方面,人工智能本身可以作为服务化商业模式的基础对创业活动进行赋能。Ehret 和 Wirtz(2017)指出,工业物联网(IIoT)在提供新创业机会的同时,也对现有商业模式构成威胁。而以人工智能、大数据分析为基础的制造业服务化的商业模式则能够有效应对威胁,并从 IIoT 中获益。另一方面,人工智能的存在将有利于创业者进行新商业模式构建。Siau 和 Yang(2017)指出,人工智能的存在将更有利于市场细分,进而推动创业者进行商业模式变革。Popkova 和 Sergi(2020)认为,人工智能的出现促进了市场研究、产品服务生产、推广及订单收集的自动化,会对初创企业商业模式构建产生影响。

在人工智能赋能商业模式构建的实证与案例研究中,Hartmann 等(2016)通过对数据驱动型创业的商业模式进行分类,即构建六大数据驱动商业模型(DDBMs)为后续人工智能赋能商业模式奠定了基础。Garbuio 和 Lin(2019)则基于医疗保健初创企业详细阐述了人工智能给该领域带来的新兴商业模式。Garbuio 和 Lin(2019)的案例研究阐述了人工智能赋能商业模式的理论机制。首先,明晰初创企业的目标用户及其价值主张。不同的目标用户存在不同的价值主张,创业者可根据不同的价值主张开辟创业领域,同时由相应的目标用户为价值主张买单,据此获利。就该角度而言,早期智能群体支持系统已经提供了将许多利益相关者和目标整合到一起的工具(Orwig 等,1997),现阶段的人工智能自然能够智能分析初创企业的价值主张(Grover 等,2018),因而人工智能会比创业者更能细分企业的目标用户及其价值主张。其次,商业模式的构建还需要考虑初创企业的价值捕获机制,即初创企业应该采取何种手段或经营模式满足目标用户的价值主张。Garbuio 和 Lin(2019)指出,初创企业实现其价值创造目标最合适的方法就是利用人工智能平台来构建解决方案,无论人工智能平台是自建的还是基于现有的,创业企业经营模式都离不开人工智能赋能,其价值捕获机制需要以人工智能为核心的组件。人工智能产业的技术层和应用层能够为价值捕获机制提供技术和应用支撑,以满足不同产业领域、不同价值主张的需求。人工智能产业链包括基础层、技术层和应用层三层:基础层是人工智能产业的基础,涉及研发硬件及软件,能够为人工智能提供数据及算力支撑;技术层是人工智能产业的核心,其目标是通过构建技术路径,模拟人的智能;应用层是人工智能产业的延伸,主要通过集成人工智能应用技术,为特定应用场景提供解决方案。

(四)AI 赋能创业团队成长

人工智能赋能创业团队成长包含人工智能对创业团队成员赋能和对创业团队活动赋能两方面。就人工智能赋能创业团队成员而言,很多学者认为,人工智能与创业团队成员是互补的。一方面,人工智能已在感知和认知领域取得重大进步和突破,这将促进人机互补(Brynjolfsson 和 Mcafee,2017)。Jarrahi(2018)指出,人类的直觉判断应该同人工智能收集和分析信息的速度结合起来，以实现人机协同。随着某些创业任务的自动化，释放出的创业成员活动会被重新部署到新领域，这将推动人工智能与创业团队成员互补创新浪潮的形成（Brynjolfsson 和 Mitchell，2017）。另一方面，Prüfer 和 Prüfer（2020）认为，尽管数据化对创业乃至整个劳动力市场存在重要影响，但创业者拥有创业素质和技能的重要性要远远高于其所应掌握的数字技能。现阶段的人工智能水平也不能完全替代人类的创造力和研究设计能力（OECD，2017），因此人工智能赋能创业新情景下创造力和研究设计能力将成为创业团队成员的首选素质。此外，Popkova 和 Sergi（2020）指出，由于社会创业存在社会互动，人工智能无法取代人类，创业者必须作为有限的道德代理人参与创业活动，以限制人工智能的创业行动范围（Kamishima 等，2018）。在创业实践方面，Wilson 等（2020）就 Stitch Fix 创业团队与人工智能结合“用算法卖衣服”的经营理念进行的案例研究，同样深刻揭示了人机互补的观点。Wilson 等（2020）指出，一方面，人工智能完全参与创业活动无法确保业务流程的循环，因而需要借助人的力量；另一方面，人工智能能够以前所未有的方式提高创业团队的生产率和工作效率。

在人工智能赋能创业团队活动方面，由于具备类似人类的认知功能（Taddy，2018），人工智能在创业判断、创业决策等团队活动方面发挥出了巨大优势。Townsend 和 Hunt（2019）认为，在不确定环境下进行创业行动、判断和决策是创业的核心内容，人工智能能够通过减少不确定性优化创业判断和决策。Liebregts 等（2020）则指出，社会互动中的言语和非言语行为线索对创业背景下的个人决策有着重要影响，人工智能的存在能够帮助创业者有效识别这些社会信号，积极影响企业决策。此外，人工智能也与创业者在生产、营销、分销等商业活动中开展协作（Obschonka 等，2020），人工智能能够基于自身智能系统实现对初创企业客户的监管、对客户痛点的快速整合，减少初创企业最小化可行产品最终形成所花费的时间，推动精益创业的实现。

（五）已有研究评价

现有人工智能赋能创业的研究仍然十分匮乏零散，且缺少内在逻辑。很多研究都是基于计算技术或数字技术来分析其对创业的挑战。借鉴 Elia 等（2016）提出的技术创业过程，本文初步概括了人工智能赋能创业的初代研究框架。Elia 等（2016）指出，技术创业过程包括“桌面（desk）”“上市前（pre-market）”和“上市（market）”三个阶段。“桌面”阶段侧重于初创企业的背景探索和机会概念化等活动，对应创业意愿形成和创业机会发现两个研究主题；“上市前”阶段则表现为资源组织、资产准备和产品服务开发，该阶段对应商业模式构建主题；“上市”阶段区别于首次公开募股(IPO)，是指初创企业经营管理、价值创造和分配以及风险扩张的过程，该阶段对应创业团队成长主题。从下图可以看出，人工智能通过数字技术赋能创业意愿、创业机会、商业模式和创业团队的核心要素或关键环节，推动四大主题的变革，进而优化整个创业过程，提高创业者创业活动的质量。

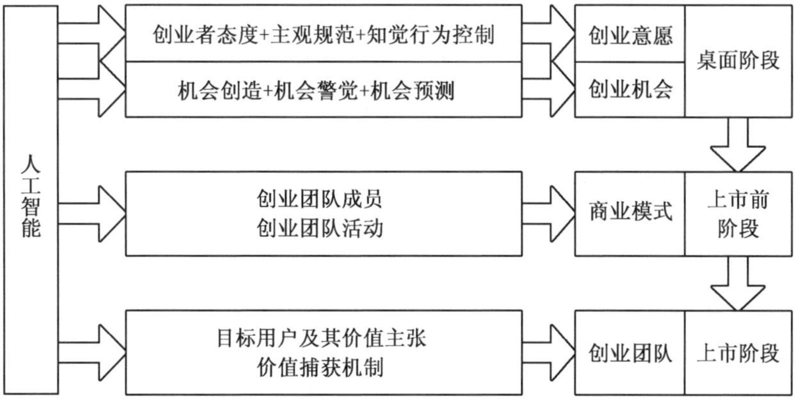

AI 赋能创业的初代研究框架

就初代研究框架的内容看，首先，人工智能赋能创业意愿方面的高质量文献稀少，且现有文献尚未形成独特的超越“创业计划行为”的新机制；其次，人工智能赋能创业机会的文献着眼于机会创造、机会警觉和机会预测三个方面，研究已初步形成了有逻辑的研究内容，但现有研究多侧重理论研究，缺乏案例或实证研究加以佐证；再次，现阶段人工智能赋能商业模式研究在医疗保健领域的文献已较为成熟，其他行业领域的商业模式研究相对缺乏；最后，相较于其他研究主题，人工智能赋能创业团队的研究更为丰富。一方面，现阶段研究内容已在“人工智能不可能替代人类，而是与创业者互补”观点上达成基本一致；另一方面，人工智能对创业团队活动的影响主要集中在创业判断、创业决策、营销等方面，有关人工智能对其他团队创业活动的赋能研究有待进一步深化。从研究方法来看，作为新兴研究领域，已有研究多数集中于理论描述，随着该领域日益受到学者关注，案例分析方法也逐渐盛行，但是高质量的实证研究文献仍然十分缺乏。仅有 Garbuio 和 Lin(2019)对医疗产业领域进行过深入分析,未来其他产业的研究还有待深入探索。综合看,人工智能赋能创业,不仅在创业实践方面拥有广阔的发展前景,也将是未来创业和新兴产业研究领域的朝阳地带,有着巨大的研究价值。

初代研究框架的一个关键性问题是割裂了创业要素之间的动态关联,没有一个清晰的整合性框架来衔接四个主题。究其根源在于,现阶段研究仅将人工智能作为一个一般化的数字"外生变量"探究其对创业的影响。本文认为,随着人工智能智能化水平的不断提升,人工智能对创业的影响将逐渐内在化,同时人工智能对创业过程的赋能作用也将逐渐融为一体。因此,建构创业要素内在一体化的理论框架将有助于促进创业要素研究内容的重新关联,为未来研究提供系统的理论指导。

二、要素内在一体化理论框架

蒂蒙斯经典创业要素理论指出,创业机会、创业资源和创业团队是创业过程的关键构成要素,核心观点是创业机会、创业资源与创业团队三要素匹配导致创业过程复杂性,而三要素的动态平衡则构成了创业过程的动态性。该理论框架具有以下局限:一方面,创业过程严重依赖创业者的自身素质和能力,而有限理性的存在,导致创业者的判断失误,进而促使创业失败;另一方面,创业机会模糊和市场不确定性等环境因素也会加剧创业过程的复杂性与动态性,因而创业过程很容易受到创业环境的影响,但创业者往往对其束手无策。本文认为,随着 AI 智能化水平的不断提升,人工智能超越生产要素成为创业伙伴将是未来趋势,人工智能作为伙伴可以降低创业者决策中的非理性部分,可以有效识别与应对不确定性的创业环境。基于此,本文尝试提出一个创业要素内在一体化的人工智能赋能创业的理论框架。

现阶段,人工智能的划分存在三种分类方式:一是将人工智能分为计算智能、感知智能和认知智能(钟义信,2012),二是将人工智能分为弱人工智能和强人工智能(曾毅等,2016),三是将人工智能分为专用人工智能(ANI)和通用人工智能(AGI)(刘凯等,2018)。有关这三种人工智能划分的辨析,刘凯等(2018)认为,第一种分类中计算智能和感知智能并非智能本身,而是智能实现的必要条件,因而该分类不能真正解决任何实质性问题;第二种分类方式多是哲学论述,并且人工智能系统的强弱之间界限模糊,缺乏外部标准予以衡量;第三种分类出自人工智能技术领域,专用人工智能是指在某一特定领域应用的人工智能，它们只是用于解决特定的、具体类别的任务问题，如会下围棋且仅会下围棋的 AlphaGo。通用人工智能是指已具备知识技能迁移能力，可以通过快速学习，充分利用已掌握的技能来解决新问题，达到甚至超过人类智慧的人工智能。两者的显著差别在于“做”与“思”的先后（刘凯等，2018），专用人工智能通常采取先“做”后“思”，即通过算法优化、技术迭代等方式渐进式地提升自身系统的智能化程度，故只用于解决特定的问题；通用人工智能则由于知识迁移整合能力的存在，采取先“思”后“做”策略。因此，专用人工智能和通用人工智能的显著差别推动了人工智能对创业的赋能作用由外生性向内在化演变，进而引发人工智能赋能创业的全新研究范式。

人工智能从创业者的工具到创业者“战略合作伙伴”的转变，与人工智能自身的技术发展密切相关，即人工智能自身要快速实现从专用人工智能向通用人工智能的转变。在专用人工智能阶段，专用人工智能会基于创业者的创业偏好，帮助创业者发现创业机会，并考虑创业机会与创业者资源拥有量、创业团队规模的匹配程度，从而通过优化迭代的方式找到适合创业者开展创业活动的领域，实现蒂蒙斯创业三要素的动态平衡。基于此，专用人工智能会进一步析出特定创业领域下的商业模式，并通过在专用人工智能虚拟市场上模拟运营，判断商业模式能否营利，同时通过优化迭代的方式得到合适的商业模式，推动创业者创业成功。能够看出，专用人工智能虽然能够实现蒂蒙斯创业三要素的动态平衡，但动态平衡的基础仍是创业者，专用人工智能只是作为创业者的高科技手段或工具参与创业过程，并且由于特定的专用人工智能只适用于解决特定领域的问题，创业者在借助专用人工智能进行创业前可能需要多个专用人工智能系统辅助实现。

随着人工智能智能化水平的提升，人类社会有望进入通用人工智能阶段。在该阶段，创业者将与通用人工智能一同开展创业活动，人工智能对创业的赋能机制将逐步内在化。人工智能赋能创业的全新研究范式。通过考察创业者的创业禀赋，通用人工智能可以识别创业者的创业偏好，挑选出吻合创业者偏好的细分创业领域；通用人工智能会考虑创业机会与创业者资源拥有量、创业团队规模的匹配程度，同时基于其强大的知识迁移整合能力，从市场上调用可用的创业资源弥补创业者创业资源的不足；匹配与创业者具有相似偏好的创业人员或人工智能员工，使创业者的创业团队达到既定的规模和结构；通过最初的用户开发，确定目标用户并形成相应的价值捕获机制，从而实现商业模式的构建。通过上述创业要素的有机整合，通用人工智能最终可以通过实现创业过程的要素（创业者偏好、创业资源、创业团队和商业模式）的“四位一体”，进而析出特定的创业领域或细分市场，推动创业成功。

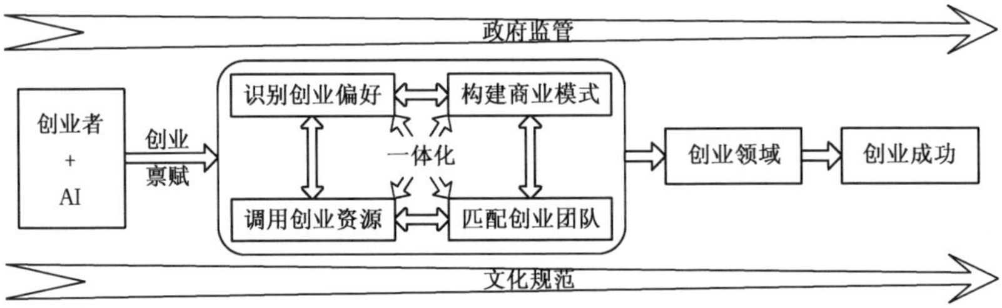

AI 赋能创业的要素内在一体化框架（AGI 阶段）

可以看出，基于通用人工智能赋能创业要素内在一体化的实现，蒂蒙斯理论局限得以克服。一方面，在通用人工智能阶段，创业的主体不仅是创业者。在蒂蒙斯理论中，创业者始终是创业的主体。智能化时代，通用人工智能有望与创业者共同开展创业活动，这对传统创业要素理论产生巨大冲击。另一方面，尽管创业者在创业过程中仍然面临机会的模糊性、市场的不确定性和外部市场风险等因素，但该阶段的创业者因为有通用人工智能作为战略合作伙伴，外部不确定性因素所带来的复杂性和动态性都将被削弱，取而代之的是创业偏好、创业资源、创业团队和商业模式四要素在创业过程中的“内在一体化”。

在肯定通用人工智能力量的同时，也要看到通用人工智能赋能创业的弊端，本文认为现阶段需要在通用人工智能赋能创业框架中施加政府监管和文化规范两条护栏予以约束。首先，由于通用人工智能可以处理前所未见的创业细节，并通过知识迁移整合能力弥补创业者不足，创业者可能凭借与通用人工智能的合作在析出的特定细分创业领域上形成垄断，这就需要政府对可能出现的早期创业垄断现象实施同步监管。其次，人工智能在决策时会不惜一切代价最大化某些参数，并忽略企业特定的道德标准（Keding，2020），所以在通用人工智能赋能创业判断、创业决策，乃至后续实现四要素内在一体化时，其所产生结果的创业道德和创业伦理也有待考量（Miller，2019），这同样需要政府构建人工智能赋能创业的多层次约束机制。再次，“只要你有创业想法，通用人工智能就能帮你建立商业帝国”理念的存在，会导致投机型创业项目的剧增，并且由于通用人工智能在一定程度上削弱了蒂蒙斯理论框架的复杂性与动态性，“创业”一词对创业者的意义也可能发生变化，因此人工智能赋能创业领域仍然需要社会文化领域赋予“创业”新的含义，以规范创业者的创业活动。最后，创业者同通用人工智能一同创业，并将其视为战略合作伙伴，可能不利于真实创业团队凝聚力的形成，因此在重塑初创企业的团队文化和价值观的同时，还需规范创业者与通用人工智能的人机信任关系。

综上所述，通用人工智能赋能创业产生的四个问题需要政府监管和文化规范两道护栏进行限制，以确保通用人工智能赋能创业活动的成功。

三、研究框架比较

人工智能赋能创业领域初步形成了初代研究框架、专用人工智能赋能创业框架和通用人工智能赋能创业框架三种研究框架。这三种框架分别代表了人类在数字技术、专用人工智能及通用人工智能阶段的思考。

三种研究框架的对比

	初代研究框架	专用人工智能赋能创业框架	通用人工智能赋能创业框架
AI扮演的角色	计算工具	工具人	智能人（战略合作伙伴）
AI类型	计算技术或数字技术	ANI	AGI
AI功能	在依赖创业者基础上，帮助优化创业问题	主动识别，并按部就班解决创业问题	思考并想方设法主动完善解决方案，进而促进创业实现
创业要素的内容	创业者、创业机会、创业团队和商业模式	创业偏好、创业资源、创业团队和商业模式	
创业过程的结果	依靠创业过程关联 需要多次迭代优化	低水平一体化 需要迭代优化	高水平内在一体化 无须迭代
研究重点	赋能过程的优化机制	ANI如何帮助匹配要素	AGI如何自动实现四要素的内在一体化
对传统创业理论的影响	基本没有影响	产生冲击	推动革新

三种人工智能赋能创业的研究框架既存在互通之处，也存在巨大差异。

第一，在人工智能扮演的角色和人工智能类型方面，初代研究框架始终将人工智能作为一个外生变量加以研究，人工智能虽然拥有一定的智能水平，但其本质仍是数字工具或计算工具；随着人工智能智能化水平发生变化，在专用人工智能和通用人工智能赋能阶段，人工智能的根隐喻是“人”，但由于专用人工智能只能用以解决特定的问题，因而在专用人工智能赋能创业框架中，人工智能扮演的角色是工具人，而在通用人工智能框架中则发展成为智能人（即创业者的战略合作伙伴）。目前，人工智能智能水平仍然停留在低水平专用人工智能阶段，各种赋能机制的实现离不开不同类型的专用人工智能的发展和进化。

第二，在人工智能功能上，初代研究框架强调创业者借助理性决策的人工智能优化各项创业要素，提高创业活动的质量和成功率；专用人工智能赋能框架中，专用人工智能仅会基于其所持有的特定领域的算法识别创业要素，进而按部就班地解决创业问题；而通用人工智能则会采取先“思”后“做”的策略，通过思考创业者现有的创业要素，依托强大的智能化水平，帮助创业者完善创业要素，促进创业成功。

第三，在创业要素方面，创业者、创业机会和创业团队及商业模式是初代研究框架的创业要素，而专用人工智能和通用人工智能赋能框架则将创业偏好、创业资源、创业团队和商业模式作为创业要素加以研究。

第四，在创业过程的结果上，初代研究框架强调依靠创业过程关联，其创业过程实现需要多次迭代优化；专用人工智能赋能框架认为，专用人工智能可以帮助实现创业过程的要素低水平一体化，但这一进程需要迭代优化；通用人工智能赋能创业框架认为，通用人工智能可以加速实现创业过程要素的高水平内在一体化，且无须迭代优化，这也是更高的智能力量。

第五，在研究重点和理论突破上，初代研究框架侧重研究赋能过程的优化机制，创业要素彼此之间并不因为数字技术存在而自动关联，其所依托的理论基础仍是传统的蒂蒙斯要素模型；专用人工智能赋能框架中，由于创业领域的析出源自创业者所拥有的创业要素，因而四要素的匹配是低水平的一体化；在通用人工智能框架中，由于通用人工智能会通过思考完善创业者的创业禀赋，创业要素能够实现高水平的一体化。无论是专用人工智能还是通用人工智能阶段，人工智能已经突破一般意义上的创业资源或是工具，已经具有更为主动的角色和功能，因而对已有的创业理论将产生显著的冲击或革新。

通过三种研究框架的比较,能够发现由初代研究框架向通用人工智能赋能创业框架演变的内在逻辑。一方面,初代研究框架是专用人工智能和通用人工智能赋能创业框架的理论前提和现实基础。通过研究人工智能对创业各主题的赋能机制,能够明晰现阶段人工智能的赋能机制,进而通过放松约束条件,实现通用人工智能赋能创业要素一体化的理论研究。另一方面,通用人工智能赋能创业框架是通用人工智能在初代研究框架中的深化与革新。

四、结论和未来研究展望

本文基于SLR对人工智能赋能创业的经典文献进行系统梳理,详细阐述人工智能对创业的影响,在此基础上构建了人工智能赋能创业的初代研究框架;基于要素内在一体化作为新的研究视角,深入分析了人工智能技术实现过程中专用人工智能和通用人工智能赋能框架的各自侧重点;提出未来人工智能赋能创业领域可能存在的研究议题。

第一,作为新兴研究领域,人工智能赋能创业既是创业实践课题,更是创业理论研究前沿。已有人工智能赋能创业研究相对零散,可以概括为人工智能赋能创业的初代研究框架。该框架认为人工智能可以降低创业成本,提高创业意愿;通过赋能机会创造、机会警觉和机会预测,人工智能能够促进创业机会的发现;通过识别初创企业的目标用户及其价值主张,并在价值捕获机制中扮演基础性角色,人工智能能够推动商业模式的构建。

第二,随着智能化水平的提升,现阶段很多学者已在"人工智能与创业者协同工作"方面达成一致,人工智能在创业领域中的作用将逐渐内在化,并推动通用人工智能赋能创业框架的实现。该框架的核心内容是基于创业者的创业禀赋,创业者和通用人工智能通过识别创业偏好、调用创业资源、匹配创业团队和构建商业模式促进创业要素的内在一体化,推动创业成功。通用人工智能赋能创业框架是对现有传统创业理论的突破。由于人工智能内在化,传统创业理论的创业主体可能变为创业者和通用人工智能,创业要素内涵也将由创业机会、创业资源和创业团队匹配的复杂性和动态性转变为创业偏好、创业资源、创业团队和商业模式的内在一体化。上述影响可能开辟新的创业研究领域。

第三，在推进通用人工智能赋能创业过程中，需要同步构建文化规范和政府监管两条护栏加以控制。未来应该加强对人工智能赋能创业背后的道德伦理问题的探讨。

结合现阶段研究基础，本文提出未来几个重要研究议题。

一是AI赋能创业的基础。这主要涉及两方面：一方面，AI赋能创业的深度学习数据从何而来？在这个开源的世界，对AI研发团队来讲，稀缺的资源并不是制造AI的材料或是架构AI的算法，而是能够实现AI深度学习的创业数据（Ng，2016）。正如von Bloh等（2019）通过实证研究将社会媒体数据作为推动创业研究的新数据类型一样，学者应在未来实证研究中明确AI智能化的有效性是否完全依赖于可用的数据或可构建的算法（Garbuio和Lin，2019），何种类型的创业数据能够实现AI深度学习并赋能创业，这些数据的真伪性和实用性将应该通过什么指标予以衡量？另一方面，AI系统应该自建还是购买使用权？开发AI算法可能是非常耗时、耗钱的技术难题，究竟是应该建立属于自己的AI系统以形成属于自己的核心竞争力（Prüfer，2019），还是应该站在“巨人”的肩膀上开展创业活动，减少不必要的大量资源投入，都需要通过实证研究予以考证。

二是创业者的角色问题。AI赋能创业时代，创业要素的内在一体化可依靠AGI实现，但“创业者无法被AI替代”仍是主流学术观点，那么创业者的角色定位应该是什么（Townsend和Hunt，2019）？创业者与AI如何以共生的方式开展诸如创业判断、决策、营销等在内的创业活动（Miller，2018）？此时，创业者的管理职能又是什么？此外，在AI赋能的新情景下，创业团队所需的特征、技能、经验与素质是否会存在新内涵？这些问题都需要学者在未来的AI赋能创业实践活动中探索。

三是AI赋能商业模式构建的作用机理及实证研究。现阶段，AI赋能商业模式的研究多集中于案例研究方面，尚未形成严谨的理论机制。首先，未来研究要在继续深入挖掘现实案例基础上，探索AI赋能商业模式的理论架构，对比分析不同应用场景、不同产业领域AI赋能机制的异同点；其次，以AI为基础的商业模式治理和决策责任问题是需要研究的主题之一（Garbuio和Lin，2019），正如自动驾驶汽车发生交通事故，其肇事原因或是承担责任的主体，究竟是自动驾驶的算法还是研发自动驾驶汽车的企业，或是在交通事故面前毫无作为的驾驶者；最后，什么类型的市场环境能够真正接纳AI产生的商业模式也是学者需要研究的问题。

四是 AGI 实现创业要素内在一体化的理论构建及实证研究。实现创业偏好、创业资源、创业团队和商业模式的内在一体化是 AGI 框架的核心,也是对传统创业理论的革新所在。未来研究应聚焦在 AGI 如何自动实现创业要素的内在一体化及要素内在一体化后 AGI 如何处理某一创业要素突变的情况。这两个问题不仅是 AGI 算法所要研究的问题,也是数智时代创业理论需要解决的问题。

五是 AI 赋能创业活动的深入研究。一方面,AI 赋能创业存在更多结果变量,有关创业融资、社会创业、公司创业等创业领域的 AI 影响仍存在理论空白,AI 对这些结果变量的影响有待探索。另一方面,结果变量的丰富要求加强相关领域的实证研究。基于现有加速器选择标准(Yin 和 Luo,2018),AI 如何推动加速器或天使投资者选择初创企业等?AI 如何赋能漂浮的社会问题解决方案和待解决的复杂社会问题的匹配,进而加速社会创业进程?AI 如何帮助公司实现双元创新,进而实现战略创业?上述核心问题的解决,将引发传统创业理论在相应领域的革新。

六是文化规范与政府监管的护栏问题。本文认为增加文化规范与政府监管两条护栏在一定程度上可以抑制 AGI 赋能创业的消极影响。上述猜想仍需要实证数据的检验。不同类型的社会文化或价值观将会给 AGI 赋能创业带来什么影响(Duan 等,2019)?政府监管的边界应该如何划分?这些问题应该引起相应重视。

(原文由刘志阳、王泽民发表于《外国经济与管理》,2020 年第 11 期)

技术—社会范式的提出可以追溯到创新经济学家佩雷斯和弗里曼等最早提出的"技术—经济"范式。在他们看来,每次新技术革命都会衍生与其相适应的新技术—经济范式,形成基于通用技术和组织原则的最优惯性模式。① 技术在创新和扩散过程中存在对整个经济社会体系的渗透效应,不仅直接与生产要素、产业结构、商业模式等因素互相渗透磨合,成为经济系统创新的内在驱动,也间接地影响与经济相关的其他领域。②③④ 从技术—经济范式看,大数据、区块链、云计算、人工智能等新一代数字技术深度参与到纵向产业链"研发—生产—销售"过程的全貌⑤,改变了传统的投入产出组合,带来创新空间和市场潜力的全面扩张,由此开启了一个崭新的全数字经济时代。但从横向看,数字技术串联了包括政府⑥、社

① C Perez. Technological revolutions and techno-economic paradigms[J]. *Cambridge journal of economics*, 2010 (34): 185 - 202.

② C Freeman, C Perez. Structural crises of adjustment, business cycles and investment behaviour[A]//Technical change and economic theory[M]. *London: Francis Pinter*, 1988, 38 - 66.

③ C Perez. Structural change and assimilation of new technologies in the economic and social systems[J]. *Futures*, 1983, 15(5): 357 - 375.

④ Giovanni Dosi. Technological paradigms and technological trajectories: a Suggested interpretation of the determinants and directions of technical change[J]. *Research policy*, 1982(11): 147 - 162.

⑤ N Kshetri. Blockchain's roles in meeting key supply chain management objectives[J]. *International journal of information management*, 2018(39): 80 - 89.

⑥ Lingjun Fan, J Ramon. Sharing big data using blockchain technologies in local governments: some technical, organizational and policy considerations[J]. *Information polity*, 2019, 24(4): 1 - 17.

会组织[①]、个人群体[②]等在内的全社会各个阶层的信息传播、信用体系构建、创新扩散等社会创新活动[③]。这种由数字技术引发的全社会系统性改善,正是全数字技术—社会范式的重要内涵。全面理解现有的全数字化进程,不仅要重视数字技术引发的经济和产业变革,也要高度重视数字技术带来的全面社会革新。

德鲁克认为,社会创新往往是由科学和技术进步引起的。[④] 本文提出的技术—社会范式正是基于技术和社会交互影响的视野,旨在探讨新技术体系与整个社会制度不断磨合、适配以及优化的演化过程。这种技术—社会新范式的构建将有助于克服功利化的"技术—经济"增长导向或是僵化的技术利维坦主义恐惧,新范式的应用将大大加快社会问题建构和社会创新扩散。本文认为,技术—社会范式的转换通常基于新技术的社会要素重新组合。[⑤] 作为国家自主创新突破口,区块链数字技术因其网络性和高渗透性,在数字化技术中更具典型意义。[⑥] 区块链作为一种分布式记账的信息系统,具备去中心化、不可篡改、可追溯的应用特征,[⑦]可以构建一个深度整合、开放、实施、共享的信息社会生态,有助于优化现有社会管理模式、增加社会信用,以及增进社会公平。在新冠疫情防控期间,中远航整合构建了基于区块链技术的全球疫情数据库,成功化解了船舶全球疫情传播的潜在风险。雄安新区以构建智慧城市为目标,成立了"区块链+基础设施"的实验项目,将区块链应用于财政金融、政府服务、信用管理等多个领域。区块链技术在推动社会创新方面已经显现出巨大的应用潜力。因此,本文以传统社会创新面临的难题为出发点,以区块链技术为切入视角,旨在剖析数字技术重构社会创新的过程,系统阐述全数字时代的技术—社会新范式。首先,总结现阶段区块链创新管理研究文献;其次,通过比较传统社会创新和数字社会创新,分析区块链社会创新的核心内涵;再次,揭示区块链视角下数字社会创新的

① Dmitri Boreiko, Paolo Giudici, Guido Ferrarini. Blockchain startups and prospectus regulation[J]. *European business organization law review*, 2019(20): 665 - 694.

② Zyskind G, Zekrifa D M S, Alex P, Nathan O. Decentralizing privacy: using blockchain to protect personal data[J]. *IEEE security & privacy workshops*, 2015: 180 - 184.

③ Nowiński W, Kozma M. How can blockchain technology disrupt the existing business models? [J]. *Entrepreneurial business and economics review*, 2017, 5(3): 173 - 188.

④ Drucker P F. Social innovation-management's new dimension[j]. *Long range planning*, 1987, 20(6): 29 - 34.

⑤ 朱瑞博.中国战略性新兴产业培育及其政策取向[J].改革,2010(3).

⑥ 蔡跃洲,李平.技术—经济范式转换与可再生能源产业技术创新[j].财经研究,2014(8).

⑦ Yli-Huumo J, Ko D, Choi S, Park S, Smolander K. Where is current research on blockchain technology? —a systematic review[J]. *Plos one*, 2016, 11(10): e0163477.

运作过程和功能;最后,总结全数字时代技术—社会新范式的周期特征和演化动力,并提出相关政策建议。本文的研究从理论上拓展了技术—社会范式的研究内涵,有助于推动数字技术与社会创新的深度融合。

一、区块链创新管理文献回顾

区块链作为研究前沿,其技术内涵和产业应用场景①②已得到广泛关注。与之相比,由区块链引发的组织管理变革和社会创新却少有专业文献针对性研究。本文借鉴 Christoph Keding(2020)③的方法框架,通过系统文献综述的方式综合识别区块链技术对创新管理的渗透效应。经过多次探索性的阅读,本文确定使用 Business Source Complete(EBSCO)数据库,运用布尔逻辑检索搜索"区块链"与"创新管理""公共管理""战略管理""组织管理""社会创新""社会创业"等关联词组相匹配的文献主题,共检索到 2014—2020 年的 712 篇文章。考虑到纳入文献综述的论文质量,本文对上述结果进行再次筛选,将条件设定为在拥有同行评议的学术期刊上发表并使用英文写作的论文,在剔除针对性不强的文章后,最终得到 2016—2020 年的 77 篇相关文献。这些文章主要探讨了区块链在社会生产、流通、交易过程中的产业创新应用,但都极少涉及社会创新。

2016—2020 年区块链创新管理的文献回顾

主题 \ 年份	2016 年	2017 年	2018 年	2019 年	2020 年
生产创新				●Whitaker Amy ▲Kamble 等	
流通创新			●Singh M. 等	●Chaudhary R. 等	▲Lenny 等
交易创新		▲Bott J. 和 Milkau U.	▲Ji Q. 等	◆Adhami S. 等	
组织和社会创新	▲Kursh S. R. 等	▲Svein 等 ▲Khong 等		◆ Mu 等 ▲Holotiuk 等 ●Allessie D. 等	◆Park G. 等 ▲Warkentin M. 等

注:▲为理论研究;●为案例研究;◆为实证研究。

① Ji Q, Bouri E, Gupta R, Roubaud D. Network causality structures among bitcoin and other financial assets: a directed acyclic graph approach[J]. *Quarterly review of economics & finance*, 2018, 70(11): 203-213.

② Svein Ølnes, Jolien Ubacht, Marijn Janssen. Blockchain In government: benefits and implications of distributed ledger technology for information sharing[J]. *Government information quarterly*, 2017, 34(3): 355-364.

③ Christoph Keding. Understanding The interplay of artificial intelligence and strategic management: four decades of research in review[J]. *Management review quarterly*, 2020: 1-44.

二、区块链社会创新过程

(一)区块链社会创新的内涵

社会创新是解决社会问题、满足社会需求的创造性过程,[①]强调在社会问题和社会方案之间建立有机的联系。通过渗透不同社会部门和社会活动,数字技术将衍生新的创新模式和管理办法,推动社会问题建构、社会资源动员和社会创新成果验证的可视化和智能化过程[②],因而既是社会创新的催化剂也是加速器。作为当前主导技术,随着数字技术在社会创新范畴的广泛应用,数字社会创新将逐步取代传统社会创新,成为下一波主导社会创新方式。数字社会创新最早可以追溯到经济学家托马斯(1990)提出的数字赋能的认知模型四要素,他指出数字赋能有别于其他赋能方式,具有影响力、意义、选择和能力的不同[③],是以大数据、物联网、区块链等数字技术对社会要素进行赋能,[④]通过数字技术的高渗透性和网络性,最大限度地调动社会对象的能动性和积极性。作为数字社会创新的典型代表,区块链社会创新既拥有一般化数字社会创新的特征,也凭借其可靠、高效、安全、智能的技术特性,显示了其在社会创新领域特有的功能。

区块链社会创新、数字社会创新和传统社会创新三者间既有相似性,也存在一些显著的不同。

与传统社会创新相比,数字社会创新强调利用数字技术提供更易复制、效能更高的解决方案。[⑤] 首先,在社会问题识别上,传统社会创新场域具有封闭性,社会问题和解决方案在有限空间内需要经过漫长的匹配过程;数字社会创新场域相对开放,覆盖范围更广,信息传播速度更快,有助于推进待解决的社会问题与漂浮的解决方案的快速匹配。其次,在社会生产生活方式上,传统社会创新的分工受到地理距离的约束;数字社会创新凭借网络技术支撑,推进了跨地区、跨部门的社会分工协作,具有更高

① Phill J, Deiglmeier K, Miller D. Rediscovering social innovation[J]. *Stanford social innovation review*, 2008(6):34－43.

② 刘志阳,赵陈芳,李斌.数字社会创业:理论框架与研究展望[J].外国经济与管理,2020(4).

③ Thomas K W, Velthouse B A. Cognitive elements of empowerment: an"Interpretive"model of intrinsic task motivation[J]. *Academy of management review*, 1990, 15(4):666－681.

④ Makinen M. Digital empowerment as a process for enhancingcitizens' participation[J]. *E-learning*, 2006, 3(3):381－395.

⑤ Christensen C, Baumann H, Ruggles R, Sadtler T. Disruptive innovation for social change[J]. *Harvard business review*, 2006, 84(12):94－101.

传统社会创新、一般数字社会创新与区块链创新

	维度	传统社会创新	一般数字社会创新	区块链社会创新
不同点	社会问题识别	社会创新场域存在封闭性，社会问题与解决方案的匹配过程漫长	社会创新场域具有开放性，待解决的社会问题与漂浮的解决方案可以快速匹配	强大的算力和透明的信息渠道进一步模糊组织边界，可以实现更大范围和更高效的问题与解决方案的匹配
	社会生产生活方式	大部分协作分工仍以实体为单位，数字技术仅应用于信息传播的功能	数字技术直接应用于社会问题解决，促成跨越地理距离和跨部门的社会分工	通过虚拟分工实现不依赖实体交互的社会协作，智能合约开放网络交易，优化跨部门协作流程，实现层次更深的跨部门合作
	社会信任体系	通过第三方实体平台进行仲裁和评判，社会信任程度依赖于物质规范和行为主体判断	社会信任依赖于数据的客观性和信息的透明度，第三方中介力量弱化的同时容易造成平台依赖	社会信任依赖于群体响应，去中介化程度高，容易弱化信息垄断现象，构建去信任的社会生态
	社会创新成果扩散	社会创新成果受限于地理范围和制度推广	数字技术使创新成果扩散的覆盖范围更大，速度更快，但是存在创新的知识产权保护难题	不可篡改和可追溯的特性有助于快速实现全社会创新成果共享，加密特点也在一定程度上可以保护创新成果
相同点		强调借助数字技术力量，推动开放式社会创新，服务群体更广、信息更透明		
		都以满足社会需求为目的，通过提出各种社会问题解决方案，进行渐进式社会创新过程		

的社会参与度。再次，在社会信用体系上，传统社会创新一般以第三方实体机构进行仲裁和评判；数字社会创新凭借互联网技术缩短了人际距离，弱化了传统中介机构的作用。最后，在社会创新成果扩散上，传统社会创新成果只能在小范围内共享；数字社会创新基于网络传播效应，容易被更多的人群熟知和享有。

与一般的数字社会创新相比，区块链社会创新具有如下显著特征。首先，在社会问题识别上，区块链社会创新基于 Merkle 树算法和分布式记账方式，能够快速整合社会资源和调动社会关系，使社会创新者通过快速检索功能以更低的成本、更短的时间获取有效的真实信息，帮助社会创新者更快、更全面地识别社会问题。其次，在社会生产生活方式上，区块链社会创新基于共识机制和自动化交易，通过重塑不同部门的交互方式来模糊组织界限，拓宽了线上虚拟分工的广度，优化了一般数字社会创业的跨部门协作机制，在推进社会职能细分的同时提高了跨部门分工协作的效率。再次,在社会信用体系上,区块链社会创新在共识机制和智慧合约的共同作用下,可以实现线上全自动化的信息验证和纠纷仲裁,摆脱了一般数字社会创新依赖第三方数字平台的现象,兼顾了社会创新过程中的公平和效率。最后,在社会创新成果扩散上,分布式基础架构决定了区块链社会创新的共享内核,在非对称加密技术的助力下,区块链社会创新不仅提高了创新成果复制率和应用程度,也平衡了知识产权保护和信息共享的关系。

总而言之,区块链社会创新由于在技术上的突出特点,有利于加速社会问题识别过程、深化跨部门协作关系、提高社会信用标准及增强社会创新扩散,是一种更加具有优势的社会创新方式。

(二)区块链社会创新的运行过程

在区块链社会创新的情境下,社会问题识别、社会生产生活方式、社会信任体系以及社会创新成果扩散等方面都受到区块链技术的深刻影响,不仅重构了社会问题和解决方案的边界,也造就了循环往复的社会创新过程。区块链主要通过影响社会问题建构、社会创新方案匹配、社会解决方案落地及社会创新成果扩散四个环节来赋能社会创新。

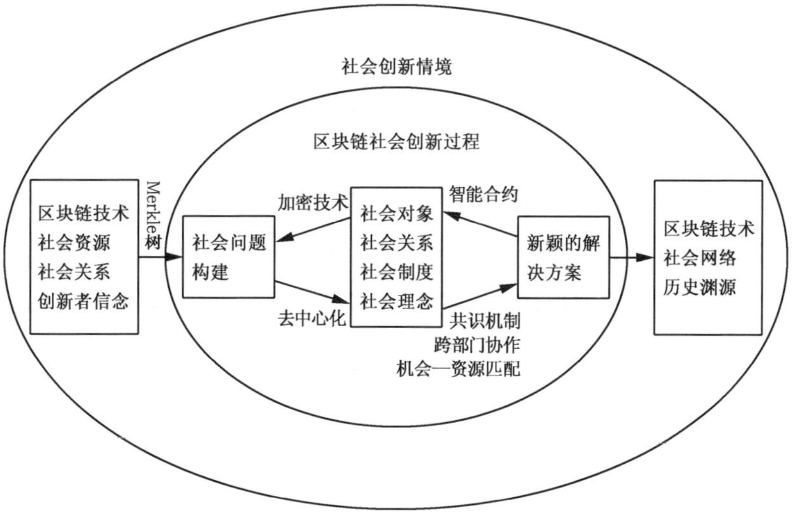

区块链社会创新过程

1. 社会问题建构

区块链技术可以帮助社会创新者透过社会现象，识别真正社会问题。社会问题的构建是区块链社会创新过程的起点，只有精准把握复杂社会问题背后的主要矛盾和诱发因素，才能理解社会问题实质，进而提炼社会问题的核心要素。以往研究已经证实，社会问题建构既受到创新者个体信念的影响，也受到社会创新者所掌握的社会资源和社会关系的影响。一方面，在数字化环境下，区块链社会创新基于 Merkle 树算法的快速检索功能，向社会创新者提供针对庞大信息流的检索、验证和匹配服务，使社会创新者可以通过对社会关系、社会资源及新的价值理念有客观、清晰的了解，帮助社会创新者以更开阔、更客观的视角理解社会问题、构建社会问题。另一方面，区块链社会创新的分布式结构提供了去中心化的信息环境，给予社会创新者均等的获取信息的机会，从而形成自下而上的社会问题识别机制，使社会问题识别不再是少部分人的纸上谈兵，而是大多数人共同推进的创新意识觉醒。

2. 社会创新方案匹配

区块链技术通过共识机制和跨部门协作，促成待解决的社会问题和漂浮的解决方案的快速匹配。首先，区块链的共识机制是一种达成分布式共识的算法，通过全社会集体背书，简化信息审核、验证的过程。这种基于社会共识的验证机制的有效性依赖于全社会不同背景、不同知识储备及不同观念的参与者，根据这些非利益相关者的反馈和认证，弥补单一验证机制可能存在的知识漏洞，这不仅有利于提高社会创新者进行资源匹配的效率，也有利于社会创新者在简化的社会创新流程中可以根据具有时效性的反馈信息进行动态调整。其次，社会资源、社会关系与社会对象通过算法匹配加速机会—资源的拟合过程。区块链技术及其构建的信息生态通过简化资源供给方和接收方的对接、拟合过程，使社会创新者可以在较短的时间内以较少的成本完成机会识别、资源获取、信息验证的全过程，有利于降低社会创新者的试错成本和参与门槛，加速社会创新者识别机会和资源拼凑的过程。最后，跨部门协作是利用不同部门职能对现有资源进行再加工，共同催生新颖的解决方案的过程。① 区块链社会创新的跨部门分工有别于以往形式，是范围更广、程度更深的跨部门协作。智能合约、激励机制等技术为线上跨部门合作提供了可靠的交易担保，通过预设交易条件和统一

① Marcy R T, Mumford M D. Social innovation: enhancing creative performance through causal analysis[J]. *Creativity research journal*, 2007(19): 123 - 140.

标准,向社会创新者提供自动化的交付服务,有利于提高不同部门对于社会创新价值共创的认可程度。跨部门合作关系也会带来人力资源流动,不同背景的部门和参与员工的多样化为社会创新提供了不同视角的社会认知,有利于催生新颖的、全面的社会问题解决方案。

3. 社会解决方案落地

区块链技术帮助社会创新者简化执行流程,加速新颖解决方案的落地。社会创新成功与否,取决于是否通过新创方案解决社会问题。传统社会创新在解决方案的具体实施和应用过程中,需要耗费大量的时间和成本进行各个环节的对接。但是区块链技术利用智慧合约、时间戳等功能实现解决方案自动化执行,减少新方案落实的中间环节,降低因交易纠纷导致的效率低下。一方面,智慧合约等合约层技术通过预设交易条件和标准,实现去中介化的自动化操作;另一方面,时间戳等数据层技术帮助社会创新者实时追踪社会方案的执行程度和解决效果,实现执行—验收一体化,在简化方案执行过程的同时保障了社会问题—解决方案的及时响应。

4. 社会创新成果扩散

区块链技术在成果扩散过程中可以有效平衡知识产权保护和信息共享的关系,既保障了创新者的合法权益,也推进了信息反垄断的进程。当知识既是资产也是资源,其独占性和互补性便存在不可调和的矛盾①,区块链技术通过非对称加密技术区分公链和私链②,向社会创新者提供了知识产权保护和开放的自主划分界限。在公链上,知识等信息通过P2P对等网络在不同部门传播,给予参与者均等的获取信息和资源的机会,加强创新成果互补性再创造的价值增值能力,提高了社会创新成果的复制率和扩散程度,从而推进社会创新成果在不同社会部门的应用。在私链上,加密技术控制可访问性,只有在社会创新者赋权的情况下才能参与私链的信息交互,私链的验证机制加强了对知识专利产权的保护,有利于防范信息风险,调动更大范围的创新创业动能。可以说,区块链技术的双链模式既兼顾了公平和效率,也促进了社会创新者对社会问题和社会创新活动的新认知、新理解。

(三)区块链社会创新的功能

区块链社会创新是推进数字社会创新发展进程的新方案。在社会问题建构环

① 刘志阳.从自主创新到创新获利[J].学术月刊,2014(4).
② 张衍斌.基于区块链的电子商务信息生态系统模型研究[J].图书馆学研究,2018(6).

节，可以帮助完善社会创新者对社会问题的认知；在社会创新匹配环节，可以简化社会创新活动的流程，加速解决方案的产生；在解决方案落地环节，可以实现自动化交付和对接；在创新成果扩散环节，有助于提高新方案的复制率和应用程度。根据对上述过程的归纳和分析，本文总结了四个方面的区块链社会创新功能。

区块链社会创新功能

过程	区块链社会创新功能	技术基础	目　标	类　型
社会问题建构	智能匹配	数据块、链结构、Merkle 等数据层技术	通过信息共享和快速检索，降低问题识别难度，实现自下而上地发现问题	整合功能
社会创新过程	分段式加速	基于共识机制、P2P 网络、智能合约等不同层面的技术应用	细化并分解社会创新过程：通过共识机制简化信息的验证；通过 Merkle 树等数字层技术，实现机会—资源的快速拟合；通过 P2P 网络等技术实现深层次的跨部门模块化分工	加速功能
解决方案落实	自动化执行	结合时间戳、智能合约等数据层、合约层技术	实现去中介化、自动化的解决方案落地，简化社会创新应用流程，降低人为风险	保障功能
创新成果扩散	持续创新	加密技术、验证机制等	既保护知识产权，又实现信息共享，调动社会创新者的积极性的同时实现创新成果在全社会的推广和应用	发展功能

智能匹配是区块链社会创新应用于社会问题建构环节的整合功能。区块链社会创新的智能匹配功能是指漂浮在社会上的社会资源、社会关系在区块链的分布式结构下，通过 Merkle 树算法检索实现快速流动，与不同的社会创新理念进行智能匹配，从而共同构建社会问题的过程。智能匹配利用区块链技术及其构建的信息生态来简化资源供给方和接收方对接和拟合的过程，使社会创新者可以在较短的时间内以较少的成本完成对社会问题的认知、捕捉真实问题的本质和核心要素，有利于提高社会创新者对识别社会问题的敏锐度。

分段式加速是区块链社会创新应用于社会创新过程的加速功能。分段式加速是建立在共识机制、机会—资源快速拟合和跨部门协作的三步一体机制上,通过集体背书的验证机制简化信息的记录、整合、审核过程,提高社会参与程度;通过算法匹配的快速拟合,实现对组织内外部社会资源的自由整合①,提高社会创新者资源拼凑的能力从而催生出更具有创意和针对性的解决方案;再通过更深层次的跨部门协作,模糊不同社会部门的组织边界,使人力资源和社会资源可以根据职能特点在部门间快速流动,形成更细分、更合理的职能模块化分工,以更好地完善和落实解决方案。

自动化执行是区块链社会创新在解决方案落实环节的保障功能。自动化执行是在智慧合约、时间戳等功能的共同作用下,通过预设交易条件和信息的有序排列,实现解决方案自动化操作和有序执行的职能。它使社会创新者在方案落实的过程中,既可以全程进行线上监管,又可以减少第三方中介机构在传统创新活动中的影响,实现各部门的直接对接,有利于简化方案落实的过程、降低方案应用的成本,并减少交易过程中的纠纷和风险,提高解决方案的成效,加快社会问题的解决。

持续创新是帮助社会创新成果快速复制、扩散的发展功能。它使有效的解决方案可以在更广的范围内推广应用,从而实现系统性的社会变革。持续创新是基于非对称加密和验证机制的双重保障机制,通过双链模式兼顾知识产权保护和信息共享。在公链上,不同社会部门可以自由地了解、复制、应用链上的解决方案,有效避免信息不对称、信息垄断等问题;在私链上,社会创新者通过加密技术和数字签名等验证方式,控制访问人员和数量,提高了系统对信息泄露和知识专利窃取的预防能力。这种双链模式既调动了社会创新者的创造意愿,又有助非独占性创新成果在全社会的推广和应用,实现创新成果扩散和创新专利持续产出的发展目标。

三、从区块链社会创新到全数字技术—社会新范式

区块链社会创新的实践充分展示了数字技术对社会的深度影响。全数字化的内容更广泛,技术—社会范式应用对于分析影响进程也更深刻,因而有必要超越区块链社会创新过程,更深入把握全数字技术—社会范式的不同阶段的根本特征及其政策意蕴。

① Chesbrough H W. Crowther A K. Beyond high tech: early adopters of open innovation in other industries [J]. *R&D management*, 2006, 36(3): 3229 – 3236.

(一)全数字技术—社会新范式的内涵

宾夕法尼亚大学教授斯恩·桑达(2008)指出①,当前我们正在迈进以共享为内核的全数字化时代,数字信息所带来的客观性和网络性必然带来更加开放包容的技术—社会新范式。本文认为的全数字技术—社会新范式是指基于广义的数字技术的社会最优惯性运行模式。与一般意义的数字范式相比,全数字技术—社会范式呈现明显不同的特征。第一,在数字技术自身融合深度上,一般的数字技术—社会范式仅通过简单的计算技术叠加,主要服务于信息处理和存储;但是全数字技术—社会范式通过大数据、物联网、区块链、云计算等多种数字技术的有机融合,实现了创新方式、发展理念等多层次的创新赋能,提供覆盖范围更广、程度更深、更多样化的数字服务。第二,在与社会发展体系的融合深度上,一般的数字技术—社会范式仅作用于数字部门及其直接相关部门的流通速度和存储空间,目的是单纯地实现社会和数字直接相关部门的生产力提高;但全数字技术—社会范式具有更高的渗透性,通过临近和非临近部门的智能对接,打破了传统部门的信息孤岛和垄断性,在降低组织生产交易成本的同时有效促进社会部门结构的优化,推进了开放式创新平台的构建,能够有效调动全社会创新创业创造动能,给予社会发展源源不绝的内在动力。第三,在社会治理效能上,全数字技术—社会新范式通过构建安全、可靠、透明、高效的社会创新环境,使政府、企业、非营利组织和社会企业等多种不同部门相对公平地参与社会创新的过程,从而实现全体参与、智慧共享。可以说,全数字化是一种颠覆了传统治理理念的多层次、高渗透的社会创新范式的变革,其治理效能也高于一般意义上的数字技术—社会范式。

(二)全数字技术—社会范式的周期特征

全数字技术—社会新范式不是凭空捏造的,而是在技术和社会制度不断克服的矛盾中动态演进的。在全数字社会创新过程中,数字新技术带来的社会创新要求与旧技术依存的社会制度的矛盾始终贯穿。一方面,数字新技术的应用加速了社会创新活动的产生,但是基于旧技术的社会制度不能承载成指数化增长的社会创新,这就势必引发技术—社会的矛盾。另一方面,围绕数字新技术—社会范式的相关制度逐步建立,也将逐步取代旧的社会范式及相关制度,完成新旧范式的交替。区块链社会

① Sundar S S. The MAIN Model: a heuristic approach to understanding technology effects on credibility[A]//. *Digital media, youth, and credibility*[M]. Cambridge, MA: The MIT Press. 2008: 1 - 100.

创新只是全数字化技术—社会创新范式的一个缩影,有必要超越区块链,构建面向未来的全数字技术—社会新范式。

创业小贴士
START-UP TIPS

全数字技术—社会范式

在爆发阶段,新的主导技术在直接相关社会部门渗透,基于数字技术的社会部门创新呈指数化增长,新技术—社会范式的雏形出现。以区块链为例,区块链技术在商业模式、管理创新和组织结构等方面的创新应用,提供了高效、透明、安全的社会创新环境,也带来了新的社会创新方法和理念,刺激了社会创新活动的蓬勃发展。但是原技术—社会范式和相应的社会制度无法承载快速增长的社会创新活动,长期的话语权垄断也阻碍了新技术—范式的成长,对于新范式和新制度的呼声渐高。新技术—社会范式和相应的社会制度就在与范式的斗争中逐渐完善。

在狂热阶段,新的主导技术与直接相关社会部门实现深度融合,在催生大量社会创新活动的同时引起社会制度的革新,新社会制度与旧社会制度在价值分配、治理理念、管理方式等方面大相径庭。例如,区块链技术通过智能合约实现了自动化交易,在削弱第三方机构的同时产生新的规则,需要由新社会制度的内容弥补源制度的空白。在这一时期,旧社会制度及其范式已经无法有效响应新技术及其衍生的新方式、新模式,阻碍了大量社会创新活动的有序发展,新旧技术—社会范式的矛盾关系更加严峻,进一步推动了原技术—社会范式和社会制度的推翻和新技术—社会范式合法性地位的获取。

在转折点,基于数字技术的社会创新疯狂涌现,造成资源过度集中,原社会制度和管理办法难以应对密集的社会创新出现,新旧技术下的创新方式和理念已经不可调和,原社会制度开始瓦解。只有通过制度重构,才能实现新旧范式的交替,开启新的社会创新元年。

在协同阶段,全数字技术在更多社会部门得到应用,并且与相匹配的新社会制度协同演化,技术—制度矛盾得到暂时性的解决,新技术—社会范式成功取代旧范式。以区块链社会创新为例,全民参与的社会创新活动带来共享信息的同时通过私链维护了知识产权所有者的合法权益。在这一阶段,社会创新在相关制度的保障下呈现井喷式涌现,全社会创新创业创造动能得到充分释放。

在成熟阶段,主导技术的边际效益开始下降,技术—社会范式下的社会创新空间趋于饱和,社会创新的深度和广度开始超出主导技术和现行社会制度的承载力。新的技术开始出现,与现行社会制度的矛盾开始蔓延。面对现行范式的局限,人们开始追求新的技术和更高程度的共享化,为新的社会创新提供土壤,从而催生了新一轮技术—社会范式革命的形成。

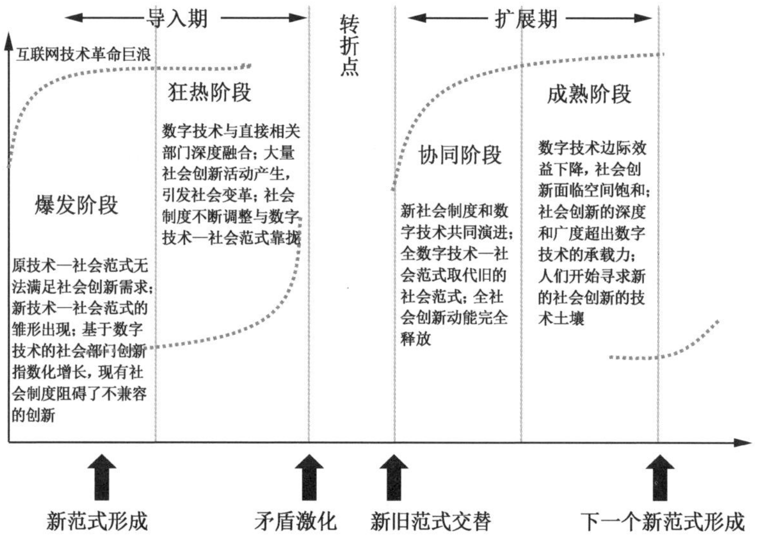

资料来源:整理自 Carlota Perez. Technological revolutions and financial capital: the dynamics of bubbles and golden ages[M]. Cheltenham, UK: Edward Elgar Pub, 2003.

全数字技术—社会范式生命周期

(三)技术—社会范式更迭的政策应对

技术—社会范式的更迭,必然会引起政府管理方式的相应转变。基于对全数字技术—社会新范式的思考,政府应该在范式发展的不同阶段从治理方式调整、制度保障、伦理问题防范等方面加以积极应对。

第一,在新范式形成阶段,政策应当通过治理方式的调整给予新技术应用充足的合法性。[①] 新技术独特性受到原标准、规范的合法性约束[②]，如何通过调整现行管理方式帮助新技术应用获取合法性是重要前提。首先，政策应该从约束性管理向包容性管理过渡。在以区块链为代表的新技术渗透作用下，大量新的商业模式、产业结构、创新方式涌现，单一的管理办法很难达到最大化利用效果。包容性管理范式关注多样性的平衡，能够给予创新活动一定的容错率，最大限度发挥多样性价值[③]，巩固新技术的优势地位。其次，政策应当从兜底型管理向创新型管理转变，推进技术导向的社会创新的策略性调整。全数字时代下，数字技术不仅带来产业范式变革，更会引发社会范式的变革，如何引导并促进像区块链这样的新技术与社会各部门的创新融合，需要结合数字手段和开放式理念，改进传统管理方式，快速适应技术和社会环境的变化。最后，政策应该更侧重数字化预警管理，这也是针对未知的全数字技术风险的预防性措施。全数字技术—社会范式构建新社会情境的同时产生新的未知风险，并可能在全链式的社会网络传播下造成不可估量的风险扩散。数字化预警管理要求建立基于数字技术的风险预测系统，针对风险程度和类型进行数字预判和评估，对早期风险进行适度干预和控制。

第二，在新旧范式交替阶段，需要同步的制度创新为之提供充分的保障。新范式的出现既包含技术创新的先进性，也受到旧社会制度的约束。由于新社会范式内嵌于制度结构中并通过制度创新获取规范性保障[④]，因此只有制度根据新技术—社会范式的产生相应地进行调整和创新，新范式的优势和潜能才能够最大限度地发挥出来。首先，数字知识产权制度是应对全数字技术—社会范式下价值占有与价值创造问题的法律性保障。全方位的数字技术应用使大量的创新成果和知识版权以廉价的成本被复制，威胁了价值创造者的权益。基于新技术高传播率、高共享度的特征，完善数字知识产权制度，有利于鼓励普遍的社会创新活动。其次，网络平台治理体系的完善是针对全数字技术—社会范式下新产业、新业态和新模式的服务性保障。网络平台和网络经营者成为数字社会活动的重要参与者，但是面对大量涌现的多元化网络平台，政府如何通过立法落实不同类型平台应承担的法律责任和义务，规范网络平台和网络经营者在新技术—社会范式下的行为，这是保证全数字时代生产生活有序进行

① 任敏．技术应用何以成功：一个组织合法性框架的解释[J]．社会学研究，2017(3)．
② 厉杰，吕辰，于晓宇．社会创业合法性形成机制研究述评[J]．研究与发展管理，2018(2)．
③ 瞿皎姣，赵曙明．从“多样”到“包容”：多样性管理范式的演化及展望[J]．外国经济与管理，2018(5)．
④ 黄凯南．演化博弈与演化经济学[J]．经济研究，2009(2)．

的基础。最后，信息传播途径的规范化是避免数字鸿沟的根本途径。数字鸿沟指经济水平、文化、技术普及程度的差距导致的信息落差和知识壁垒[①]，并引发新的社会贫富分化。尽管当前数字技术蓬勃发展，但是经济制度、教育制度的差异扩大了不同地区人群接受和学习新技术的差距，引发了更大的数字鸿沟。因此，从法律法规上规范信息传播渠道，使不同地区的人群拥有获取真实信息的基本途径，有利于避免信息匮乏者因缺少辨别真伪的能力而受到侵害，也在一定程度上防止信息富有者利用信息差进行不平等竞争。

第三，在新范式的成熟阶段，政府要高度警惕全数字化进程中可能出现的伦理性问题。数字技术本身具有非人性的特点，不存在道德伦理，因此基于全数字技术的社会范式会弱化人类本身的情感和道德伦理，不利于应对全数字时代衍生的道德问题。首先，平衡数字化管理和人性化管理是实现数字时代包容性增长的重点。数字技术由于缺少共情能力，容易造成对情感和道德问题的误判。因此，给予数字化管理一定的容错空间，保证人为管理的比例，是实现数字时代拟人化和人性化管理有效互补的基础。其次，警惕道德虚无主义在全数字技术—社会范式下的蔓延是避免伦理危机的关键。全数字社会体系构建于信息网络内，人际沟通通过扁平化的数字形式传递信息，这种单薄的情感联系会引发责任缺失、道德观念偏差等问题，养成新时代人群以自我为中心的道德冷漠，继而形成否定一切社会道德的理论和态度，引发全社会的伦理危机。因此，警惕道德虚无主义的蔓延，构建与数字社会相配套的伦理观念，是全数字时代保持道德水准的根本途径。最后，优化教育体系是预防非人性同化的长期要求。全数字社会的特征是极度依赖数字技术和机器。机器带来标准化、模块化的生产线和扁平化的生活方式，在提高生产率和生活水平的同时也使劳动者成为机器的奴隶，不断进行重复性的标准化工作。这种非人性的现象束缚了人的创造性，使人类行为逐步被机器同化甚至超越。已有研究证实，优化现有教育体系，倡导创新创业的生活方式，将是避免人类被机器同化，激发人类创意创造动能的有效手段。

（原文由刘志阳、陈咏昶发表于《东岳论丛》，2020年第8期）

① 陈艳红.数字鸿沟问题研究述评[J].情报杂志，2005(2).

何为数字社会创业

社会创业倡导利用市场方式解决复杂的社会问题，是推动全球减贫、环境保护、性别平等和教育公平等包容性发展的重要力量。相比传统慈善，社会创业更具市场效率和可持续性。但社会创业也因其混合逻辑驱动（Zahra 等，2009；Miller 等，2012），存在社会问题向机会转化的高壁垒（Corner 和 Ho，2010）、资源获取的高成本、跨部门合作利益的难协调以及社会影响力的难测度等一系列难题（Austin 等，2006），导致社会问题解决方案无法大规模复制（Young 和 Lecy，2014）。已有的社会创业模式亟待机会、资源、治理和价值测量的整合创新来解决上述问题。

作为新工业革命的代表，数字俨然成为一种重要的生产要素能够引领新兴产业发展和社会制度变迁（Schradie，2011）。数字创业作为一种新的创业形式，通过创业过程中与数字技术有关的新机会识别与利用过程，丰富了传统创业内涵结构，重构创业资源获取过程和创业治理方式，丰富了数字化生存的赋权本质。

以 Nambisan（2017）、Sussan 和 Acs（2017）为代表的学者总结了数字技术的构成要素对传统创业内涵、特征及过程的影响；以 Li 等（2018）、Steininger（2019）为代表的学者论述了数字技术对创业转型与内化机制的影响等。

以数字技术为代表的新型创业形式也为开放技术共建、构建共享平台、塑造智能化交互场景及协调价值动态分配等方面提供了载体(Tilson等,2010),为丰富社会问题解决方案、降低社会资源整合门槛、构建信任网络及衡量社会影响力提供了有效的解决途径。

在数字技术的持续发酵下,数字技术与社会创业活动的结合屡见不鲜,如水滴筹、轻松筹平台等被广泛应用于医疗、儿童救助和贫困问题的精准解决。Ingram等(2014)阐明了互联网技术对社会众筹的影响作用和机制;Pearce等(2019)研究了大数据技术对环境等可持续发展问题的作用;Symon和Whiting(2019)关注了数字技术设备对于社会工作的影响。

上述研究进展为数字社会创业研究提供了思路借鉴。但总体来看,数字社会创业尚未给出明确的定义,相关内容较为零散,研究视角更多地聚焦宏观社会影响,理论研究远落后于实践。当下迫切需要在现有数字创业和数字社会创新研究的基础上结合社会创业实践,构建一个更加具体清晰且可以演进的数字社会创业研究框架。

本文以传统社会创业过程面临的难题为逻辑出发点,以数字技术发展为切入点。首先,提出了数字社会创业的概念,在与社会创业和数字创业的概念对比中分析了社会问题对接智能化、社会问题响应实时化、社会价值可视化、社会创业增长指数化四个方面功能。其次,借鉴数字创业文献,厘清数字社会创业的四个基本要素:数字社会创业者、数字社会公民、数字社会创业平台和数字社会创业治理。最后,从机会—资源智能一体化、赋能—规制孪生化、混合价值共创化、社会影响力规模化四个角度阐述了数字社会创业的独特运行机制。本文从理论上拓展了现有社会创业和数字创业的研究内涵,在实践中也有助于推动数字科技与社会创业的深度融合,进而提高社会创业过程的效率。

一、数字社会创业的内涵

(一)数字社会创业概念

数字技术是指嵌入在信息通信技术内或是由信息通信技术所支撑的产品或服务,在创新创业过程中发挥重要赋能作用(蔡莉等,2019a)。数字创业最早被概括为信息技术加速数字企业发展的创业过程,后来被进一步明确为利用新的数字组件、平台和基础设施来追踪创业机会的过程(Nambisan,2017)。数字创业体现了数字技术对创业过程和结果的规模化改造（Nambisan，2017，2018），以及对创业市场和用户需求的精准性定位（Hinings 等，2018），对需求机会的转化以及社会制度的演变具有重要意义（Nambisan，2017）。

迄今，学界没有明确的数字社会创业概念。前期非常零星的研究文献可概括为两类观点：一类是先后观，认为数字技术先是催生了数字创业的出现，而后才引发数字社会创业现象的产生；另一类是融合观，认为数字技术广泛影响了商业和社会领域的创新创业，这一进程是同步的而非先后的。本文倾向于后者。

按照社会物质性理论（sociomateriality）观点，人类与物质的纠缠以及二者相互开发、调整和更新的过程（Davidson 和 Vaast，2010），本质在于以更广泛的、更易被接受的方式创造更广阔的机会来解决社会问题（Nambisan，2017）。技术作为社会物质的一部分，是链接组织和社会的重要载体（Aleksandra，2018）。技术既改变了商业组织的创建过程，也同步改变了社会问题解决的方式（Tilson 等，2010）。应该在融合观的视角下理解数字社会创业的内涵。

具体地，本文认为数字社会创业内涵可以界定为：以解决复杂社会问题为使命，将数字技术融入社会创业过程中，推动社会创业机会、资源、治理和价值测量的数字化，从而更有效地实现经济、社会等混合价值的新型创业活动。

数字社会创业与社会创业、数字创业的比较

比较维度		社会创业	数字创业	数字社会创业
不同点	机会	将待解决的社会问题当作新的创业机会	强调利用数字技术的规模化和灵活性创造新的机会	强调数字技术对社会问题解决和难题整合带来的新机会
	资源	强调通过合法性构建进行资源动员	注重利益的资源互惠	强调通过数字技术构建支持者网络，提高资源自下而上的动员
	治理方式	强调社会使命驱动	强调数字技术的规制手段	强调数字对社会创业的赋能赋权和规制双重作用
	价值测量	缺乏有效的社会影响力价值评估手段	重视创业绩效的量化跟踪	注重利用数字技术测量社会价值
相同点	(1)数字社会创业和社会创业的相同点在于侧重识别和捕捉由社会需求带来的新机会，重视整合伙伴资源的重要性，强调经济、社会、环境等混合价值创造 (2)数字社会创业和数字创业的相同点在于注重数字技术带来的新机会和对创新的驱动，关注数字平台的可供性和共享性，强调通过技术手段加速价值创造			

数字社会创业概念基于社会创业和数字创业的研究与实践提出，三者均体现了社会与物质的交互作用，在应对社会创业机会、资源、治理以及价值测量方面的关键

问题时既有共性又有差异。为了更好地界定数字社会创业的概念，提炼数字社会创业的特征功能，本文将三者进行了对比分析。

1. 数字社会创业与社会创业

数字社会创业和社会创业的研究对象均来源于社会问题和社会需求，但与传统社会创业相比，数字社会创业更加强调了数字技术的融合和赋能作用。

在创业机会方面，二者都强调捕捉社会需求带来的新机会，但社会创业机会来源于待解决的社会问题，且这些机会常嵌入在复杂社会问题之下，伴有市场和制度壁垒(Corner 和 Ho，2010)，而数字社会创业强调数字技术对社会问题难题整合带来的新机会。

在资源获取方面，二者在资源配置方式上都强调了整合伙伴资源的重要性，但社会创业资源稀缺性更强，常通过资源动员、资源拼凑和合法性构建来解决资源的稀缺问题，而数字社会创业则强调基于数字技术平台的开放性、跨边界性和自组织性构建伙伴网络获得资源，注重合作者参与的主动性。

在治理方面，社会创业和数字社会创业都面临创业过程的使命偏离难题，但社会创业强调社会使命驱动下的价值扩散来应对社会创业过程的使命偏离(Akemu 等，2016)，而数字技术则改变了治理的形式和内容(Nambisan 等，2019)，使得创业主体和治理方式更具多样性。

在价值测量方面，数字社会创业和社会创业均存在经济、社会、环境等价值创造的混合效应，但社会创业的使命冲突更突出(Miller 等，2012；Pache 和 Santos，2013；Battilana 等，2015；Saebi 等，2019)，社会价值测量难题更凸显。而数字社会创业则更强调通过数字技术与社会创业逻辑的融合来缓解经济和社会价值的冲突，基于多种技术手段提高社会创业过程和社会价值产出的透明度和可测性。

2. 数字社会创业与数字创业

数字社会创业和数字创业都是基于数字技术赋能的背景，与数字创业相比，数字社会创业的目的是解决社会问题和实现混合价值。

在创业机会方面，二者均注重技术价值创造带来的新机会，但数字创业强调技术的灵活性(Yoo 等，2010)和规模化带来的动态机会(Nambisan，2018)，而数字社会创业主要关注数字技术解决社会问题和创造机会的持续性和精准性。

在创业资源方面，二者均强调通过数字平台的构建更迅速且低成本地获得创业资金、技术和团队等资源，但二者在资源整合上存在差异，数字创业平台注重利益相关者之间的共享、交互和转换获得资源互惠(Srinivasan,2018),但数字社会创业由于自身的社会性本质,难以为关键资源提供同等的财务报酬(Ebrahim 等,2014),资源整合主要通过数字平台和媒介构建以社会价值为核心的支持者网络(Ko 和 Liu,2015),强调平台社会价值传播。

在治理方面,数字创业和数字社会创业都注重技术平台的可供性,将不确定性视为系统熵增的过程,希望通过功能与形式、内容与媒介分离获得更多的灵活性(Yoo 等,2010),但数字创业注重通过开放实验迭代的方式挖掘数字技术对参与者行为的规制性,而数字社会创业不仅强调数字治理方式的灵活性,且通过社会价值嵌入用户主动参与,更加侧重数字技术多主体的共创共治,体现了数字化的赋能和规制的双重作用。

在价值测量方面,数字创业和数字社会创业都强调数字手段对创业绩效的有效衡量(Akemu 等,2016)。但数字创业绩效是组织盈利能力的体现,可以通过产品服务的推广反馈以及财务指标来衡量创新绩效对组织利润的贡献水平,而数字社会创业的根本目的在于社会使命而非经济利益(Austin 等,2006),其价值创造更多的体现在社会影响力的扩散,其价值衡量侧重于通过数字技术对资金使用来源和用户使用过程的追踪反馈。

(二)数字社会创业功能

数字社会创业充分利用了数字化的可供性、生成性、自组织性和跨边界性(Nambisan,2018),实现了社会机会的快速识别、社会资源的高效动员、社会治理的多方参与以及社会影响力的清晰测量,为传统社会创业的固有难题提供了解决方案。

本文概括的数字社会创业功能为社会问题对接智能化、社会问题响应实时化、社会价值可视化以及社会创业增长指数化。

1. 社会问题对接智能化

数字技术的可供性(affordance)构建了一个共享、通用的服务集以及用于承载包括数字工件在内的互补产品的架构(Tiwana 等,2010;Parker 等,2016)。数字平台支持社会创业者产生想法、确定和分配资源、利用数字市场机会、收集信息并为创新创造合法性。平台旨在将信息技术功能组织到框架中,从而使该应用能够满足一系列通用规范,这些规范可以满足异构和不断增长的用户的需求(Hanseth 和 Lyytinen,2010)。

一方面,对于社会创业者而言,通过数字平台,社会创业者能够省去传统的“奔走式"资源搜寻的过程(Muafi,2015),利用数字技术平台的智能化匹配推荐系统迅速准确的获得自己所需要的资源,尤其是资金和人力资源。例如美国的数字社会创业众筹平台 Kickstarter 设计了一套完备的筛选及服务匹配系统,将创意项目与投资人的认知规范和偏好进行匹配,让有创造力的人更有可能获得他们所需要的资金。另一方面,对于社会创业的目标用户而言,数字技术也可以使产品服务与用户需求匹配精准化。机器学习通过识别对象、理解人类语言行为,帮助用户做出合理准确的预测,从而提高了社会问题应对的灵活性和动态性。例如,零分贝大规模收集农村贫困信息,对数据进一步挖掘、建模和可视化分析,开发公务员扶贫信息客户端、农村泛贫困人口基础信用和风险征信系统、分贝筹助学平台等,建立贫困供需对接平台,高效对接贫困人口和社会扶贫资源,提高了扶贫的高效性和精准性。

2. 社会问题响应实时化

数字技术的规模化和数字生态系统自组织性(self-organizing)激发了数字主体之间的相互联系和信息交互,提供了开放性解决问题的多种可能(Calton 等,2013)。一方面体现为社会问题的快速识别,当今的数字基础架构、设备和实践收集了大量数据(Hsieh 等,2015),可用于分析用户的行为和交流,根据搜索建议的关键词、行为习惯等信息,将数据转化为用户活动中的目标反馈(Hermsen 等,2016),能够迅速识别现有和潜在的社会问题和需求。另一方面体现为社会创业问题的快速应对,社会创业的协作性表明孤立的社会创业活动难以持续,数字系统可以通过群智能发挥作用,数字交互网络决定整体的行为(Grund 等,2013),社会创业者通过有序的任务排列和预定义的操作构建创业流程,合作者在控制回路中进行协作反馈,以迭代方式迅速解决问题,快速形成、确定以及重构社会创业活动流程。例如,成都朗力养老服务中心构建的适老化平台管理系统,结合智能化的老年穿戴用具,如智能手表、智能拐杖、定位鞋等,实时收集和更新用户数据、保持与客户的互动,为老人和家属提供健康跟踪和问题预警等快捷服务,实时精确的满足老年人的需求。

3. 社会价值可视化

数字技术的去边界化使社会创业过程以及合作网络的边界逐渐模糊,从不可渗透和稳定的边界转变为日益多孔和流动的边界(Nambisan,2017)。从社会创业行动有效性来看,在开放系统下,数字设备可以为社会创业活动和价值的衡量提供更丰富的数据和多样化的工具。例如,以蚂蚁金服为代表的区块链公益平台能够实时查看创业资金的去向等，全面获取最新项目信息和筹资进展，自动、实时地获得所有交易的细节等，基于数字的方法通过行为监测、资源使用和用户数据为社会创业提供了更清晰、可衡量的“证明”。从社会创业成果影响力来看，数字技术不仅能够衡量用户使用产品或服务时的感受或满意度，而且能够分析用户后续使用、评论、推广的情况，社会价值就可以衡量并得到验证(Priem，2007)。这增加了社会创业基于市场的社会问题解决方案的合法性，使社会创业过程足迹清晰、结果可回溯、影响力可量化。

4. 社会创业增长指数化

数字社会创业增长的指数化源于数字技术的生成性(generativity)，即通过技术进步支持创造性产品和服务的情况。例如，PC 和 Internet 网络的发明为此后无数改变人类生活方式的产品服务的出现提供了支持(Dutton 和 Blank，2014)。数字技术的生成性为社会创业的指数化发展提供了基础。

迷你案例

数字社会创业模式

新技术的作用是创造新的机会来满足用户的需求，数字技术可以为每个人提供教育、培训、健康和社会问题所需的信息与技术，也为应对各种社会问题的方案创新提供技术和路径支持，数字技术应用的灵活性促使社会企业家获得更多灵感，从更广阔的角度思考社会需求的满足和社会问题的治理。例如，大数据技术被广泛应用于众多社会创业领域，如以公益机构专业化分工为目标的米公益合作平台、碳排放信息化管理的碳阻迹平台、以市售产品专业化调查检测为目的的老爸评测等多种数字社会创业模式，涉及资金、环保、贫困、养老健康等多种社会问题。同时数字技术的低门槛能够帮助资金资源相对短缺的社会企业以较低的成本、较快的速度获得更多发展的机会(Gopalkrishnan，2013)。

例如，深圳联缔公司协同信息无障碍协会，基于自身的互联网产品优化技术帮助残障人士正常使用互联网服务，中科卓望以其自身的软件资源和培训服务经验助力边缘群体获得一技之长。从用户角度开发数字技术创业模式，有助于社会创业功能的升级。例如，爱乡宝基于服务家乡的意愿构建数字化乡亲互助平台助力乡村振兴，益宝从公益人和中低收入者的保障需求出发建立保险保障综合服务平台。为社会创业提供数字化解决方案的模式，能有效链接技术和社会创业用户。例如，灵析为公益和社会创业活动提供了一站式的智慧服务平台，使社会活动更加高效。数字化的社会创业模式催生了多样化的社会问题解决方案，为社会价值的实现提供了无限可能。

二、数字社会创业的基本要素

数字社会创业的功能实现，取决于数字社会创业过程中各个主体要素的相互作用和互相适配。传统创业过程理论认为，机会、资源和团队是创业过程的基本要素（Timmons，1978）。但在 Nambisan（2017）和 Sussan 和 Acs（2017）看来，数字化重构了创业的基本要素，数字创业者和用户的角色成为数字创业的首要问题（Sussan 和 Acs，2017），包括机会、资源在内的传统创业过程与结果的边界在数字技术的作用下逐渐模糊（Nambisan，2017），数字平台和治理成为价值创造的源泉（Gawer 和 Cusumano，2002）。在数字化过程视角下，数字社会创业是社会创业者与数字技术交互（Foerderer 等，2014；Nambisan，2017），创建数字社会创业平台，链接数字化授权用户（Kelestyn 和 Henfridsson，2014；Sussan 和 Acs，2017），借助社会创业治理手段（Tiwana 等，2010；Parker 等，2016；Nambisan，2017），实现社会创新并解决社会问题的过程。鉴于此，本文认为数字社会创业过程的基本构成要素可以概括为：数字社会创业者、数字社会公民、数字社会创业平台和数字社会创业治理。

（一）数字社会创业者

数字社会创业者致力于推动社会创业的数字化转型以提高解决社会问题的效率，具备社会问题机会转化能力与亲社会动机。创业者是推动创业的基本要素，需要具备创业所需要的基本素质和技能（Gartner，1989）。从社会创业相关研究来看，社会企业家的创业活动专注于社会问题的情景化，具备关注他人处境、情感和联系的亲社会特征，有利于社会创业机会的创造（André 和 Pache，2016）。Hockerts（2017）认为个体的先前经历可以通过同情心、道德责任、自我效能与感知社会支持预测社会创业意图。印记理论也已证实了社会创业者的早期亲社会环境、教育和工作印记塑造了其亲社会动机和社会创业活动（金仁旻，2019）。

相比传统创业者，数字社会创业者将数字技术与社会创业特质、意图和动机相融合,致力于社会数字化创新解决社会问题、满足社会需求并创造社会价值,因而其具有显著的数字概念能力、社会创新能力和亲社会特质,是创业机会的发现者和开发者(Kraus 等,2017)。

不同于传统创业活动关注具有结构吸引力的市场,社会创业者关注政府和市场失灵时未被满足的社会需求或潜在的长期需求,立足于解决积极外部性社会中被忽视的问题(Austin 等,2006)。社会创业机会就来源于社会使命(Dees,2012)和特定市场的制度障碍(Robinson,2006),数字技术能够从机会识别和创造角度为社会创业机会问题解决提供崭新思路。第一,数字技术能够更为精准的识别社会需求,通过数字社会网络的应用,将社会现象的研究过程和干预行为连接起来,为解决社会问题提供了新的机遇(Marres,2012)。第二,数字技术中的数字基础设施和用户是社会创业机会的实验者,数字的规模化同时也能成为社会需求满足的放大器(Nambisan 等,2019)。

当然,社会创业数字化过程本身也存在外部性问题,如何通过数字技术分析问题识别社会机会也需要借助社会创业共同思考(Hockerts 和 Wüstenhagen,2010)。

(二)数字社会公民

数字社会公民既是社会创业活动的服务对象,同时也是参与者(Sussan 和 Acs,2017),这一群体具有结构多样性、分布广泛性和信息传播及时性等特征。数字素养,即获取、理解与整合数字信息的能力(Gilster,1997),是数字社会公民具备的首要能力。数字素养包含对责任和权利的理解,明确了个体参与对社区、国家,乃至全球的意义(Alkali,2004)。公民参与广泛涉及创业的各个方面,也是数字社会公民应该具备的基本能力。

数字社会公民基于数字系统的广泛参与为社会影响力扩散和问题的解析提供了思路。第一,流动开放的数字网络孕育了数字社会公民权,在数字社会网络中,公民参与社会问题具有很大的自愿性(Mossberger 等,2007)。第二,在社会创业制度背景下,数字公民权利的行使可以为社会创业活动的规模、传播、发展等带来巨大影响(deMoraes 和 deAndrade,2015),从而形成横向溢出效应。第三,数字社会公民权赋予普通公民参与社会创业过程和价值传播的权利,同时也促进了公民自身在社会价值的引导下学习、发展和自我实现的过程,为自下而上的社会变革营造良好的环境(Kelestyn 和 Henfridsson,2014)。例如社会价值评论、信息传播、发展社会创业网络、享受数字社会产品服务的利益和自由使用社会创业工件、平台、空间的权利(Isin

和 Ruppert,2015)。

(三)数字社会创业平台

数字社会创业平台提供了共享技术、组件、服务和架构,成为数字用户参与者聚合和创造价值的共同基础(Srinivasan 和 Venkatraman,2018)。数字社会创业平台不仅关注资源的动员问题,更注重合作网络的整体效应和资源参与的主动性(刘志阳等,2018)。社会创业资源源于专业化、具有一定的互补性和依赖性(Hsieh 和 Wu,2019)。此外,由于潜在价值获取过程中,注重短期受益的商业企业更快获取资源,因此社会创业者始于小规模的创业行动,获取资源难度较大。同时可选资金来源少,跨边界投资方具有多样性,投资缺口较大(Bacq 和 Eddleston,2018)。

为实现数字社会创业的社会需求对接精准化和社会问题响应实时化功能,数字社会创业平台在社会资源获取和精准决策方面的优势凸显。第一,数字平台基于其可用性、低成本、低门槛、高效率性,在社会创业中为多样化结构松散的合作伙伴关系提供了载体(Amit 和 Han,2017),有助于提高资源获取的开放性,建立信任,提高了合作透明度(Foerderer 等,2014),降低社会创业活动资金获取门槛。第二,数字平台促进了形式和功能之间的脱钩(Autio 等,2018),从而改变了影响决策的重要因素,并可能降低资产专用性在社会价值链中调节不同利益相关者的重要性。第三,数字化促进了非中介化(Autio 等,2018),数字平台架构为社会创业者机会把握的决策选择中与技术、模式、价值有关的内容提供了自由,对不同的社会创业参与方需要采取相应的针对性策略(Amit 和 Zott,2015),提高了社会需求处理的能力。

(四)数字社会创业治理

数字社会创业治理是指社会问题的数字化解决对社会创业过程的参与者和所有利益相关者提出的新的管理和协调需求。

首先,数字社会创业治理需要始终关注组织混合价值使命导向下的价值创造和占有问题。不同于商业创业重点在于商业模式设计和利润获取,社会创业必须始终注重社会价值和商业价值在混合价值背景下的平衡,防止使命漂移危机(Austin 等,2006;刘志阳等,2019)。

其次,社会创业治理需要建立以赋权为逻辑的过程解决方案,而非控制逻辑(Bacq 和 Eddleston,2018),需要设置包括社会创业者、社会公民等参与者共同参与的组织方案,最大程度调动内部积极性。再次,社会创业治理需要建立以影响力扩散为逻辑的社会动员方案,最大限度吸纳更多网络观察者和志愿者加入平台,扩展成新的数字社会公民或社会创业者。

最后,数字社会企业的创业过程和创业绩效必须是可以观测且是可以评价的,以实现社会企业和社会价值的双重扩张。

为实现数字社会创业的问题对接智能化和响应实时化功能,数字社会创业治理在一定条件下可以通过构建新的治理原则解决上述治理难题:第一,数字社会治理模式领先于现有的经济、政治等制度及其他监管机构,其合法化是自下而上的,适用于社会创业行动合法性的逐步积累和成型(Sussan 和 Acs,2017)。第二,不同于传统的内部化层级的命令和控制关系,数字社会创业技术改变了传统社会创业的业务方式、流程、结构、通信和协调机制管理组织的运行(Nambisan,2017),使社会创业系统更能适应复杂的环境和多样化的社会问题。第三,数字化基础设施改变了传统的融资方式和成本收益观,虚拟监控技术增强了信息的共享和信任,以资金动向为例的资源使用情况更加透明可控,扩展了社会创业绩效衡量和价值评价的方式。

三、数字社会创业的运行机制

数字社会创业活动是创业者与对象在一定的空间布局中交互影响的过程(Orlikowski,2007;Orlikowski 和 Scott,2008;Nambisan,2017),是数字社会创业者、数字社会公民、数字社会创业平台和数字治理相互作用的过程。这一过程不仅扩展了现有数字创业的功能,也形成了独特的运行机制。

迷你案例

"薪太软"平台与农民工讨薪问题

作为中国金牌社会企业,"薪太软"在其运行实践过程中就充分展示了与传统社会创业不同的运行逻辑。"薪太软"的数字社会创业者李昭君,怀着"让天下没有难领的薪水"的使命,聚焦于解决农民工拖欠工资这一社会难题。"薪太软"利用薪酬智能云作为数字创业平台,联合银行、金融机构等参与者为企业提供薪酬垫付,融合智能工资代发、工资信用支付、众包服务应用及人力供应链协同管理等先进技术,力图帮助企业员工进行工资查询追踪、按日结薪等服务,在这个基础上实现社会创业项目的机会—资源的智能一体化匹配。在这个数字社会创业平台上，农民工、用工企业和核心企业作为数字社会公民利用数字平台享受服务。农民工通过平台获得工资收入，也借此参与薪酬发放过程中产品更新和效果反馈；用工企业借助平台工时和相关数据实现工人效率综合分析；平台设置工资提醒原则和其他监督措施提醒用工企业按时发放薪酬，保护劳动者权益。随着“薪太软”社会企业规模的扩张，其开发了工资管家产品、落地服务中心等更多产品，增加了用户对平台的黏性，也不断演化出了更多的工资发放和监督提醒条款，促进了创业模式的完善和社会价值的扩散；早期的平台农民工根据使用经验不断向平台反馈问题以供平台机会迭代，部分用工企业也自愿成为平台的内部社会创业者，主动根据企业自身实际开发更多的薪酬应用工具和人事管理插件，体现了混合价值共创。如此，用户与平台不断相互赋能、相互成就，形成了赋能—规制孪生化效应，催化“薪太软”社会影响力的极大扩散，推动了“劳有所得”社会价值的共享与共创。

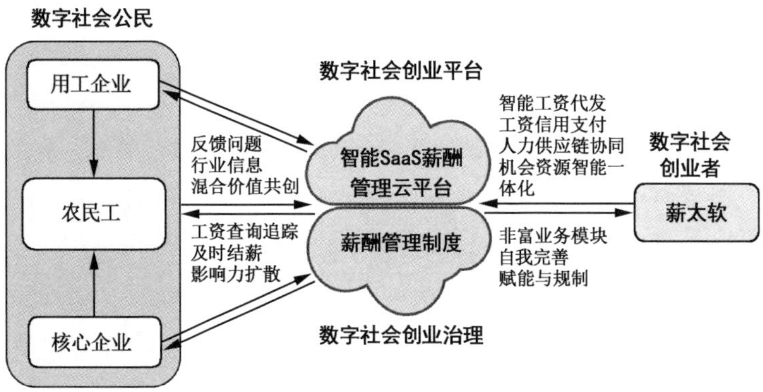

“薪太软”数字社会创业运行机制

由薪太软的案例可见，数字社会创业构成要素在运行中逐渐形成以数字社会创业平台及其自身治理为基础的平台主体结构，数字社会创业者和数字社会公民通过与数字社会平台和治理制度的相互作用影响社会创业实践，形成了“数字社会创业者—数字社会创业平台/数字社会治理—数字社会公民”的往复链条。这一过程塑造了机会—资源智能一体化、混合价值共创化、社会影响力规模化以及赋能—规制孪生化的独特数字社会创业运行机制。

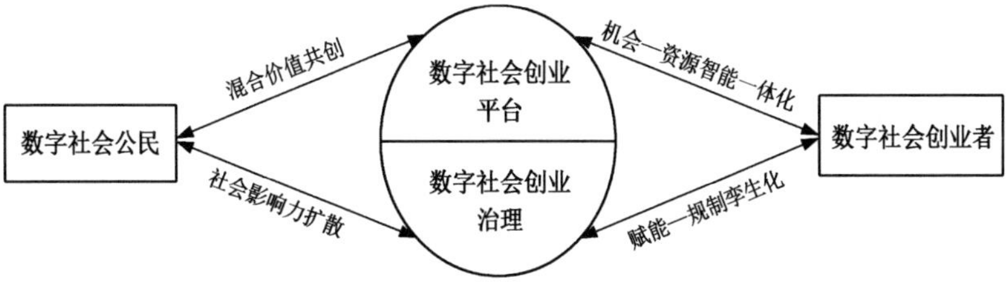

数字社会创业的构成和运行机制

(一)机会—资源智能一体化

机会—资源智能一体化是指创业机会与创业资源两者互为条件、不可分割，且在数字技术作用下快速准确的识别、获取和利用。传统创业资源观认为，创业者机会开发和价值实现的过程贯穿于资源获取整合活动中，即机会、资源存在一体化效应(蔡莉等，2019b)。而社会创业机会表现为复杂性、流动性和不确定性(Corner 和 Ho，2010)，同时社会创业资源相对稀缺，难以获得与商业创业同等数量和质量的水平(Ebrahim 等，2014)。数字技术有效推动了社会创业者和平台资源相互作用的精确性，实现了创业机会和创业资源的智能一体化匹配。

机会—资源智能一体化体现于数字社会创业者和数字社会平台的相互作用中。对于数字社会创业者而言：首先，具有数字背景的社会创业者关注机会创造和使命担当，数字概念化能力与社会价值主张的结合有助于社会问题本体的认识和把握，为资源机会的结合提供清晰的导向。其次，数字机会的规模化和去边界性平衡了利益相关者、用户、机构的差异性和冲突(Nambisan 和 Baron，2019)，同时数字社会企业家对于社会价值主张的积极推动，有利于推动以信任为基础的合作伙伴关系，提高了社会创业机会识别的有效性和资源获取的准确性。最后，数字创业者基于数字社会创业平台提供创新资本杠杆或技术、流程、知识产权和其他创新资产的共享和重用的决策(Iansiti 和 Levien，2004；Nambisan 和 Sawhney，2011)，有助于减少与创业机会评价和利用的知识鸿沟和不确定性。

对于数字社会平台而言：首先，数字平台为社会创业活动提供了规模化的人才库、众筹系统和智能生态管理系统等多样化的资源，资源的内容和形式与社会创业机会的匹配可能性更大。其次，数字化创业降低了社会创业者由于地理位置的邻近性而造成的资产专用性和空间嵌入性问题，避免了对社会创业限制性空间和资源的依赖,促进平台资源的流动和渗透(Nambisan,2017)。最后,数字社会创业平台提供了资源的模块化管理,提供按需定制、资源分享、协同制造等场景,为社会创业机会资源精准配置、灵活重组提供了载体。

(二)赋能—规制孪生化

数字社会创业者和数字社会治理之间存在赋能和规制的同步效应。赋能是指增加个体或团体的资源和能力使其做出有目的的选择,并将这种选择转变为具体实践的过程(Santos,2012),既包括权利的赋予同时也包括能力的培养。规制作为数字技术背景下的制度安排,通过作用于社会创业者活动来实现治理机制的完善为目的(Read,2016)。Santos(2012)认为,社会创业的核心是协调组织边界内外部行动者的能力,无论他们是受益者、使用者还是合作伙伴。数字社会创业也面临着传统社会创业的治理问题,只是更加强调借助数字社会创业平台作用,通过赋能和规制双向作用为诸多社会创业者、投资者、思想领袖、监管者以及受益者、媒介、用户等主体创建巨大的数字保护伞(Saebi 等,2019),协同各个数字社会创业主体的创造性作用。

赋能—规制孪生化是数字社会创业者与数字社会治理规则相互作用的关键。从数字社会创业者赋能过程来看:首先,基于社会创业的整体性和协作性,数字社会创业者的核心是赋予社会创业的行为者、受益者、用户和合作伙伴权利(Bacq 和 Eddleston,2018),相信系统受益者或用户的力量,赋予其资源利用和技能利用的自由,关注的主要问题是合作伙伴整体价值创造的有效性。其次,不同于传统的创业者概念,数字技术使社会创业者倾听弱势群体的声音,重视用户决策过程的内在和外在的影响,有助于创业者从用户出发来理解和创新社会创业活动和模式。最后,数字平台创业者就决策权分配的平台架构和生态系统治理性质做出的决策和选择,可能会影响平台提供的创业机会的吸引力和可及性,从而影响企业家的不确定性以及他们承受的意愿(Nambisan,2017)。数字社会治理共创逻辑,引导了用户和其他机构的广泛参与,形成了基于情感支持、分享团结和以关系承诺的制度环境(Poortinga,2006),丰富了社会创业者的权力结构和创业模式。

从数字社会创业治理的规制效应来看:首先,数字社会创业治理逻辑协调成员的意图和行为,应用数字技术改造合作伙伴关系和信任内涵,塑造未来的社会创业协作形态;其次,数字社会创业治理对用户决策的整合更利于优质资源的集聚涌现,为社会企业家创业提供了智力资本;最后,数字社会治理制度赋予了社会创业生态制度的持续改善的可能性,通过边界流动和认知迭代等方式,赋予制度环境治理的动态适应性。

(三)混合价值共创化

混合价值共创化是指代表社会、政府、商业等不同部门参与者共同创造多元化价值的过程。数字社会创业平台的去中心化、无边界性、共享性强化了平台内的知识和价值的溢出,这种溢出效应在与数字社会公民群体的作用下解构、重塑、发酵,形成了更具大众代表性的新社会价值,完成了混合价值共创的过程。

混合价值共创化体现于数字社会创业平台和数字社会公民的相互作用中。对于数字社会公民而言:首先,参与社会活动的公民与数字社会创业平台的相关资源相结合,能够将社会创业参与的激情和价值观转化为具体的行动实践,使数字社会公民的使命感内化;其次,平台为创业者和用户公民提供了一个交流的机会,为数字化社会创业价值扩散和合法性构建推动了再生力,能够协调地理上分散的受众,并开辟新的方式来建立和利用由此创造的动力(陶秋燕和高腾飞,2019);最后,数字社会创业平台提供的服务为社会创业公民用户提供了培训机会,通过数字模式提高创造力、批判性思维和协作能力,确保用户具有更高的就业能力和自给自足能力。对于数字社会创业平台而言:一方面,数字社会公民参与性和自由度的提高,有利于营造灵活和开放的社会创业平台环境,社会创业参与者自下而上的学习和共同演化可以促进平台价值创造的可持续性;另一方面,这种数字可供性能让新创企业重塑其创新、传递和价值获取的方式,从而使新创企业能够通过激进的新商业模式来更新现有企业,使用户和社会创业者通过数字社会公民权实现混合价值的共同创造。

(四)社会影响力规模化

社会影响力规模化是指社会创业参与者通过社会网络扩散社会价值从而使他人意见、态度和行为发生变化的过程(Burt,1987)。社会效率边界曲线下的社会创业不仅仅关注组织的经营目标或经营动机,更关注社会企业所创造的社会影响力绩效(Young 等,2016)。数字社会公民的广泛参与和数字社会治理形式的多样性意味着开放的空间和灵活的模式,社会价值通过公民网络激发了社会创业内外部参与者追求社会目标的意愿,扩大了社会影响力的规模。

社会影响力规模化体现在数字社会公民和数字社会治理的双向作用中。对于数字社会公民而言:首先,每个用户都有机会参与社会公民的活动,社会创业活动更加自愿化、自由化,社会创业不再是专家性的活动,成为大众化的行为,有利于降低社会创业活动的交易成本，理顺价值和使命的传播途径；其次，数字公民权下的大众参与的过程与政治、经济社会的行动紧密联系起来，通过提供灵活、动态的交互式模型将公民参与权转化为一种社会价值和影响力的工具（Marres，2012），提高了社会创业活动的有效性；最后，数字社会公民依靠自身和网络关系的力量，广泛参与社会创业活动的各个环节，帮助社会创业产品服务进行反复迭代，找出最适合用户的方案，以此来巩固数字社会创业模式的成功。

对于数字社会治理而言：一方面，数字社会治理提供了数字社会创业模式的新构架，促进了数字社会公民知识的流动和参与方式的创新（Lezaun 和 Soneryd，2007）；另一方面，数字社会治理的发展提高了社会创业生态系统的适应性和可持续性，开放的参与平台涵盖大众的智慧，形成基于数字公民网络的、分布式的、共享性的数字神经系统（Helbing，2015），有利于数字社会公民权内涵的不断进步与发展，加速了社会影响力的全方位扩散。

总之，在新的技术背景下，通过上述四种机制，数字社会创业也逐步形成了一套新的社会治理规则和方式。一方面，作为创业活动起点的数字社会创业者进行机会—资源的智能一体化，与平台内的利益相关者、用户、公民共创价值，丰富了社会创业影响力价值链的内涵（Mair 和 Sharma，2012），推动社会创业问题治理；另一方面，数字社会公民通过平台自下而上参与价值创造并扩散社会价值，将公民个人发展的认同与价值使命动态结合，利用庞大的社会网络和规模将使命和价值迅速扩散到更广阔的空间，通过提高社会创业活动的有效性实现了价值共享。

四、结论与展望

（一）结论与贡献

数字经济时代下，数字技术的发展逐渐呈现出可供性、生成性、可变性、去边界化等能力特征（Nambisan，2018）。数字技术为传统社会创业的使命实现、资源整合、治理方式、价值扩散等难题提供了新的解决方案。

本文以数字技术特征为切入点，给出了数字社会创业的概念，总结了数字社会创业的社会问题对接智能化、社会问题响应实时化、社会价值可视化以及社会创业规模增长指数化四个功能。结合数字创业和社会创业的研究框架，提出数字社会创业的构成要素为数字社会创业者、数字社会公民、数字社会创业平台以及数字社会创业治理。通过剖析数字社会创业构成要素的影响作用，本文总结了影响数字社会创业运行的机会—资源智能一体化、混合价值共创化、社会影响力规模化以及赋能—规制孪生化四种典型运行机制。

本文认为数字社会创业运行过程是社会创业者主动进行社会价值创造，数字社会公民自下而上参与并传播社会价值、数字社会平台进行价值治理并推动价值共享的过程。

本研究的贡献主要体现在以下方面：第一，创新提出了数字社会创业的概念和功能，以社会物质性理论为基础，总结了数字技术与社会创业的内在共性，强调了科技赋能对解决社会问题的重要意义。第二，系统归纳了数字社会创业的基本要素，重构了传统创业的基本内容，更加关注数字技术下社会创业创新过程的主动性、动态性、跨层次和可回溯性，拓展了社会创业已有的研究领域，填补了数字社会创业研究的空白。第三，深刻揭示了数字社会创业的运行过程及其内在机制，提出社会创业运行的本质是一个社会价值创造、价值传播、价值共享和价值实现的过程，为社会创业的过程治理提出了新的思路，对于推动社会创业的数字化应用和效率提升也具有重要的现实价值。

（二）研究展望

数字技术如何赋能和加速社会问题的解决是当代管理学关注的焦点。数字技术的应用在现有的社会创业实践领域尽管成绩斐然，但缺少完整的理论框架指导。未来数字社会创业研究迫切需要重建以下研究范式：

一是研究的整体性导向。数字社会创业需要形成一个完整有效的研究框架引领未来，本文的研究为数字社会创业的研究框架提供借鉴，今后可以进一步从社会创业过程逻辑、数字创业生态运行等方面进行研究。

二是研究的情境化导向。由于数字社会创业面向差异性的对象、环境、背景，因此数字社会创业需要关注数字技术在不同文化、制度和区域情境下的社会创业形塑差异，运用适应性的理论和方法进行解析。

三是研究的问题化导向。数字社会创业研究也需要结合现有社会创业的关键问题提出思路，如数字社会创业商业模式创新、数字平台治理原则、数字社会创业影响力评价等。

四是研究的情感化导向。数字平台在推动社会问题快速解决的同时，如何让参与者既能享受数字的自由又不会深陷数字的无形牢笼，未来参与者的幸福感研究仍然有待深入思考。

鉴于此，未来的数字社会创业研究可以重点考虑如下具体问题：

第一，对于数字社会创业者而言，数字概念能力是将数字技术与社会创业有机结合的重要特质。

在 Hockerts(2017)对于社会创业者个人经历和意图模型的研究基础上，数字社会创业者的技术背景和数字思维能力是否有助于缓和社会和商业双重目标的冲突、降低机会识别和资源获取的难度、提高社会创业的生存率和绩效等仍需进一步研究。此外，数字和社会创业的环境要求的差异性对社会创业者提出了不同的要求，数字创业强调生态的开放性(Nambisan，2017)，而社会创业强调创业资源的嵌入性和紧密性(Kistruck 和 Beamish，2010)，两种背景下社会创业者的动机和行为容易产生冲突和矛盾，如何利用数字技术平衡和缓和这些矛盾也是今后研究的重点。

第二，对于数字社会公民而言，数字技术和数字平台赋予其参与产品服务改进(Sussan 和 Acs，2017)、价值创造、使命传播的空间和权利，但这种社会创业参与的广泛性也面临一些问题。

一方面，随着数字公民群体的规模不断增大，数字公民素养不均衡的现象不断显现，同时对于数字公民参与能力的门槛却在提高，因此如何引导和提高数字社会公民的参与能力和有效性可能会成为未来研究的趋势；另一方面，随着数字公民不断在线上提供内容，留下数字足迹以及永久记录，知识产权、隐私和安全的问题成为社会创业活动中必须面对的问题，因而如何协调公民对隐私的需求和整个社会的目标是需要思考的重点；此外，数字社会公民参与的目的在于最大限度地辐射到社会的各个角落，因而如何通过数字社会观念的传播来释放边缘化群体的潜力也是社会创业研究的重点。

第三，对于数字社会创业平台和治理而言，平台中的参与主体规模化之后，基于数字的自组织性、去中心化和去边界性，数字平台和治理方式更有可能表现为数字社会创业生态和环境的综合作用(Nambisan 等，2019)。如何进一步提高要素对生态的综合效应，加强生态治理的有效性也是一个重要的研究方向。

(原文由刘志阳、赵陈芳、李斌发表于《外国经济与管理》，2020 年第 4 期)

塑造数字时代的农民

2021年4月25日，第四届数字中国建设峰会在福州召开，数字议题再次引发大众关注与热议。智慧农业平台、"AI+农业"计划、智能农业……在今天数字中国发展的大战略下，数字农业形态正在展现。所谓数字农业，是将数字信息作为农业新的生产要素，用数字信息技术对农业对象、环境和全过程进行可视化表达、数字化设计、信息化管理的新兴农业发展形态。近些年，随着数字农业的持续推进，新问题也接踵而至。

迷你案例

AI养猪困境

以养猪为例，一些龙头企业推出了生猪养殖数字农业示范园，年出栏生猪超10万头，使得当地小规模养殖户普遍担心失去价格优势、面临市场淘汰。少数有幸加入平台的养猪户为了获取平台供产销分析数据，必须按期交纳数据使用费，这无疑加大了其成本负担。而更普遍令养猪户头疼的是数字平台程序使用的复杂度，这些数字化手段的使用和养猪户长期的经验技能完全没有关联。

> 这既是数字经济发展的普遍难题，也有农业自身特殊性的原因。问题的解决不仅关系中央一号文件“数字乡村”战略的实现，更关系着中国的米袋子和菜篮子，亟须深究问题背后的深刻成因。

在这个案例中，几个要点需要我们关注：

数字农业对传统农业生产方式产生系统性冲击。数字技术正极大地改变着田间地头的劳作方式，但农业数字技术的使用者由于受农耕文明的羁绊，并不愿意放弃传统的农业生产方式。这一矛盾不仅压缩了数字技术的应用范围，也使得农户既无法享受数字农业的红利，也损失了传统农业生产的薄利。

数字农业加剧了农业价值链的低端锁定。数字化进程对于农业生产、加工、物流、销售、消费等价值链环节的推动作用并不是同步的。农产品电商直播充分显示了数字技术对于“终端销售”的赋能作用，但农业种植和粗加工环节的讨价还价地位不仅没有根本性改变，甚至处于更弱势的状态。

数字农业对农户的排斥。作为数字弱势群体，农户因其在数据信息接受、整理、分析及再利用等方面的劣势，影响其数字接入、数字能力和数字结果。他们不仅难以参与数字农业并从中获益，还有可能被不断变革的劳动力市场排斥在外。

从长期看，数字农业发展应该是效率和公平兼顾的过程，但现在却暴露了不平衡、不充分和不包容问题。正确的态度不是冷眼相待，更非采取敌对态度。发展失衡、治理困境、数字鸿沟、公平赤字是伴随前进的问题，最终解决需要在新发展理念指导下，政府、平台和农户多方共同参与。

对于政府而言，要加大对数字农业和数字乡村建设的宣讲，让农户实实在在看到数字农业的效益。很多事实表明，老百姓接受新事物需要一个过程，一旦意识到新技术可以带来增收，他们的热情是谁都不能阻拦的。此外，要因地制宜，要允许农户基于自身条件选择种养方式，不能操之过急；要加大农村地区“新基建”投资力度，补齐农村地区数字设施与服务短板。

价值链低端锁定问题很大程度上与农业“最先一公里”的数字投入和数字基础设施缺乏有关。应加大田间地头的数字资本投入，鼓励种养环节应用更多的物联网和大数据。加快5G、千兆光纤等底层网络与民生资源供给，保障城乡“数字机会”的公平。积极在农村种养环节落实数字经济领域的相关惠企政策，确保落地见效；大力构建面向农村地区的数字技能普及体系,加大对村干部和农户开展数字技能培训的频率。组织实施面向新型农业经营主体、返乡农民工、留守妇女等群体的电子商务、网络直播、普惠金融等培训,以及面向农村中老年群体的电脑、手机使用技能培训。

对于平台企业而言,要提高农业数字技术的兼容性和可及性。涉农数字工具开发应该尽量兼顾老百姓的实际使用水平,要以便利化为基础进行各种应用开发。平台在介入方面应该降低进入壁垒,放宽准入条件。同时,农业数字技术升级和数据流转应该更加重视农户的实际支付水平,要避免农户采集和使用数据过程中过高的成本负担。

对于广大农民兄弟而言,应自觉强化在数字农业发展中的主体地位,转变思维、融入趋势、大胆尝试,把自己塑造成“玩得了高科技也下得了地”的“数字新农人”。广大农户在数字技术面前,也要主动成团、多方合作,积极共建数字农场,共享数字农业硕果。

(原文发表于《光明日报》,2020 年 4 月 26 日)

加快数字中国包容发展

数字中国建设在推进数字经济跨越发展、数字社会有序发展，乃至数字政府治理效能提升等方面已取得显著进展，但其发展过程存在的不平衡、不充分问题也严重抑制了数字红利的充分释放，成为新发展阶段的突出性矛盾。习近平总书记在省部级主要领导干部学习贯彻党的十九届五中全会精神专题研讨班上强调，要根据新发展阶段的新要求，坚持问题导向，更加精准地贯彻新发展理念，切实解决好发展不平衡、不充分的问题，真正实现高质量发展。**当前推动数字中国高质量发展，必须始终坚持以新发展理念为引领，正视数字中国建设带来的新问题，重塑更为包容共享的数字创新体系，提出更加精准务实的包容发展举措，如此才能正确引领数字创新由混乱“破坏”走向有序“创造”，推动数字中国包容发展。**

一、正视数字中国建设过程的新问题

数字技术驱动的新发展模式正深刻重塑全球发展格局，也为新发展阶段中国由以往“迎来战略机遇期”向“塑造战略机遇期”提供重大历史机遇。世界经济论坛评估表明，数字化程度每提高 10%，人均 GDP 增长 0.5%～0.62%。数字技术与三大产业的融合将改变以往的技术范式、市场格局和组织制度，带来技术、需求和包容性制度三种机会窗口。但数字创新在发展过程中产生的问题，也使得已有不平衡、不充分的主要矛盾变得愈加突出。

第一，产业数字化发展进程的价值链环节锁定问题。我国有1.2亿户市场主体，尽管产业数字化的市场空间极大，但数字化进程对于所有产业的推动作用并不是同步的。例如，农业种植和粗加工环节在数字化进程中由于缺乏应有的讨价还价能力，依旧被深深嵌入在已有的价值链条低端位置，其数字生存环境甚至更为脆弱。亟待建立融通发展的包容性数字创新体系，应对产业价值链锁定问题。

第二，区域数字发展进程的非均衡问题。从发展机会看，由于区域数字基础设施和数字资本禀赋的不同，东西部和城乡数字经济发展差异愈加显著。从整体来看，经济越发达的省份，数字经济越活跃，占GDP的比重越高。尤其是东部沿海经济带和长江经济带数字经济的比重远高于中西部和东北地区。从发展结果看，数字经济红利分配格局呈现"城市多、农村少，东部多、中西部少"的局面，进一步拉大了本已存在的地区发展不平衡问题。亟待构建协同发展的包容性数字创新体系，解决地区数字发展不平衡问题。

第三，中小企业数字化转型进程的平台垄断困境。平台企业依托大数据和算法优势，在市场竞争中占据垄断地位，中小企业数字化生存处处面临"受制于平台"的垄断困局。新冠疫情更是加剧了平台的先天优势和马太效应，中小企业数字化转型愈加困难。亟待形成开放发展和平等参与的包容性数字创新体系，解决中小企业数字化转型面临的垄断难题。

第四，个体数字化生存的数字贫困。数字浪潮中，群体和性别的数字不平等现象突出，尤其是老年人等特殊群体因其学习能力已经成为显著数字弱势群体，影响了其数字接入、数字能力和数字结果。亟待建设平等共享的包容性数字创新体系，弥合个体数字贫困问题。

二、以新发展理念重塑包容性数字创新体系

从长期看，数字中国建设应该是效率和公平兼顾的发展进程。其发展进程的不平衡、不充分和不包容问题，源自数字创新的创造性破坏后果。正确的态度不是采取漠视态度，更非采取数字敌对态度。正如习近平总书记所说，"发展失衡、治理困境、数字鸿沟、公平赤字等问题客观存在。这些是前进中的问题，我们要正视并设法解决，但不能因噎废食"。当前的政策设计，大多是旨在应对数字创新发展中逐步产生

的各类问题的“权宜之计”，缺乏全面、系统和完整的指导理念。解决问题的关键在于始终坚持新发展理念，根本重塑数字创新体系，以此激发数字创新的整体效能，进而推动数字中国包容发展。应该基于“技术—市场—制度”多措并举，重构目标体系、组织体系、投入体系、动力体系、保障体系和评估体系六方面的包容性数字创新体系。其中，目标体系强调要以包容性导向和测度指标来界定数字中国高质量发展内涵；组织体系强调在包容性数字创新开发过程中政府部门、数字平台、数字企业、边缘群体、社会企业等多主体的有序分工和包容合作；投入体系强调加大对于数字欠发达地区和数字弱势群体包容投入的重要性；动力体系强调要基于市场化机制，构建数字创新的包容链和相应价格机制；保障体系强调要以激励制度诱导包容性数字创新行为，以规制性制度约束非包容性创新行为；评估体系强调要在评估中不断完善包容性数字创新体系。

构建上述公平和效率兼顾的系统化、协同化、动态化和建制化的包容性数字创新体系，归根到底需要坚持新发展理念。

第一，应该坚持创新发展理念，加大包容性市场的数字技术投入，推进相关数字产品的持续开发。近年来很多企业围绕银发市场开发数字产品，在解决老年数字鸿沟的同时也为企业开辟缝隙市场，是一举多得的事情。

第二，坚持协调发展理念，完善基于市场方式的包容链开发手段。要将包容性市场开发贯穿从启动、应用到开发的数字创新全过程，努力构建包容价值识别、价值共创和价值共享的新机制，解决区域、产业数字创新过程的不平衡和不充分问题。

第三，坚持共享发展理念，推动包容性数字创新制度重构。推动数字中国包容发展，需要正确对待公平和效率、市场和政府的关系问题。应该坚持“有效市场”和“有为政府”有机结合的制度设计，只有引导一个更加市场化的包容性市场的建立，才能从根本上激励更多主体参与包容性数字创新。不可否认的是，一个和数字创新相适应的更加包容的制度安排，也将为数字创新提供更加广泛的参与基础和根本保障。

三、“十四五”推动数字中国包容发展的对策

在厘清数字创新推动数字中国包容发展的基础上，“十四五”开局之年应该尽快出台更具针对性和系统性的数字中国包容发展政策。

第一，从产业数字化转型看，价值链低端锁定问题既与数字投入缺乏和数字基础

设施不足有关,也和产业链工人数字素养不高、产业链包容合作匮乏有关。应该加大数字基础设施均衡投入,探索建立传统产业数字化发展基金,积极落实数字经济领域的相关惠企政策,鼓励产业链多主体网络合作发展,构建数字赋能的创新动力体系,加大数字培训。

第二,从区域数字化均衡发展看,区域数字发展不平衡与区域间利益分配机制缺乏和政府协调不足有关。应该健全区域数字合作共享机制,完善区域数字基础设施一体化发展。鼓励区域数字融通创新,通过资金、项目补偿机制、对口帮扶机制、协同运行机制等多种形式建立横向补偿关系,进而促进数字资本跨区域有序自由流动。发挥政府统筹协调机制作用,构建区域性数字交易市场,建立数字资源跨区域流转衔接制度。

第三,从中小企业数字化公平发展看,其数字发展机会缺失与中小企业数字信息获取成本高及平台垄断等问题相关。应该完善反数字垄断相关政策法规,支持数据资源的开放共享,打破资源获取壁垒,实现包容价值共生。应该鼓励跨部门、跨机构的数字集群发展合作模式,通过集群式发展降低每个创新单元企业的投入成本,提高集群内中小企业的整体数字竞争力。

第四,从个体应对数字鸿沟的包容发展看,既与包容性数字产品开发和服务不足有关,也和自身数字素养不高紧密相关。应该鼓励企业开发包容性产品与服务来满足社会弱势群体的需求,探索包容性市场交易的可能。构建符合我国国情的数字素养教育培训框架,提升个体参与数字创新实践的积极性,实现所有成员在数字时代平等享有基本数字红利的机会。鼓励公民不同程度的数据携带权和被遗忘权,严格保障数字公民的隐私。

总之,数字中国建设过程的不平衡和不充分问题正在逐步显现,但相关研究尚处于探索阶段。中国既是全球包容性发展的重要阵地,也处于数字创新创业的最前沿。针对包容性数字创新进行系统研究,对构建本土数字创新理论和指导数字中国包容性发展实践意义重大。

(原文发表于《光明日报》,2021年3月23日)

结语：从社会创业到社会经济

一、社会创业是蓝海

社会创业已成为一个全球广受关注的现象，经常被来自世界各地不同领域的成功故事所验证。到底社会创业是不是一个操作性的概念，公益和商业到底要不要融合？应该公益在前还是商业在前？如何看待上述公益和商业社会和市场边界的争论是值得反思的问题。① 我个人的看法是，在大力发展社会部门的同时，也要看到公益和商业的边界正变得越来越模糊。与其谈公益和社会的边界，不如谈如何更公平且更有效地推动社会问题的解决，这就是当下面临争议的社会创业方式。

什么是社会创业？我认为就是以更市场化的方式，更整体性的创新方式来解决社会问题。作为一种新的创业形式，它的结果可能是一般意义上的新的社会企业的创建，也可能是非营利组织或者传统商业的转型发展。

社会创业产生的背后，有福利制度改革的需要，有企业社会责任运动发生的影响，也有全球社会创新思潮的影响，更有中国儒家义利兼顾思想的精神土壤。

① 围绕“中国公益事业应往何处去”的问题引发了巨大争论。其中，徐永光与康晓光的“两光”之争就是代表。“两光”之争被媒体绝对化为慈善事业的“个人主义”和“利他主义”立场，去掉这些绝对标签，中国的公益和社会事业正面临着转型发展的现实问题。

就社会创业当前的发展现状而言，尽管目前还没有明确的调查数据，但通过最近发起的社会企业家评选活动可以窥见端倪。2015—2019 年的四年间，社会企业的数量已经有了长足的增长。其中，社会企业家特征表现为高学历、中青年为主，社会企业注册多以商业背景为主。社会企业的规模总体来说还较小，多聚焦于环保、社区和弱势群体等领域。社会企业发展面临着合法性不足，难以获取资源等发展困境。这些情况基本上也说明了我国社会企业的发展现状。

二、社会创业研究正处于青春期

就社会创业的研究潜力而言，我认为社会创业正处于青春期。目前主流的管理学期刊尽管发表文章不多，但从已有发表的来看，也表明社会企业这一独特的组织现象已经开始被关注。

当下社会创业研究有四方面的特点：一是学科视角比较单一，或从公共管理，或从工商管理，很少有跨学科的成果；二是研究方法偏于定性，定量研究成果极少，这可能和社会企业研究的数据缺乏有关；三是研究的情景更多聚焦发展中国家或单一国度，跨国研究成果很少；四是研究的内容阐释现象较多，而且忽略了对社会创业过程和结果的研究。

我个人不提倡用单一的视角对待社会创业，我觉得需要创造一个平台，能够让创业管理、公共管理和社会学的研究者以及更多的社会企业家参与进来，未来的社会创业研究应该是多范式的。

一些新的研究问题也需要我们深入思考：

第一，到底是基于创业的社会创业，还是基于社会的社会创业？基于创业的社会创业，可能就是创业管理。基于社会的社会创业，更偏公共管理。社会创业研究一定要倡导交叉融合。

第二，社会创业到底是一个摆渡现象，还是一个长期现象？我们看到一部分社会企业家不断尝试新的商业模式，逐步将社会问题变成新的机会，吸引商业机构进来，这时候一些坚定的社会创业者考虑开始退出已有市场，重新搭建社会事业的“桥”。我认为，社会创业就是这样一个摆渡现象。但也应该看到，我们仍然面临非常多的社会问题，这也意味着社会创业是一个长期性的存在。

第三，怎样引导技术向善？新技术的应用对于社会问题的解决，天生具有更好的亲和性，因为它更快、更有效、更容易复制。但是，如何在研究中引入技术逻辑，社会科学工作者似乎还缺乏这样的理念和方法，而且有影响力的研究成果也不多。

第四，怎样让金融更包容？传统金融大多强调赚钱，金融能不能细分更多的绿色金融和社会金融？乃至社会天使、社会众筹、公益创投基金、影响力投资等？我认为上述包容性金融的发展既是可能，也是非常有必要的。

第五，社会创业和社会结构的关系如何？社会创业是在一个既定的结构下产生的，也是通过影响社会企业家的认知产生的特殊的创业行为。同时，我认为自下而上的行为也可以推动社会结构的改变，这也是社会变革的意义。

三、必须大力培育社会经济

与商业经济相对应，社会经济是由无数个主流的商业经济系统忽视的社会市场所构成。其主体包括两部分：一个是金字塔顶端市场，另一个是公共服务的市场。

社会经济是怎么形成的呢？我认为，社会经济的形成是社会创业推动的。社会创业可能是创业机会、资源共同作用的结果，但这实际上只是很小的部分。社会创业者怎样利用整体性创新扩大新的创业机会、推动各类社会创业者参与并进行共创，是一个更大的蓝海。随着社会企业的规模化，借助影响力投资的拓展，可以进而推动一个更庞大的社会经济的形成。

促进社会经济的发展，需要有效的政策作为保障。首先，要大力推进社会创新创业教育，要为社会经济和社会事业发展培养新时期最好的社会创业人才；其次，要发展公益创投，鼓励社会资源的投入；再次，出台社会企业社会创业的支持政策，探索政府、市场、社会协同治理的模式；最后，建立社会企业交易所，推动更多的社会企业实现交易，让社会企业可以长久发展。

总之，**社会创业是非营利组织、商业企业和政府组织在新的时代背景下寻求转型与跨界的一个历史过程，它的核心是更好地利用市场的效率机制来解决更加复杂的社会问题。社会创业是战略管理、社会学、公共管理交叉研究的结果，创业强调混合逻辑驱动、跨部门合作、多重身份认同，以及多种创新的高度整合，这些特征既是其自身合意性的内容，也是未来研究的主要命题。**

倡导社会创业,培育社会经济,不仅有利于商业发展,有利于社会系统的稳定,更关乎人类自身,关乎每个人的心灵向善。

(原文根据作者在2019年11月30日第二届中国社会创业研究论坛上的主旨演讲整理)

参考文献

references

[1] Acs Z J, Boardman M C, McNeely C L. The social value of productive entrepreneurship[J]. *Small business economics*, 2013, 40(3): 785—796.

[2] Agrawal A, Gans J S, Goldfarb A. What to expect from artificial intelligence[J]. *MIT sloan management review*, 2017, 58(3): 23—26.

[3] Ajzen I. The theory of planned behavior[J]. *Organizational behavior and human decision processes*, 1991, 50(2): 179—211.

[4] Akemu O, Whiteman G, Kennedy S. Social enterprise emergence from social movement activism: the fairphone case[J]. *Journal of management studies*, 2016, 53(5): 846—877.

[5] Amit R, Han X. Value creation through novel resource configurations in a digitally enabled world[J]. *Strategic entrepreneurship journal*, 2017, 11(3): 228—242.

[6] Amit R, Zott C. Crafting business architecture: the antecedents of business model design[J]. *Strategic entrepreneurship journal*, 2015, 9(4): 331—350.

[7] André K, Pache A C. From caring entrepreneur to caring enterprise: addressing the ethical challenges of scaling up social enterprises[J]. *Journal of business ethics*, 2016, 133(4): 659—675.

[8] Austin J, Stevenson H, Wei Skillern J. Social and commercial entrepreneurship: same, different, or both? [J]. *Entrepreneurship theory and practice*, 2006, 30(1): 1—22.

[9] Autio E, Nambisan S, Thomas L D W, et al. Digital affordances, spatial affordances, and the genesis of entrepreneurial ecosystems[J]. *Strategic entrepreneurship journal*, 2018, 12(1): 72—95.

[10] Bacq S, Eddleston K A. A resource based view of social entrepreneurship: how stewardship

culture benefits scale of social impact[J]. *Journal of business ethics*, 2018, 152(3): 589—611.

[11] Ball S J. New philanthropy, new networks and new governance in education[J]. *Political studies*, 2008, 56(4): 747—765.

[12] Baron R A. Opportunity recognition as pattern recognition: How entrepreneurs "connect the dots" to identify new business opportunities[J]. *Academy of management perspectives*, 2006, 20(1): 104—119.

[13] Baron R M, Kenny D A. The moderator mediator variable distinction in social psychological research: Conceptual, strategic, and statistical considerations[J]. *Journal of personality and social psychology*, 1986, 51(6): 1173—1182.

[14] Battilana J, Sengul M, Pache A C, et al. Harnessing productive tensions in hybrid organizations: the case of work integration social enterprises[J]. *Academy of management journal*, 2015, 58(6): 1658—1685.

[15] Baumol W J. The microtheory of innovative entrepreneurship[M]. Princeton University Press, 2010.

[16] Besharov M L, Smith W K. Multiple institutional logics in organizations: explaining their varied nature and implications[J]. *Academy of management review*, 2014, 39(3): 364—381.

[17] Bird B. Implementing entrepreneurial ideas: the case for intention[J]. *Academy of management review*, 1988, 13(3): 442— 453.

[18] Bloh J V, Broekel T, Zgun B, et al. New(s) data for entrepreneurship research? An innovative approach to use Big Data on media coverage[J]. *Small business economics*, 2020, 55(3): 673—694.

[19] Bovaird T. Public governance: balancing stakeholder power in a network society[J]. *International review of administrative sciences*, 2005, 71(2): 217—228.

[20] Brown T E. Sensor based entrepreneurship: a framework for developing new products and services[J]. *Business horizons*, 2017, 60(6): 819—830.

[21] Bruton G D, Ketchen Jr D J, Ireland R D. Entrepreneurship as a solution to poverty[J]. *Journal of business venturing*, 2013, 28(6): 683—689.

[22] Brynjolfsson E, Mcafee A. The business of artificial intelligence what it can and cannot-do for your organization[J]. *Harvard business review*, 2017(7): 3—11.

[23] Buckland L, Hehenberger L, Hay M. The growth of european venture philanthropy[J]. *Stanford social innovation review summer*, 2013: 33—39.

[24] Bugg Levine A, Kogut B, Kulatilaka N. A new approach to funding social enterprises[J]. *Harvard business review*, 2012, 90(1): 118—123.

[25] Burt R S. Structural holes: the social structure of competition[M]. Harvard University Press, 2009.

[26] Burt R S. The contingent value of social capital[J]. *Administrative science quarterly*, 1997, 42(2): 339—365.

[27] Calton J M, Werhane P H, Hartman L P, et al. Building partnerships to create social and economic value at the base of the global development pyramid[J]. *Journal of business ethics*, 2013, 117(4): 721—733.

[28] Cattani G, Porac J F, Thomas H. Categories and competition[J]. *Strategic management journal*, 2017, 38(1): 64—92.

[29] Certo S T, Miller T. Social entrepreneurship: Key issues and concepts[J]. *Business horizons*, 2008, 51(4): 267—271.

[30] Chell E, Spence L J, Perrini F, et al. Social entrepreneurship and business ethics: does social equal ethical? [J]. *Journal of business ethics*, 2016, 133(4): 619—625.

[31] Chesbrough H W. Crowther A K. Beyond high tech: early adopters of open innovation in other industries[J]. *R&D management*, 2006, 36(3): 3229—3236.

[32] Christensen C M, Baumann H, Ruggles R, Sadtler T. Disruptive innovation for social change [J]. *Harvard business review*, 2007, 84(12): 94—101+163.

[33] Dacin M T, Dacin P A, Tracey P. Social entrepreneurship: a critique and future directions [J]. *Organization science*, 2011, 22(5): 1203—1213.

[34] Davidsson P, Recker J, Von Briel F. External enablement of new venture creation: a framework[J]. *Academy of management perspectives*, 2020, 34(3): 311—332.

[35] De Fourny J, Nyssens M. Fundamentals for an international typology of social enterprise models[J]. *Voluntas international journal of voluntary & nonprofit organizations*, 2017, 28(6).

[36] Dees J G. A tale of two cultures: charity, problem solving, and the future of social entrepreneurship[J]. *Journal of business ethics*, 2012, 111(3): 321—334.

[37] Dees J G. Enterprising nonprofits[J]. *Harvard business review*, 1998, 76: 54—69.

[38] Desa G, Basu S. Optimization or bricolage? Overcoming resource constraints in global social entrepreneurship[J]. Strategic entrepreneurship journal, 2013, 7(1): 26—49.

[39] Dosi G. Technological paradigms and technological trajectories: a suggested interpretation of the determinants and directions of technical change[J]. *Research policy*, 1982(11): 147—162.

[40] Drucker P F. Social innovation-management's new dimension[J]. *Long range planning*, 1987, 20(6): 29—34.

[41] Duan Y Q, Edwards J S, Dwivedi Y K. Artificial intelligence for decision making in the era of Big Data evolution, challenges and research agenda[J]. *International journal of information management*, 2019, 48: 63—71.

[42] Durand R, Khaire M. Where do market categories come from and how? Distinguishing category creation from category emergence[J]. *Journal of management*, 2017, 43(1).

[43] Easterly W. The tyranny of experts: how the fight against global poverty suppressed individual rights[M]. New York: Basic Books, 2014.

[44] Emerson J. The blended value proposition: integrating social and financial returns[J]. *California management review*, 2003, 45(4): 35—51.

[45] Fisch C, Block J. Six tips for your (systematic) literature review in business and management research[J]. *Management review quarterly*, 2018, 68(2): 103—106.

[46] Fosfuri A, Giarratana M S, Roca E. Social business hybrids: demand externalities, competitive aAdvantage, and growth through diversification[J]. *Organization science*, 2016, 27(5): 1275—1289.

[47] Fossen F M, Sorgner A. Digitalization of work and entry into entrepreneurship[J]. *Journal of business research*, 2019, 125(11).

[48] Freeman C, Perez C. Structural crises of adjustment, business cycles and investment behaviour[J]. *Technical change and economic theory*, 1988: 38—66.

[49] Frey B, Stutzer A. What can economist learn from happiness research? [J]. *Journal of economic literature*, 2002, 40(2): 402—435.

[50] Frijters P, Haisken Denew J P, Shields M A. Money does matter! Evidence from increasing real income and life satisfaction in East Germany following reunification[J]. *American economic review*, 2004, 94(3): 730—740.

[51] Frumkin P. Inside venture philanthropy[J]. *Society*, 2003, 40(4): 7—15.

[52] Garbuio M, Lin N. Artificial intelligence as a growth engine for health care startups: emerging business models[J]. *California management review*, 2019, 61(2): 59—83.

[53] Gopalkrishnan S S. A new resource for social entrepreneurs: technology[J]. *American journal of management*, 2013, 13(1): 66—78.

[54] Gorman M, Sahlman W A. What do venture capitalists do? [J]. *Journal of business venturing*, 1989, 4(4): 231—248.

[55] Gries T, Naudé W. Entrepreneurship and structural economic transformation[J]. *Small business economics*, 2010, 34(1): 13—29.

[56] Grimes M G, McMullen J S, Vogus T J, et al. Studying the origins of social entrepreneurship: compassion and the role of embedded agency[J]. *Academy of management review*, 2013, 38(3).

[57] Hanseth O, Lyytinen K. Design theory for dynamic complexity in information infrastructures: the case of building internet[J]. *Journal of information technology*, 2010, 25(1): 1—19.

[58] Hart S L, Christensen C M. The great leap: driving innovation from the base of the pyramid [J]. *MIT sloan management review*, 2002, 44(1): 51—56.

[59] Hart S L. Innovation, creative destruction and sustainability[J]. *Research technology management*, 2005, 48(5): 21—27.

[60] Haugh H, Robson P, Hagedoorn J, et al. The nascent ecology of social enterprise[J]. *Small business economics*, 2021(1): 1—20.

[61] Hinings B, Gegenhuber T, Greenwood R. Digital innovation and transformation: an institutional perspective[J]. *Information and organization*, 2018, 28(1): 52—61.

[62] Hmlinen T J, Heiskala R. Social innovations, institutional change and economic performance: making sense of structural adjustment processes in industrial sectors[J]. *Regions and rocieties*, 2007.

[63] Hockerts K. Determinants of social entrepreneurial intentions[J]. *Entrepreneurship theory and practice*, 2017, 41(1): 105— 130.

[64] Hsieh Y J, Wu Y J. Entrepreneurship through the platform strategy in the digital era: insights and research opportunities[J]. *Computers in human behavior*, 2019, 95(6): 315—323.

[65] Jskelinen M. Venture capital syndication: synthesis and future directions[J]. *International*

journal of management reviews, 2012, 14(aop): 444—463.

[66] Jarrahi M H. Artificial intelligence and the future of work: Human—AI symbiosis in organizational decision making[J]. *Business horizons*, 2018, 61(4): 577—586.

[67] Kamishima Y, Gremmen B, Akizawa H. Can merging a capability approach with effectual processes help us define a permissible action range for AI robotics entrepreneurship? [J]. *Philosophy of management*, 2018, 17(1): 97—113.

[68] Keding C. Understanding the interplay of artificial intelligence and strategic management: four decades of research in review[J]. *Management review quarterly*, 2020, 71(2): 1—44.

[69] Kirzner I. Perception, opportunity, and entrepreneurship[R]. Chicago: University of Chicago, 1979.

[70] Ko W W, Liu G. Understanding the process of knowledge spillovers: learning to become social enterprises[J]. *Strategic entrepreneurship journal*, 2015, 9(3): 263—285.

[71] Kraus S, Niemand T, Halberstadt J, et al. Social entrepreneurship orientation: development of a measurement scale[J]. *International journal of entrepreneurial behavior & research*, 2017, 23(6): 977—997

[72] Kshetri N. Blockchain's roles in meeting key supply chain management objectives[J]. *International journal of information management*, 2018(39): 80—89.

[73] Kushalakshi, Raghurama D A. Rural entrepreneurship: a catalyst for rural development[J]. *International journal of science and research*, 2014, 3(8): 51—54.

[74] Leong C M L, Pan S L, Newell S, Cui. The emergence of self organizing ecommerce ecosystems in remote villages of China: a tale of digital empowerment for rural development[J]. *MIS quarterly*, 2016, 40(2): 475—484.

[75] Lezaun J, Soneryd L. Consulting citizens: technologies of elicitation and the mobility of publics[J]. *Public understanding of science*, 2007, 16(3): 279—297.

[76] Li L, Su F, Zhang W, et al. Digital transformation by SME entrepreneurs: a capability perspective[J]. *Information systems journal*, 2018, 28(6): 1129—1157.

[77] Liebregts W, Darnihamedani P, Postma E, et al. The promise of social signal processing for research on decision making in entrepreneurial contexts[J]. *Small business economics*, 2020, 55(3): 589—602.

[78] Lounsbury M, Beckman C M. Celebrating organization theory[J]. *Journal of management studies*, 2015, 52(2): 285—287.

[79] Lumpkin G T, Moss T W, Gras D M, Kato S, Amezcua A S. Entrepreneurial processes in social contexts: how are they different, if at all? [J]. *Small business economics*, 2013, 40(3): 761－783.

[80] Mair J, Marti I. Social entrepreneurship research: a source of explanation, prediction, and delight[J]. *Journal of world business*, 2006, 41(1): 36－44.

[81] Mariarosa S, Luisa A. Deal structuring in philanthropic venture capital investments: financing instrument, valuation and covenants[J]. *Journal of business ethics*, 2010, 95(2): 121－145.

[82] Marquis C, Qian C. Corporate social responsibility reporting in China: symbol or substance? [J]. *Organization science*, 2013, 25(1): 127－148.

[83] Mcmullen J S, Warnick B J. Should we require every new venture to be a hybrid organization? [J]. *Journal of management studies*, 2016, 53(4): 630－662.

[84] Miller T L, Grimes M G, McMullen J S, et al. Venturing for others with heart and head: how compassion encourages social entrepreneurship[J]. *Academy of management review*, 2012, 37(4): 616－640.

[85] Milward K. A preliminary theory of interorganizational network effectiveness: a comparative study of four community mental health systems[J]. *Administrative science quarterly*, 1995, 40(1): 1－33.

[86] Nambisan S. Architecture vs. ecosystem perspectives: reflections on digital innovation[J]. *Information and organization*, 2018, 28(2): 104－106.

[87] Nambisan S, Wright M, Feldman M. The digital transformation of innovation and entrepreneurship: progress, challenges and key themes[J]. *Research policy*, 2019, 48(8): 103773.

[88] Nambisan S. Digital entrepreneurship: toward a digital technology perspective of entrepreneurship[J]. *Entrepreneurship theory andpractice*, 2017, 41(6): 1029－1055.

[89] Negro G, Leung M D. "Actual"and perceptual effects of category spanning[J]. *Organization science*, 2013, 24(3).

[90] Orlikowski W J, Scott S V. Sociomateriality: challenging the separation of technology, work and organization[J]. *The academy of management annals*, 2008, 2(1): 433－474.

[91] Orlikowski W J. Sociomaterial practices: exploring technology at work[J]. *Organization studies*, 2007, 28(9): 1435－1448.

[92] Pache A C, Santos F. Inside the hybrid organization: selective coupling as a response to com-

peting institutional logics[J]. *Academy of management journal*, 2013, 56(4): 972—1001.

[93] Popkova E G, Sergi B S. Human capital and AI in industry 4.0. convergence and divergence in social entrepreneurship in Russia[J]. *Journal of intellectual capital*, 2020, 21(4): 565—581.

[94] Priem R L. A consumer perspective on value creation[J]. *Academy of management review*, 2007, 32(1): 219—235.

[95] Prüfer J, Prüfer P. Data science for entrepreneurship research: studying demand dynamics for entrepreneurial skills in the Netherlands[J]. *Small business economics*, 2020, 55(3): 651—672.

[96] Saebi T, Foss N J, Linder S. Social entrepreneurship research: past achievements and future promises[J]. *Journal of management*, 2019, 45(1): 70—95.

[97] Santos F, Pache A C, Birkholz C. Making hybrids work: Aligning business models and organizational design for social enterprises[J]. *California management review*, 2015, 57(3): 36—58.

[98] Santos F M. A positive theory of social entrepreneurship[J]. *Journal of business ethics*, 2012, 111(3): 335—351.

[99] Scarlata M, Alemany L. Deal structuring in philanthropic venture capital investments: financing instrument, valuation and covenants[J]. *Journal of business ethics*, 2010, 95(2): 121—145.

[100] Shane S, Venkataraman S. The promise of entrepreneurship as a field of research[J]. *Academy of management review*, 2000, 25(1): 217—226.

[101] Shepherd D A, Williams T A, Zhao E Y. A framework for exploring the degree of hybridity in entrepreneurship[J]. *Academy of management perspectives*, 2019, 33(4).

[102] Short J C, Moss T W, Lumpkin G T. Research in social entrepreneurship: past contributions and future opportunities[J]. *Strategic entrepreneurship journal*, 2010, 3(2): 161—194.

[103] Srinivasan A, Venkatraman N. Entrepreneurship in digital platforms: a network centric view[J]. *Strategic entrepreneurship journal*, 2018, 12(1): 54—71.

[104] Steininger D M. Linking information systems and entrepreneurship: a review and agenda for IT associated and digital entrepreneurship research[J]. *Information systems journal*, 2019, 29(2): 363—407.

[105] Sussan F, Acs Z J. The digital entrepreneurial ecosystem[J]. *Small business economics*, 2017,49(1):55—73.

[106] Toyah L, Miller, et al. Assessing mission and resources for social change: an organizational identity perspective on social venture capitalists' decision criteria[J]. *Entrepreneurship theory and practice*, 2017,34(4):705—733.

[107] Weber C, Weidner K, Kroeger A, et al. Social value creation in inter-organizational collaborations in the not-for profit sector-give and take from a dyadic perspective[J]. *Journal of management studies*, 2017,54(6):929—956.

[108] Wilson H J, Daugherty P R, Shukla P. How one clothing company blends AI and human expertise[J]. *Harvard business review*, 2020(11):2—6.

[109] Zahra S A, Wright M. Understanding the social role of entrepreneurship[J]. *Journal of management studies*, 2016,53(4).

[110] Zahra S A, Gedajlovic E, Neubaum D O, et al. A typology of social entrepreneurs: motives, search processes and ethical challenges[J]. *Journal of business venturing*, 2009,24(5):519—532.

[111] 艾伦·格林斯潘,阿德里安·伍尔德里奇. 繁荣与衰退[M]. 北京:中信出版社,2019:391—392.

[112] 彼得·德鲁克. 管理:使命、责任、实务:使命篇[M]. 北京:机械工业出版社,2006.

[113] 蔡莉,葛宝山,蔡义茹. 中国转型经济背景下企业创业机会与资源开发行为研究[J]. 管理学季刊,2019(2):44—62.

[114] 蔡莉,杨亚倩,卢珊,于海晶. 数字技术对创业活动影响研究回顾与展望[J]. 科学学研究,2019,37(10):1816—1824+1835.

[115] 陈飞天."泉州模式"的历史轨迹[J]. 东南学术,1995(2):14—18.

[116] 陈为雷. 政府和非营利组织项目运作机制、策略和逻辑:对政府购买社会工作服务项目的社会学分析[J]. 公共管理学报,2014,11(3):93—105.

[117] 戴维·兰德斯,乔尔·莫克,威廉·鲍莫尔,等. 历史上的企业家精神:从古代美索不达米亚到现代[M]. 北京:中信出版集团,2016:562.

[118] 戴维奇. 理解"公司社会创业":构念定位,研究梳理与研究议程[J]. 科学学与科学技术管理,2016,37(4):35—44.

[119] 杜运周,尤树洋. 制度逻辑与制度多元性研究前沿探析与未来研究展望[J]. 外国经济与管理,2013(12):2—10.

[120] 费孝通. 农村、小城镇、区域发展：我的社区研究历程的再回顾[J]. 北京大学学报(哲学社会科学版)，1995，32(2)：4－14.

[121] 费孝通. 乡土中国 生育制度[M]. 北京：北京大学出版社，1998.

[122] 黄迈，徐雪高，王宏，等. 农民工等人员返乡创业的政策匹配[J]. 改革，2016(10).

[123] 黄速建，余菁. 国有企业的性质、目标与社会责任[J]. 中国工业经济，2006(2)：68－76.

[124] 黄婷婷等. 经济地位和计量地位：社会地位比较对主观幸福感的影响及其年龄差异[J]. 心理学报，2016(9)：1163－1174.

[125] 贾明，张喆. 高管的政治关联影响公司慈善行为吗？[J]. 管理世界，2010(4)：99－113.

[126] 姜长云. 科学理解推进乡村振兴的重大战略导向[J]. 管理世界，2018，34(4)：17－24.

[127] 康晓光. 驳“永光谬论”：康晓光评《公益向右商业向左》[N]. 公益时报，2017－09－13.

[128] 李四海，宋献中. 新政治经济学视域下的企业社会责任：一个分析性框架[J]. 社会学评论，2018(3).

[129] 李岫. 论中国近代企业家的特点[J]. 中国经济史研究，1994(3)：33－43.

[130] 理查德·弗罗里达，司徒爱勤. 创意阶层的崛起：关于一个新阶层和城市的未来[M]. 北京：中信出版社，2010：77.

[131] 厉杰，吕辰，于晓宇. 社会创业合法性形成机制研究述评[J]. 研究与发展管理，2018，30(2)：148－158.

[132] 练宏. 弱排名激励的社会学分析：以环保部门为例[J]. 中国社会科学，2016(1)：82－99.

[133] 刘光明，宋洪远. 外出劳动力回乡创业：特征，动因及其影响——对安徽，四川两省四县 71 位回乡创业者的案例分析[J]. 中国农村经济，2002(3)：65－71.

[134] 刘建军. 单位中国：社会调控体系重构中的个人、组织与国家[M]. 天津：天津人民出版社，2000.

[135] 刘军强，熊谋林，苏阳. 经济增长时期的国民幸福感：基于 CGSS 数据的追踪研究[J]. 中国社会科学，2012(12)：82－102.

[136] 刘唐宇. 农民工回乡创业的影响因素分析：基于江西赣州地区的调查[J]. 农业经济问题，2010(9)：81－88.

[137] 刘新智，刘雨松. 外出务工经历对农户创业行为决策的影响：基于 518 份农户创业调查的实证分析[J]. 农业技术经济，2015(6)：4－14.

[138] 刘志阳，金仁旻. 社会企业的商业模式：一个基于价值的分析框架[J]. 学术月刊，2015，47(3)：100－108.

[139] 刘志阳，李斌，陈和午. 企业家精神视角下的社会创业研究[J]. 管理世界，2018，34(11)：

171—173.

[140] 刘志阳,李斌.乡村振兴视野下的农民工返乡创业模式研究[J].福建论坛(人文社会科学版),2017(12):17—23.

[141] 刘志阳,邱舒敏.公益创业投资的发展与运行:欧洲实践及中国启示[J].经济社会体制比较,2014(2):206—220.

[142] 刘志阳,王陆峰.中国社会企业的生成逻辑[J].学术月刊,2019,51(10):84—93.

[143] 刘志阳,赵陈芳,李斌.数字社会创业:理论框架与研究展望[J].外国经济与管理,2020,42(4):3—18.

[144] 刘志阳,庄欣荷,李斌.地理范围、注意力分配与社会企业使命偏离[J].经济管理,2019,41(8):75—92.

[145] 刘志阳,庄欣荷.社会创业定量研究:文献述评与研究框架[J].研究与发展管理,2018,30(2):123—135.

[146] 刘志阳,李斌.中国社会创业发展现状及对策建议[N].光明日报,2018—09—24(6).

[147] 刘志阳.创业资本运动机理:一个马克思主义视角[J].南开学报(哲学社会科学版),2005(3):97—106.

[148] 刘志阳.从自主创新到创新获利[J].学术月刊,2014(4):88—96.

[149] 罗伯·约翰,顾冀梅.高度参与的慈善:公益风险投资在欧洲的发展[J].经济社会体制比较,2010(4):143—152.

[150] 吕惠明.返乡农民工创业模式选择研究:基于浙江省的实地调查[J].农业技术经济,2016(10):12—19.

[151] 穆罕默德·尤努斯.普惠金融改变世界:应对贫困、失业和环境恶化的经济学[M].北京:机械工业出版社,2018.

[152] 瞿皎姣,赵曙明.从“多样”到“包容”:多样性管理范式的演化及展望[J].外国经济与管理,2018(5):127—140.

[153] 任继愈.论儒教的形成[J].中国社会科学,1980(1):61—74.

[154] 任敏.技术应用何以成功?一个组织合法性框架的解释[J].社会学研究,2017(3):173—196+249.

[155] 时立荣,徐美美,贾效伟.建国以来我国社会企业的产生和发展模式[J].东岳论丛,2011,32(9):159—163.

[156] 苏东水.再论“泉州模式”[J].福建论坛(人文社会科学版),2006(8):4—9.

[157] 谭风雷.先秦儒家义利观辨析[J].学术月刊,1989(11):35—37.

[158] 陶秋燕,高腾飞.社会创新:源起、研究脉络与理论框架[J].外国经济与管理,2019(6):85－104.

[159] 田国强,杨立岩.对"幸福—收入之谜"的一个解答[J].经济研究,2006(11):4－15.

[160] 仝允桓,周江华,邢小强.面向低收入群体(BOP)的创新理论:述评和展望[J].科学学研究,2010,28(2):169－176.

[161] 汪三贵,殷浩栋,王瑜.中国扶贫开发的实践、挑战与政策展望[J].华南师范大学学报(社会科学版),2017(4):18－25＋189.

[162] 汪忠,朱昶阳,曾德明,等.从福利经济学视角看公益创投对社会福利的影响[J].财经理论与实践,2011(1):78－82.

[163] 王季,耿健男,肖宇佳.从意愿到行为:基于计划行为理论的学术创业行为整合模型[J].外国经济与管理,2020,42(7):64－81.

[164] 王名,朱晓红.社会企业论纲[J].中国非营利评论,2010,6(2):1－31.

[165] 王名,朱晓红.社会组织发展与社会创新[J].经济社会体制比较,2009(4):121－127.

[166] 王日根.宋以来义田发展述略[J].中国经济史研究,1992(4):152－153.

[167] 王诗宗,宋程成.独立抑或自主:中国社会组织特征问题重思[J].中国社会科学,2013(5):50－66.

[168] 王西玉,崔传义,赵阳.打工与回乡:就业转变和农村发展——关于部分进城民工回乡创业的研究[J].管理世界,2003(7).

[169] 危旭芳,罗必良.农民创业研究:一个文献综述.中大管理研究,2014(3):187－208.

[170] 吴昌华,邓仁根,戴天放,等.基于微观视角的农民创业模式选择[J].农村经济,2008(6):90－92.

[171] 吴敬琏.企业家精神的本质和核心就是创新精神[J].商业观察,2018(3):39－39.

[172] 肖红军,李平.平台型企业社会责任的生态化治理[J].管理世界,2019,35(4):120－144.

[173] 邢小强,仝允桓,陈晓鹏.金字塔底层市场的商业模式:一个多案例研究[J].管理世界,2011(10):108－124.

[174] 徐永光.公益向右商业向左:社会企业与社会影响力投资[M].北京:中信出版社,2017.

[175] 徐月宾,张秀兰.中国政府在社会福利中的角色重建[J].中国社会科学,2005(5):80－92.

[176] 余江,孟庆时,张越,靳景.数字创业:数字化时代创业理论和实践的新趋势[J].科学学研究,2018,36(10):1801－1808.

[177] 张謇.张謇全集:3,实业[M].南京:江苏古籍出版社,1994:17.

[178] 张謇.张謇全集:4,事业[M].南京:江苏古籍出版社,1994:112.

[179] 张玉利，杨俊. 组织生成过程研究：现状评价与未来趋势[J]. 研究与发展管理，2008(3)：65—73.

[180] 张忠民. “公私合营”研究(1949 — 1956)：以上海工业企业为中心的分析[M]. 上海：上海社会科学院出版社，2016.

[181] 赵立波. 民办非企业单位：现状、问题及发展[J]. 中国行政管理，2008(9)：101—105.

[182] 赵萌，郭欣楠. 中国社会企业的界定框架：从二元分析视角到元素组合视角[J]. 研究与发展管理，2018，30(2)：136—147.

[183] 周黎安. 晋升博弈中政府官员的激励与合作：兼论我国地方保护主义和重复建设问题长期存在的原因[J]. 经济研究，2004，39(6)：33—40.

[184] 周雪光，赵伟. 英文文献中的中国组织现象研究[J]. 社会学研究，2009，24(6)：145—186.

[185] 朱瑞博. 中国战略性新兴产业培育及其政策取向[J]. 改革，2010(3)：19—28.

[186] 朱秀梅，刘月，陈海涛. 数字创业：要素及内核生成机制研究[J]. 外国经济与管理，2020，42(4)：19—35.